LANMEI ZHONGWEN JIAOYU YANJIU BAOGAO

# 澜湄中文教育

## 研究报告 第一辑

◉ 云南省南亚东南亚华文教育研究中心 编

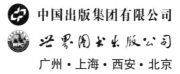

中国出版集团有限公司

世界图书出版公司

广州·上海·西安·北京

**图书在版编目（CIP）数据**

澜湄中文教育研究报告.第一辑 / 云南省南亚东南
亚华文教育研究中心编. -- 广州：世界图书出版广东有
限公司，2024.4
　　ISBN 978-7-5232-1129-8

　　Ⅰ.①澜… Ⅱ.①云… Ⅲ.①汉语－对外汉语教学－
教学研究－研究报告－中国、东南亚 Ⅳ.①H195.3

中国国家版本馆 CIP 数据核字（2024）第 052520 号

| | | |
|---|---|---|
| 书　　名 | 澜湄中文教育研究报告（第一辑）<br>LANMEI ZHONGWEN JIAOYU YANJIU BAOGAO (DI-YI JI) | |
| 编　　者 | 云南省南亚东南亚华文教育研究中心 | |
| 策划编辑 | 刘正武 | |
| 责任编辑 | 张东文　（邮箱 875936371@qq.com，微信 875936371） | |
| 出版发行 | 世界图书出版有限公司　世界图书出版广东有限公司 | |
| 地　　址 | 广州市海珠区新港西路大江冲 25 号 | |
| 邮　　编 | 510300 | |
| 发行电话 | 020-84184026　84453623 | |
| 网　　址 | http://www.gdst.com.cn | |
| 公司邮箱 | wpc_gdst@163.com | |
| 经　　销 | 新华书店 | |
| 印　　刷 | 广州市迪桦彩印有限公司 | |
| 开　　本 | 787 mm×1092 mm　1/16 | |
| 印　　张 | 16.5 | |
| 字　　数 | 319 千字 | |
| 版　　次 | 2024 年 4 月第 1 版　2024 年 4 月第 1 次印刷 | |
| 国际书号 | ISBN 978-7-5232-1129-8 | |
| 定　　价 | 68.00 元 | |

# 目　录

## 论坛发言稿

# 综述与概况研究

# 教学教法与人才培养研究

论坛发言稿

# 加强澜湄合作　共筑中文教育人才培养高地

王　源（云南省教育厅对外交流与合作处处长）

尊敬的各位领导、各位专家：

大家早上好！

很高兴通过线上的方式与大家在云端相聚，共同参加由云南师范大学主办的澜湄中文教育合作论坛。首先请允许我代表中国云南省教育厅对论坛的顺利召开表示热烈的祝贺！

云南省是中国距离澜湄国家最近的省份，与澜湄国家山水相连，地缘相近，人缘相亲。云南省委、省政府十分重视与澜湄国家在教育领域的交流与合作，定期支持云南省教育厅举办南亚东南亚教育合作昆明论坛，支持高校建设与澜湄国家的教育交流合作联盟与平台，也支持高校与澜湄国家合作，举办职业教育机构、孔子学院、高校合作办学项目等，推进云南省高校与澜湄国家的全方位、多领域合作。

语言是沟通的桥梁，也是民心相通的基础。近年来，云南省教育厅支持高校开设澜湄国家语言专业，鼓励高校的学生选学澜湄国家的语言课程，支持高校师生到澜湄国家研修学习，同时也支持高校开设国际中文课程，开展国际中文教育。此次将云南师范大学举办的澜湄中文教育合作论坛列入南亚东南亚教育合作昆明论坛的系列活动，并予以支持，就是一个很好的尝试与实践。

云南师范大学是云南省重点师范类大学，有着优良的办学传统，为我国基础教育培养了大量优秀的教师人才，做出了卓越的贡献！近 20 年来，云南师范大学在国际中文教育方面积极探索，勇于创新，在学科建设、人才培养和文化活动等方面都取得了积极的成就。现在已经形成了本、硕、博一体，中外学生两大群体，多语种并育的完善的人才培养体系。

云南师范大学汉语国际教育专业在云南省前四轮专业综合评价中均获 B 级水平，国际中文教育已经获得省重点建设学科。此外，云南师范大学作为重要单位，已经连续承办了 7 届汉语桥世界中学生中文比赛，组织承办了流动中国、感知中国等活动，为向世界分享优秀的中华传统文化作出了较大的贡献。

　　相信此次云南师范大学举办澜湄中文教育合作论坛，将搭建一个很好的中文教育交流的合作平台，推进云南省与澜湄国家高校间的语言文化交流合作，共同开展人才培养和科学研究，为澜湄国家携手合作，实现教育高质量发展作出更积极的贡献。

　　最后请允许我真诚地祝愿此次论坛取得圆满成功，祝愿各位领导专家身体健康，万事如意！

　　谢谢！

# 实施中文人才培养战略　提升中文人才培养质量

威拉·炳告（泰国佛统皇家大学校长）

尊敬的王源处长，尊敬的各位专家：

早上好！

佛统皇家大学与云南师范大学有着深厚的学术合作关系，两校像兄弟姐妹一样互助、交流合作已有 15 年的时间。目前，中国在世界上具有重要的地位，在亚洲的经济、社会、技术和教育方面也处于世界领先地位。因此，学习中文显得非常重要，对泰国的教育、经济、贸易等各个方面来说更为重要。为此，佛统皇家大学制定了一项战略计划，旨在培养具有高素质和高技能的中文专业毕业生，以满足快速增长的中文人才需求。为了能够与中国各部门合作，与中国人民有效地进行沟通交流，我校实施了中文人才培养战略计划，具体如下：

2003 年为商务英语和酒店与旅游专业的学生开设了汉语选修课，由泰语和汉语专家授课。

2006 年开设了汉语言文学学士课程，由泰中两国专家教师授课。为了提高人才培养质量，佛统皇家大学实施了"3+1"教学课程计划，允许学生在泰国学习 3 年，在中国学习 1 年。目前，汉语言文学学士课程共有学生 232 人。

2015 年开设汉语教育学士课程（师范类，5 年制），由泰语和中文专家授课。为了培养优质毕业生，佛统皇家大学实施了"4+1"教学计划，允许学生在泰国学习 4 年，在中国学习 1 年。

为了进一步推进我校汉语教学工作，提高人才培养质量，帮助毕业生在毕业前获得汉语水平考试等级证书，佛统皇家大学已与中国多所大学如北京语言大学、大连外国语大学、西南林业大学、昆明学院、北部湾大学和云南师范大学等高校签署了备忘录与合作协议。

在众多教育合作中，佛统皇家大学与云南师范大学的合作最多、最长久，合作领域也最广泛。佛统皇家大学和云南师范大学自 2006 年开始开展"3+1"和"1+3"学生交流项目。每年，佛统皇家大学中文系文学学士课程和教育学士课程派送泰国学生到云南师范大学国际汉语教育学院进行为期一学年的中文学习，同时云南师范大学派送中国学生到佛统皇家大学学习泰语和其他相关课程，并在人文和社会科学学院进行专业实践。

但是，由于 2020 年新冠疫情暴发，双方无法正常交换学生。佛统皇家大学和云南师范大学已将课堂教学模式改为线上教学形式。这种新的合作也能够帮助学生在有限的条件下获得汉语语言学习方面的全部知识和经验。

可以说，佛统皇家大学在汉语言文学学士课程和汉语教育学士课程的整个过程中，受益于与中国各大学的合作，尤其是与云南师范大学的合作。这种合作模式方便了泰中两国学生的相互学习和经验交流。我们相信，佛统皇家大学和云南师范大学可以共同培养出一大批精通汉语的泰国毕业生和精通泰语的中国毕业生。

我们希望这次合作论坛能够成为提高我校汉语教学质量的重要步骤，成为我们两国经济、社会和教育可持续发展的重要举措。在新冠疫情影响下，佛统皇家大学与云南师范大学联合开发的在线教学管理系统行之有效地解决了许多教学方面的问题。

佛统皇家大学衷心希望本次论坛有助于未来澜沧江-湄公河国家之间的进一步合作！衷心希望佛统皇家大学和云南师范大学在两国人才培养与国际学术交流方面开展更多的合作！更希望两校将来在汉语及其相关领域共同培养出更多更优秀的专业人才。

# 在澜湄中文教育合作论坛开幕式上的致辞

易健宏（昆明理工大学副校长）

尊敬的各位领导、各位来宾：

大家上午好！

今天我们相聚云端，有幸作为澜湄中文教育合作论坛的一员参加由云南省教育厅主办、云南师范大学承办的"澜湄中文教育合作论坛"，并作为发起单位共同成立"澜湄中文教育共同体"。

2016 年中国首倡提出建立澜湄合作机制，五年来，澜湄合作在机制建设、制度建设、项目实施、成员国关系建构等方面取得了突出成果，教育领域合作得到了深化和拓展，构建了多层次合作网络。"澜湄中文教育合作"就是多层次合作网络中的一个重要维度。语言在促进文明交流互鉴、服务人类命运共同体构建方面发挥着重要而独特的作用。今天，澜湄中文教育合作论坛的举办、澜湄中文教育共同体的发起，对深化澜湄中文教育合作，提高澜湄中文教育质量，培养具有区域特色的汉语国际教育专门人才，推进中国和云南省深化澜湄合作具有非同寻常的重要意义。

借此机会，请允许我简要介绍一下昆明理工大学及学校开展国际中文教育的情况。昆明理工大学创建于 1954 年，经过 68 年的发展，现已成为一所以工为主，理工结合，行业特色、区域特色鲜明，多学科协调发展的综合性大学，是云南省规模最大、办学层次和类别齐全的重点大学，在中国有色金属行业和区域经济社会发展中发挥着重要作用。涌现了一大批享誉全国乃至世界的科技创新人才和重要科技成果，其中屈维德教授首创的"冲击消震原理"，应用于我国第一颗人造地球卫星的研制；刘北辰教授发明了世界首座倒张拱钢索桥；李梦庚教授发明的"粗锡电热连续结晶机除铅铋工艺及设备"，被西方冶金界誉为"20 世纪锡冶金最伟大的发明"，与戴永年教授发明的"焊锡真空分离铅锡技术"联合构成了现代火法锡精炼技术，被推广至全球炼锡厂，为国家乃至世界科技进步做出了重要贡献。

2015 年 1 月 21 日，习近平总书记在考察云南的重要讲话中专门点赞了昆明理工大学。学校现有"两院院士""长江学者""杰青"等国家级人才 113 人，"云南省科技领军人才""云岭学者"等省部级人才 737 人，现有工程学、材料科学、化学、环境/生态学、植物与动物学、农业科学、临床医学学科先后进入 ESI 全球前 1%，29 个专业通过国家专业认证（评估），43 个专业获批国家一流本科专业建设点。学校还是教育部深化创新创业教育改革示范高校、"国家大学生创新性实验计划"项目入选学校、教育部"卓越工程师教育培养计划"实施高校和国家"中西部高校基础能力建设工程规划"学校。昆明理工大学立足学科、地缘优势，不断加强国际合作与交流。目前，学校与 36 个国家和地区的 110 所高校及科研机构签订了合作协议，与老挝苏发努冯大学合作共建孔子学院，与丹麦 NEXT 教育集团共建孔子课堂，是云南-泰国大学联盟的中方牵头高校，在泰国设置了三个境外办学学院。入选国家"高等学校学科创新引智计划"地方高校新建基地，学校外籍专家先后荣获国家国际科学技术合作奖和中国政府友谊奖。

在国际中文教育方面，学校依托理工特色开展来华留学生中文教育，自 2000 年以来，已有 1 万余名各层次来华留学生到我校学习相关专业，学习中文及中国文化。2011 年开始首招汉语国际教育专业本科学生，2018 年开始培养汉语国际教育专业硕士，现有近 600 余名本科、硕士毕业生，其中 100 余名为留学生毕业，很多学生来自澜湄区域。我校与老挝苏发努冯大学合作共建的孔子学院自 2017 年开始运行，累计已有 2000 余人参加教学和文化活动；与老挝琅勃拉邦教育与体育厅共同建设琅省中文教学中心和文化中心，成立老挝苏发努冯大学中国研究中心；与语合中心共建了老挝中文教育研究中心。自 2015 年以来，连续 5 年成功举办了"南亚东南亚大学生体育文化交流周"暨"澜沧江-湄公河大学生友好运动会"，近 3000 余名中外大学生参与该项目，在 2018 年该项目被纳入澜湄领导人会议首期收获项目，2021 年又承办了"南亚东南亚来华留学生科技与创新创业活动周"，国内外 10 所高校 27 个队参赛，被纳入云南省教育论坛，自 2012 年开始连续 7 年与泰国教育部质量监督委员开展了 7 期泰国高中生高质量赴华培训项目等，数百名泰国高中生到中国学习汉语和中国文化。目前，我校正积极筹备"南亚东南亚大学生运动会联盟"，届时，我们也欢迎今天与会的中外高校积极参与。

共同发展，共创辉煌。澜湄六国地缘相近、人缘相亲、文缘相通，历史渊源悠久。正如中国国务委员兼外交部部长王毅在纪念澜湄合作启动五周年讲话时所说："澜湄合作历经五载，正值青春年少，充满希望，大有可为。"昆明理工大学愿与各学校一道，持续深化交流与合作，在优势学科领域深化务实合作，进一步加强教师互访和科研联合攻关，加强学生交流，共同建立语言文化学习平台；积极探索联合人才培养模式，为澜湄中文教育共同体建设取得更加突出提供昆工方案、贡献昆工力量。

最后，预祝澜湄合作论坛取得圆满成功！

谢谢大家！

# 加强合作交流 推动澜湄中文教育新发展

郝淑美（云南师范大学副校长）

尊敬的赵德荣副厅长、王会昌处长，尊敬的各位校长、各位嘉宾：

大家上午好！

"时维九月，序属三秋。"在这秋高气爽的金秋时节，非常高兴能和来自中国、柬埔寨、老挝、缅甸、泰国、越南的各位校长、嘉宾在云端相聚，共同探讨推动澜湄中文教育发展这个话题。下面我就"加强合作交流，推动澜湄中文教育新发展"谈谈自己的看法。

首先，借此机会，简要介绍一下云南师范大学国际化办学的情况。

云南师范大学的前身是西南联合大学师范学院。建校 84 年来，学校恪守"刚毅坚卓"的校训，形成了"学高身正、明德睿智"的校风，已成为一所开放的、有着国际化视野的现代大学，先后被确定为国家汉语国际推广师资培训基地、国务院侨办华文教育基地、教育部来华留学示范基地、教育部出国留学培训与研究中心等。近年来，学校与 30 多个国家和地区的 120 余所大学、科研机构进行了合作交流，累计招收 80 余个国家的留学生 20000 余人次，其中近 80% 为柬埔寨、老挝、缅甸、泰国、越南五国的留学生。我校与澜湄五国的 20 余所大学签订了合作协议，开展了"3+1""2+2""2+1+1"等形式的联合培养项目，积极开展学生互换、学历教育、短期访学、教师培训等项目，在新冠肺炎疫情暴发前，每年都选派近 500 名中国学生到澜湄五国的高校学习；与泰国、缅甸、老挝院校合作共建了 1 所孔子学院、3 个孔子课堂、3 个云华职业学院；组织承办了澜湄五国中小学校长、本土汉语教师、教育官员、科技人员培训及大/中学生夏令营项目，有 6000 多人次参加；与老挝共建了"中国－老挝可再生能源开发与利用联合实验室"，在缅甸组织了 12 期"公务员汉语培训班"，在泰国实施了中泰联合培养"汉语国际教育硕士""中泰跨境电商硕士"项目，开展了"中文+职业技能"等级证书培训项目；承担了柬埔寨国家运动队的训练项目，获评"云南省中老泰教育数字化国际联合研发中心"等等，为促进中国与澜湄五国的教育文化交流作出了积极贡献。

第二，开拓创新，我校国际中文教育学科专业建设取得积极成效。

学校结合新时代国际中文教育事业发展的需要，创新国际中文教育人才培养模式，通过"协同培养"，实现了"五通"人才培养目标，为推进澜湄合作走深走实提供了人才支撑。

"协同培养"，即：协同"本-硕-博"专业体系架构，贯通人才培养渠道；协同澜湄国家语言教学资源，创新"专业+英语+澜湄语种"人才培养模式；协同国内外教育教学机构，搭建国内外学习实习平台，创新人才培养路径；协同国内外相关行业，拓展"中文+"人才培养领域，提升人才的竞争力。

"五通"，即：专业精通、语言畅通、行业联通、文化互通、民心相通。通过协同培养，为澜湄国家培养了一批专业精通、具有较强国际中文教育教学能力的骨干教师；培养了一批掌握中文、英语、澜湄国家语言，具有语言畅通能力的多语种人才；培养了一批适应跨行业领域需求，具有"中文+"行业联通能力的复合型人才；培养了一批熟悉中国文化和澜湄国家文化，具有跨文化交际和传播能力，促进中外文化互通的国际化人才；培养了一批服务中外各领域合作，具有国际化视野，促进民心相通的国际化人才。

第三，合作交流，推动澜湄中文教育实现新发展。

2016 年澜湄合作机制正式启动以来，中国与柬埔寨、老挝、缅甸、泰国、越南五国秉持"发展为先、务实高效、开放包容"的澜湄精神，培育"平等相待、真诚互助、亲如一家"的澜湄文化，不断深化各领域合作，推动"团结互助、平等协商、互利互惠、合作共赢"的澜湄国家命运共同体建设取得了积极成效。2021 年，中国与澜湄五国的贸易额达到 3980 亿美元，同比增长 23%，中国成为泰国、越南、柬埔寨、缅甸的第一大贸易伙伴，老挝的第二大贸易伙伴。

中老铁路 2021 年 12 月 3 日开通，截至 9 月 1 日，累计发送旅客 671 万人次，运输物资 717 万吨，国际货运总值突破 100 亿美元。教育文化交流作为澜湄合作的一个重要方面，也取得了积极成效，建立了澜湄国家职业教育培训中心、青年交流合作中心，加大了职业教育培训、青年学生交流、教育官员和高校之间的合作交流等。今天参加论坛的澜湄各国高校、教育机构，也与中国、与云南省各高校建立了广泛的合作关系。

当前，国际中文教育事业进入了新的发展时期。语言是沟通交流的桥梁纽带，中文既是联合国六种工作语言之一，也是世界上使用人数最多的语言。各国对学习中文的需求持续旺盛，懂中文的人才越来越受到欢迎。截至 2020 年底，全球共有 180 多个国家和地区开展中文教育，80 多个国家将中文纳入国民教育体系，各国正在学习中文的人数超过了 2000 万，累计学习和使用中文的人数接近 2 亿。在这样的形势下，需要进一步加强与各国的合作，推进国际中文教育发展，培养更多优秀的国际中文人才，为深化中国与各国各领域合作提供人才服务。我们将认真总结与澜湄五国合作交流的经验，在已经建立的良好的合作基础上，遵循语言传播的国际惯例，按照相互尊重、友好协商、平等互利的原则，积极拓展与澜湄五国高校、教育机构、企业、社会组织的合作，多形式开展国际中文教育合作交流，聚焦语言主业，适应本土需求，帮助各国培养中文教育人才。我们愿意牵头持续推进"澜湄中文教育共同体"建设，推动澜湄中文教育得到新的发展。

特别要补充介绍一点，云南师范大学也是全面开设了澜湄五国语言的高校之一。2009 年以来，相继开设了越南语、泰语、缅甸语、老挝语和柬埔寨语专业，已累计培养了澜湄五国语言的本科、硕士生 6000 余人。在澜湄国家语种专业建设发展过程中，得到了在座澜湄国家各高校的大力支持，在此，表示衷心的感谢！同时，也诚挚希望在中文教育和澜湄语种教育领域，与各国高校有更加广泛深入务实的合作！

最后，真诚祝愿在大家的共同努力下，"澜湄中文教育共同体"建设取得实质性成效，成为澜湄合作的典范！

祝愿各位校长、各位嘉宾工作顺利、幸福安康！

谢谢大家！

# 强化合作　共同打造澜湄中文教育共同体

欧姆·拉维（金边皇家大学副校长）

各位尊敬的来宾，校长们，领导们：

我感到非常荣幸，能够代表金边皇家大学校长 Chet Chealy 博士，与大家一起共同出席今天的会议。首先我想就金边皇家大学与云南师范大学之间所开展的校际合作表示由衷的感谢！这是澜湄合作框架之下的又一次校际合作项目之一，作为澜湄中文教育共同体的一员，我们对云南师范大学与泰国佛统皇家大学所提出的澜湄中文教育合作项目倡议表示支持！我们所提出的共同体成员之间的合作，其宗旨是通过中文教师师资培训与研发，中文演讲与写作比赛，以及共同体成员之间的文化与学术交流，加强中文学习共同体建设。金边皇家大学期待与其他共同体成员进行合作，促进柬埔寨以及周边地区的中文教育事业。

我想对云南师范大学的邀请表示诚挚的谢意！

我感到非常高兴，与大家共聚一堂，参加今天的大会。

再次感谢！祝会议圆满成功！

# 老挝国立大学2021—2025年中文系发展战略计划

洪培·张塔翁（老挝国立大学副校长）

尊敬的各位专家：

大家好！

非常荣幸能够代表老挝国立大学参加首届澜湄中文教育合作论坛！下面我简要地介绍一下老挝国立大学的中文系。老挝国立大学中文系成立于2003年，隶属于文学院，2003年开始招收本科生，到2021年就读学生达到了280人，共4个年级。中文系的人才培养模式经过了三次大的调整。2003年实行"1+4"的人才培养模式，2004年调整为"0+5"，实行五年学制。2011年调整为"0+4"，开始实行四年学制。目前，汉语本科专业一共有145个学分，主要学习四个方面的课程，即常识课程、基础知识课程、专业课程以及选修课程。目前共有9位教师，其中女性教师5位；常驻中国专家教师3位，其中2位女性，学生一共有452人，女性290人。

我们未来的目标是将老挝国立大学中文系发展成为老挝名列前茅的中国语言和文化学院。在职能定位方面主要有两个，一是为老挝国立大学文学院的发展和汉语人才的培养发挥智库作用，二是为满足劳动市场和社会需求提供优质的汉语人才。主要完成两大任务：一是按照老挝教育体育部和老挝国立大学规定的课程，为学生以及需要学习和了解中文和中国文化的人士提供教育教学；二是按照五项原则（德、智、体、美、劳）培养和教育人才。

2021年至2025年期间的教育发展战略主要有以下7个方面的工作计划：

1. 加强中文系人才队伍建设，主要工作计划如下：

（1）教师学历提升项目，希望有更多的老师攻读硕士或博士学位，甚至从事博士后研究工作；

（2）根据老挝国立大学规定的比率提升专业技能项目；

（3）推进短期校内培训与国外进修项目；

（4）提升职工工作能力项目；

（5）持续发展知识能力项目；

（6）发展学生专业竞争能力项目；

（7）加强地区和国际科研教学交流项目；

（8）做好教师评估以及教学水平评估工作项目。

2. 将中文系发展成为优质的中国语言文化学习中心，主要工作计划如下：

（1）课程开发项目；

（2）专业管理机制发展项目；

（3）共同教育项目。

3. 将中文系发展成为科研、语言专业服务、中国文化和大众传媒中心，主要工作计划如下：

（1）制定科研方案项目；

（2）成立科研机构项目；

（3）寻找科研资金开展研究项目；

（4）知识产权促进项目；

（5）科研能力与专业服务发展项目。

4. 健全和发展良好的行政管理机制，主要有以下几个方面的内容：

（1）修订各项工作中的职能、职责和职权范围的法律规定；

（2）组织体系优化项目；

（3）专业服务系统开发项目。

5. 提升、扩大和发展基础设施达到国际水平，主要工作内容如下：

（1）电力、自来水及便利设施系统开发项目；

（2）适应未来发展的基础设施发展项目（清洁、便利、美丽及绿色）；

（3）ICT 与媒体系统开发项目。

6. 创造稳定的收入来源，主要工作内容如下：

（1）学科自主增加创收项目；

（2）知识产权服务创收项目。

7. 发展国内外合作，主要工作内容如下：

（1）学科交流项目；

（2）科研合作项目；

（3）观摩学习项目；

（4）学生交流项目；

（5）信息交流项目。

最后，再次感谢受邀参加此次合作论坛，愿我们携手共同创造国际中文教育的美好明天！

# 仰光外国语大学期待与中国高校开展更多合作

基 勋（仰光外国语大学校长）

参加今天由云南师范大学主办的"澜湄中文教育合作论坛"的各位与会嘉宾，各高校领导，云南师范大学的老师们、同学们：

大家好！

首先，向大家致以最美好的祝愿与问候！

今天非常荣幸受邀参加"澜湄中文教育合作论坛"，并以视频的方式进行演讲。缅甸政府积极参与"澜沧江-湄公河"合作机制。在教育领域，仰光外国语大学也通过项目合作正积极参与到"澜沧江-湄公河"合作机制中来。借此机会，也向各位同仁汇报，我们目前正申请该合作机制下的一些教育合作项目，将来我们仰光外国语大学也将继续积极参与中国领导的"澜沧江-湄公河"教育合作项目。

下面我简要介绍一下仰光外国语大学的情况。仰光外国语大学是缅甸第一所外国语大学，我们大学有 15 个教学部门，其中，包括语言部 9 个部门、社会学部 6 个部门。目前，我们学院有 11 个语言专业，东方语有中文、日语、韩语、泰语、俄罗斯语和缅甸语；西方语有英语、法语、意大利语和德语等。以上 11 个专业有专科班、本科班，汉语和韩语还开设有硕士点和博士点。此外，还增设了国际关系学和中国研究、国际关系方向和文化合作方面的课程等，开展可以促进语言习得的辩论赛、阅读比赛、即兴演讲、模拟游戏、文化交流和提升学生素质能力的体育运动、红十字会志愿者和音乐社团等活动。我们大学在开学初期，也开设了射箭、跆拳道、空手道和游泳等体育课。

下面我主要介绍一下我们仰光外国语大学缅甸语系。缅文系为外国留学生开设缅甸语课程，与中国很多大学有着广泛友好的合作，缅文系为他们开设四年的本科课程、两年的专科课程和一年的短期班，短期班分为基础班、中级班和高级班，目前留学生可以选择线下班和线上班，今年 12 月起将长期为不在缅甸的外国人、在缅甸的外国商人开设网络缅甸语班，这些都是短期班。此外，目前开设有研究生班，同时正在为开设博士班做筹备工作，不久就开始招生。来仰光外国语大学缅甸系学习缅甸语的主要有三类学生：第一类是和我们仰光外国语大学签订合作协议外国大学"3+1"模式的缅甸语专业学生，他们一部分同学获得了政府奖学金，"3+1"模式的缅甸语专业学生主要是来自中国的高校；第二类是自己想学缅甸语的社会人士，主要来自泰国、韩国、日本、美国、法国、印度等；第三类是政府间签署合作协议的军队、警察、法官、出入境等部门的职员。

云南师范大学和仰光外国语大学是友好学校，有悠久的合作历史，今天我在本论坛向云南师范大学致以最美好的祝愿，希望将来与云南师范大学开展更多的合作！

祝云南师范大学创造更加美好的未来！

谢谢！

# 投身国际中文教育事业　扩大国际中文教育合作

彭　拉（泰国清迈大学校长）

尊敬的各位领导、各位嘉宾：

我是医学博士彭拉·诗颁迪蒙空教授，现任清迈大学校长。我感到非常高兴，也非常荣幸，能够与大家线上相会，参加今天的"澜沧江-湄公河流域中文教育合作论坛"。这场盛会为澜湄合作框架下各国高校代表围绕中文教育发展这一主题分享观点、交流信息提供了绝佳的交流机会。今天我发言的主题是"清迈大学中文教育发展与展望"。

清迈大学是泰国第一家地方高校，正式成立于 1965 年 1 月 24 日。目前清迈大学已经跻身于泰国中央部属高校。我校于 2003 年开设中文学士学位课程，既有全日制课程，也有非全日制课程，按照课程标准开展教学活动，至今已有 19 年的办学经验。2022 年，共有 206 名学生就读该课程。现拥有一支由 13 名泰国教师和 3 名中国教师组成的精通中文的专业师资队伍，他们是培养才能兼备中文人才的中坚力量，也是泰国中文教育的推动者。为保证教学质量，中文学士学位课程要求学生至少通过汉语水平考试（HSK）5 级。有学术志趣的同学可选择写学术论文作为毕业的限制性条件。在培养的学生中，瓦信·蓬素林（彭文彬）博士和纳塔娜丽·班乐抛蓬（杨金玉）两位校友在国际舞台上备受瞩目，分别获得第十届和第十八届"汉语桥"世界大学生中文比赛泰国赛区决赛的一等奖。对于具有中文基础并对中国文化感兴趣的同学来说，本科阶段的中文教育能够进一步拓展他们的中文知识，提升语言能力，为未来的就业做好准备，成为泰中两国就业市场中的高潜力人才。此外，同学们还可以选择参加带薪实习项目来代替论文，以便做好毕业后求职的准备工作。不断上升的就业率和赴华留学奖学金的获得率足可体现出该专业具有较高的人才培养质量，清迈大学对这个专业的前途充满信心。

除了课堂学习外，鼓励同学们参加课外活动同样可以激发他们学习中文的热情和积极性。我校于 2006 年 12 月 18 日与云南师范大学合作创办了清迈大学孔子学院，是经中国政府批准在全球各地最早创办的孔子学院之一。清迈孔院的主要职能是面向清迈大学学生、教职人员、社会公众，以及清迈府内和周边府份的教育机构，开展中文教学，承办汉语水平考试（HSK）和中小学生汉语考试（YCT），组织中国文化传播活动。近 16 年间，我校始终全力支持清迈孔院的工作，提供各项便利。2021 年，清迈孔院迎来成立 15 周年纪念日，举办了形式多样的中文教学活动。这些活动对推动泰国中文教育具有重要意义，活动涉及以下几个方面：第一个方面是泰国本土中文教师人才的培养。清迈孔院与泰国教育部合作举办各类培训活动，包括清迈孔院泰国教育部职教委微型中文课堂师资培训项目、面向泰国民办教育委员会工作人员与民办学校学生举办的 HSK 中文培训项目、泰国本土中文教师中泰翻译培训项目等共有 7000 余人参加了培训。清迈孔院意识到，要在泰国高校推动中文教育，必须要有足够数量的具备教学所需技能的师资队伍。因此，举办泰国本土中文教师培训，有助于解决专业中文教师短缺的问题。为培养具有可与母语者比肩的中文技能，清迈大学今后将为泰国本土教师提供更多学习中文的机会。

其次是研究方面。清迈孔院编制了《轻松学中文》和《中文疑难解答》视频教材。通过孔院的 Youtube 和 Facebook 平台进行知识传播，并出版了五本以上的本土中文教材，提供了多样化的线上线下学习资源。此外，2022 年 6 月至 8 月期间，为响应泰国 20 年国家发展战略，清迈大学孔子学院与清迈大学国际数字创新学院参加了"第四届新型知识分子"项目，合作举办"元中文·优秀新型知识分子"证书培训课程，旨在让项目参与者通过在元宇宙平台上创作数字内容，对自己现有的中文知识进行技能提升和技能重塑，内容涵盖新标准汉语水平考试 HSK1-9 级、旅游与会务、跨境电商以及中泰翻译等领域。对元宇宙技术的运用，打开了中文教学的又一个新维度，使教学人员萌生提高自身教学技能，跟上科技发展的愿望。同时，我们也在积极打造一种有助于激发中文浓厚学习兴趣的新型学习媒介。

第三个是活动和比赛方面。清迈孔院与多家机构开展合作，在中泰两国举办了多项深受欢迎的比赛活动，如由中国驻清迈总领馆、泰国高等教育科研创新部和清迈大学联合主办的中清杯"互联网+"泰国大学生中文创新创业大赛，由泰国教育部职业教育委员会、中国全国电子商务职业教育教学指导委员会、"一带一路"电商谷项目发展理事会、清迈大学孔子学院和北京博导前程信息技术股份有限公司共同主办的"博导杯"中泰职业院校创新创业国际邀请赛，由中国驻清迈总领馆发起的"中领杯"泰国中文语言文化大赛等。以上各项课外比赛活动，能够帮助中文学习者树立使用中文的信心，并在各种活动中展示出来。同时，还为身处中泰两国的同学们提供了知识交流的机会和舞台。

凭借清迈大学强大的师资力量，学生对专业的刻苦钻研，以及与云南师范大学的密切合作，清迈大学的中文教育质量一定会得到不断的提升。

此外，清迈大学认识到中文教育的重要性，在学士学位授予单位的基础上，努力申请成为硕士学位授予单位。2022 年第一学期，清迈大学艺术传媒与技术学院携手清迈孔院，联合开设了泰国首个中泰跨境电商数字技术管理理学硕士学位课程。目前，共有 25 名来自泰国和中国的学生就读，其中通过甄选的中国学生人数达到 21 名。该课程将进一步发挥同学们的中泰双语能力，转换他们的角色身份，使他们从语言学习者变为中泰跨境电商创业者。在即将到来的 2022 年第二学期中，清迈大学计划开设当代对外汉语教学文学硕士学位课程。该课程由清迈大学研究生院、人文学院、教育学院、艺术传媒与技术学院、清迈孔院，携手云南师范大学合作开设，旨在提高泰国本土中文教师的教学水平，让他们有机会向国际中文教育专家级的老师学习，将现代多媒体技术运用到教学中，并通过清迈孔院的联系和引荐，获得申请赴华研究奖学金的机会。这两个硕士学位课程为清迈大学提供了投身泰国中文教育并大力发展国际中文教育的新机遇，也向学生和中文从业者开放了通过课程学习实现自我发展和提升的机会。除此以外，还以各机构合作办学的形式，促进了教师资源、教学媒体、知识体系、各项技术等教育资源的交流。我谨代表清迈大学感谢云南师范大学管理层一直以来对合作项目的大力支持！清迈大学愿成为推动泰国中文教学与国际中文教育工作的重要力量。我衷心希望清迈大学在中文教育发展方面的经验能为澜湄合作框架下各国教育机构的中文教育发展工作带来启发，提供借鉴，并希望与澜湄流域中文教育合作成员机构扩大合作。

谢谢！

# 期待新合作　共话澜湄情

黄英俊（越南河内国家大学下属人文与社会科学大学校长）

各位嘉宾以及会务组代表：

早上好！

我是黄英俊，我谨代表越南河内国家大学下属人文与社会科学大学向各位致以诚挚的问候，非常荣幸能够参加此次会议并围绕会议主题做学术汇报。众所周知，澜湄合作对于沿线澜湄五国都有极大的意义。澜湄合作促进了沿线经济增长，拓宽了合作领域。在教育领域，中越两国高等教育机构积极开展深入合作，希望永久保持合作关系。即便是新冠疫情期间我们也从未中断合作，我校十分珍视这份战略合作伙伴关系。

今天会议论坛前面几位专家的发言，我高度赞成他们的观点。此次会议举办的宗旨在于提升中国与湄公河流域沿线国家的多领域合作，建立战略共赢伙伴关系。我也同意会议所倡导的宗旨"聚焦教育合作，实现合作共赢"，这将是我们未来的重点合作领域。目前会议规划是定期举办，那么意味着我们将有更多的机会在教育文化交流、学生互派以及学术交流上开展共同合作。在此，我想强调的是我们正处在国际区域化合作的大时代背景下，这样的合作方式是过去很多年持续尝试的远景目标，今后需要加强国际区域合作。所以今天的中文教育合作论坛尤其重要，越南河内人文与社会科学大学将与云南师范大学开展多方位合作，这也是我们自身国际化改革的趋势所需。国别区域化合作，尤其在人才联合培养、资源共享方面，对于大学而言有着重要的意义。越南国家政策也鼓励本国高校开展国际化合作，所以我希望今天在座的所有学者、专家、教师、学生到河内访问，深化双方教育合作，我们期待未来开展多领域多方位的精诚合作。

中国有句古话："独木不成林，一花不成春。"英语中常说："一个人只是一滴水滴，但众人可以汇成海洋。"所以我和我们学校期待未来的团结合作，一起共话澜湄情谊，最后祝愿大会成功举办！

# 借助平台创新特色发展　整合资源以待携手共进

毕　东（云南农业大学国际学院教授）

尊敬的各位领导、嘉宾、朋友们：

大家下午好！

金秋时节，丹桂飘香，澜湄两岸，教育兴盛。今天，澜湄六国的部分高校领导、嘉宾、学者齐聚美丽春城，交流分享"澜湄中文教育合作"的新成果，商议共建"澜湄中文共同体"大计。在此，非常感谢云南师范大学云南华文学院的组织和邀请，有幸与澜湄中文教育学界共议国际中文发展之未来，参与"澜湄中文教育共同体"的推进和建设，我代表云南农业大学国际学院祝本次"澜湄中文教育合作论坛"取得圆满成功！祝"澜湄中文教育共同体"建设顺利推进！

我分享的题目是"借助平台创新特色发展，整合资源以待携手共进"，将从以下三个方面进行汇报。

## 一、云南农业大学国际中文教育发展状况

云南农业大学是省属重点大学，是一所以农为主，理、工、经、管、文协调发展的综合性大学，于 1997 年获得外国留学生招生资格，1998 年招收第一位外国留学生。2012 年，由我国外交部和教育部联合批准授牌的"中国-东盟教育培训中心"落户云南农业大学，2013 年 9 月，学校在国际学院正式设立"中国-东盟教育培训中心"，专门负责东盟国家的教育与培训工作。至今，学校累计培养各类长期、短期外国留学生 4000 多名，分别来自越、老、缅、柬、泰、新、印尼、日、韩、英国、法国、比利时、罗马尼亚、匈牙利、澳大利亚、马里、喀麦隆、刚果、孟加拉国等 57 个生源国，覆盖了亚洲、欧洲、大洋洲、非洲和北美洲。经过二十余年的发展，学校形成涵盖汉语进修、专业进修、本科、硕士和博士等各个层次的招生培养体系，在学生规模、生源国别、学习类型、专业分布和教育层次等方面都获得了极大的提升。同时，学校

外国留学生工作的开展，扩大了学校在南亚、东南亚国家的知名度和影响力，有力服务了"南亚东南亚辐射中心、环印度洋地区大通道"建设和"一带一路"等国家倡议和战略。

80 年代以来，云南农业大学广泛开展国际交流与合作，加速国际化办学进程。先后与越南荣市大学、荷兰劳伦斯坦大学等近 10 所海外院校，开展"N+X"联合培养本科生项目，招收近 1000 名外国留学生；自"中国-东盟教育培训中心"成立以来，承办各部委或国际组织委托的援外农业科技国际培训近 30 余期，累计培训学员 3000 余名。

2016 年 9 月开始招收汉语国际教育专业本科生，为国际中文教育的发展和推进培养专业人才，经过 6 年的发展，培养毕业生 148 人，第四轮本科专业综合评价被评为 C-。

## 二、借助平台创新特色发展的思路

很高兴能应邀加入"澜湄中文教育共同体"，期待在该共同体的构建中，在海内外兄弟院校的大力支持下，云南农业大学可以借助平台，创新发展，与泰国、越南、老挝、缅甸、柬埔寨的高等院校一起合作，培养"中文+农业特色"的职业教育各层次学生，通过本科、硕士和博士研究生的人才培养，为"澜湄"区域高层次人才培养做出我们的贡献。

云南农业大学有农学优势和农耕文化发展特色，充分利用学校平台发展汉语国际教育专业，以汉语国际教育专业助推学校发展，扎实做好本科教育，努力争取专业硕士学位点建设，走特色化发展之路，如将普洱茶文化与汉语国际教育专业结合，走语言教学、文化传播和产业国际化发展的道路，创新我校的新文科发展，向世界讲好中国故事，培育国际中文教育高质量人才，助推国际学生的"中文+农业特色"的职业教育发展，提升我校不同层次国际学生的综合应用能力。我校也将继续努力搭建平台，通过教育部中外语言合作交流中心合作，加入"中文联盟"，争取相关项目，后疫情时代，做好"中文+农业特色"的教育教学，通过线上线下结合的方式，拓展海外汉语教育课堂。

## 三、整合资源以待携手共进的愿景

我校的农业人才培养具有一定优势，国际化发展和办学具有一定特色：我校和云南省委省政府依托学校教育管理资源分别创办了云南农村干部学院、云南省食品安全管理学院、云南省高原特色农业产业研究院以及科技部、教育部批准建设的云南农业大学新农村发展研究院都为我校提供了农业特色发展的平台。学校有 82 个本科专业、87 个硕士学位授权点、21 个博士学位授权点，以及丰富多样的高质量的国家级、省级重点实验室及特色发展平台，学校先后与英国、美国、日本、德国、韩国、法国、比利时、荷兰、加拿大、澳大利亚、新西兰、泰国、越南、老挝、缅甸、斯洛文尼亚等 23 个国家 100 多所海外院校建立了交流合作关系。目前有 3 个中外合作办学项目，在国际化发展过程中继续迈进。学校的资源和特色均为"国际中文+农业特色职业教育"人才培养奠定了坚实的基础。

我们非常乐意和国内兄弟院校分享资源，也期待借助"澜湄中文教育共同体"的平台，和泰国、越南、老挝、缅甸以及柬埔寨等国的高等院校建立更多密切的联系，寻求合作空间，通过语言文化合作项目、"中文+农业特色职业教育"，培养适合社会发展、国家需要的人才，共同为建设澜湄国家共同体开创区域合作美好未来而努力！

再次感谢云南师范大学、云南华文学院领导和老师们为了今天的论坛召开和平台搭建做出的辛苦付出！感谢所有参会院校长期以来对云南农业大学国际学院的支持，期待各位领导及同仁们到云南农业大学国际学院指导工作！

祝各位身体健康、平安喜乐、事业有成！

综述与概况研究

# 澜湄区域中文教育研究综述

许诗怡（云南师范大学国际汉语教育学院）

**【摘　要】** 区域国别中文教育研究是国际中文教育研究的新视角。澜湄六国地缘相近，血脉相连，中文教育的发展有很大的相似性。本文以中国知网全文数据库收录的近五年（2018—2022）澜湄区域国家中文教育研究文献为研究对象，对其进行了梳理和回顾。研究发现，近五年澜湄区域中文教育文献从研究内容上可以分为宏观层面和微观层面，在微观层面"三教"问题、学生偏误、学生学习动机、课程设置方面的研究已经初具规模，在宏观层面中文纳入各国国民教育体系进程和中文语言政策方面也取得一些成果。同时又存在仅关注教学问题，教育其他领域研究不足；产出作者不多，文献多为学位论文；情况调查研究多，理论研究少等问题。

**【关键词】** 国际中文教育；区域化；国别化；澜湄区域

## 一、引言

中国正处于百年未有之大变局，中文教育事业正处于高质量发展新阶段。面对出现的新阶段新局面，学界提出只有对世界各地的中文教育进行深入、全面的认识，有针对性推进各地中文教育发展，才能适应新发展阶段，进而推动全球中文教育事业发展，所以区域国别中文教育研究被越来越多的学者重视。澜湄区域是指澜沧江-湄公河先后流经的中国、缅甸、老挝、泰国、柬埔寨、越南六国区域，是中国"一带一路"倡议重点区域，澜湄六国共饮一江水，命运共相连，中文教育的发展深度影响着双边政治合作、经贸往来、人类命运共同体的构建。为了对澜湄区域近五年的中文教育研究情况有一个全面深入的回顾，本文利用中国知网检索系统，以"澜湄中文教育""泰国""缅甸""老挝""越南""柬埔寨""中文教育""华文教育"等为检索词进行了检索，经过时间和相关性筛选，共获取相关研究文献 195 篇（2018—2022）。本文将从文献的研究内容、研究方法、研究趋势等角度进行条分缕析的梳理，以期能够对澜湄区域近五年的中文教育研究有一个全面的回顾，并对今后的研究提出一些展望。

为了对近五年关于澜湄区域中文教育研究的文献情况有一个直观了解，我们按照国别区域进行了分类统计，结果如图 1：

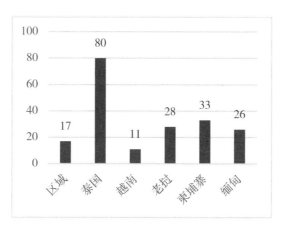

**图 1　澜湄区域中文教育研究文献统计情况**

从上图我们可以看出，把整个区域作为研究对象的文献少，针对某个国家的国别化研究多，其中泰国中文教育研究文献最多。笔者认为这与近年来泰国中文教育快速发展有关。中泰两国近年来经济贸易往来频繁，对掌握中泰两国语言的人才需求量大。在泰国政府的支持下，截至 2022 年，泰国建有孔子学院 16 所，孔子课堂 11 个，位居全亚洲第二，仅次于韩国。并且泰国也是第一个将汉语纳入全面教育的国家，泰国是汉语教学发展速度最快的国家之一，教学规模已经初步形成，对泰国的中文教育研究文献远多于澜湄其他国家。

根据对研究内容的统计和分析，我们认为可把澜湄区域中文教育研究文献分为两大类：宏观层面和微观层面。宏观层面是指国家政治经济文化、语言政策、国民教育体系等方面的中文教育问题；微观层面是指该区域的中文教育的课程设置、师资培训、师资力量、学生特点、教材教法等问题。我们将在下文进行详述。

## 二、宏观层面

检索文献后，我们发现近五年关于澜湄区域中文教育宏观层面的研究不多，仅有的 11 篇文献围绕的是"国民教育体系"和"语言政策"两个中心议题开展研究。

## （一）中文纳入澜湄区域国家国民教育体系研究

随着"构建人类命运共同体"倡议的提出和"一带一路"建设的推进，中国与世界各国的交流合作程度不断加深，国际话语权进一步增强。中文不断被主动纳入世界各国国民教育体系正是这一趋势在语言教育领域的反映。李宝贵、庄瑶瑶（2020）和吴晓文三位学者对中文纳入各国国民教育体系的概念、澜湄区域国家纳入进程、纳入方式和纳入动因进行了研究，并提出加快中文纳入国民教育体系的策略。李宝贵、庄瑶瑶（2020）[①]首次提出中文纳入国民教育体系相关概念：汉语纳入国民教育体系是指海外各国通过颁布法令、政令、教学大纲、课程大纲等形式，以大中小学开课、高中会考、汉语专业学历教育、公务员考试等方式，在国民教育体系的各个学段进行汉语教育。从时间维度上把纳入方式分为："先高后低"即首先纳入对象国的高等教育，然后向基础教育和学前教育阶段辐射，"先低后高"即首先在中小学开展，然后向高校推进，"高低并进"指汉语教学在国民教育体系的各个阶段同时展开；从空间上把纳入方式分为"部分纳入"和"完全纳入"。在此概念提出的基础上，李宝贵、吴晓文（2021）[②]研究了东南亚国家中文纳入国民教育体系的现状，发现澜湄区域的老挝、越南、泰国已经出台政策将中文纳入国民教育体系，柬埔寨、缅甸还没出台正式政策，但是两国都开设了孔子学院或孔子课堂，中文教育取得不同程度进展。越南和泰国实现"完全纳入"，初等、中等、高等教育阶段均开设了中文课程，已经建立了较为完善的中文教学体系和评估考试体系；老挝实现"部分纳入"，中等、高等教育阶段开设了中文课程[③]。其文还分析了中文纳入国民教育体系的动因机制，总结下来，可分为两大类，一类是对象国拉力因素，包括：中文价值在澜湄区域的体现、个人学校和国家的语言选择、东南亚国家的语言政策等，比如，泰国在推进中文纳入国民教育体系的过程中，不但使中文教学具有合法性，还通过与中国高校的合作组织开展中文教学；另一类因素是中国的推力因素，我国通过制定相关政策，与澜湄区域多国开展中文教育合作项目，积极派出大量汉语志愿者，建立孔子课堂和孔子学

---

[①] 李宝贵，庄瑶瑶 . 汉语纳入海外各国国民教育体系之方略探索［J］. 现代传播（中国传媒大学学报），2020（1）：84—88 .

[②] 李宝贵，吴晓文 . 中文纳入东南亚国家国民教育体系动因机制与推进策略［J］. 辽宁大学学报（哲学社会科学版），2021（1）：130—139 .

[③] 李宝贵，吴晓文 . 东南亚各国中文教育政策对中文纳入国民教育体系的影响［J］. 天津师范大学学报（社会科学版），2022（1）：21—28 .

院等方式，支持、推进中文纳入澜湄区域国家教育体系的进程。针对拉力和推力因素，李宝贵、吴晓文（2021）[①]和黎氏玲（2021）[②]提出从本土教师培养、教材开发和职业汉语等方面加强中文资源建设、推进澜湄区域华校转型升级和教育机构协同发展、加强与对象国高层有关部门沟通，争取资金、舆论和政策的支持等策略，加快推进中文纳入澜湄区域国家国民教育体系。

目前，国际中文教育发展进入新阶段，中文纳入世界各国国民教育体系这一现象，引起学术界的重视，关于澜湄区域的研究，取得一些研究成果，但是还很不够。研究结果仅有几位学者产出，对于推进中文教育的策略探讨更多关注的是国家政策、经济政治合作、学校建设和教育机构设置等客观方面，而对影响对象国国家语言政策和语言学习的社会心理、社会舆论、民族主义心理、学习者对华印象、对中文态度等主观方面研究不多；现实原因研究多，而历史原因追溯少；对中文纳入各国的进程情况研究多，而对纳入之后中文教育的追踪研究少，知网检索显示，仅有一位学者黎氏玲（2021）[③]研究了中文纳入越南国民教育体系后的教育现状，所以这一方面的研究是一块可耕之田。

## （二）澜湄区域国家对中文教育的语言政策研究

学界普遍认为一个国家的语言政策和语言态度将直接影响到某种语言在该国的传播与发展。中文在澜湄区域各国的传播和发展情况，与对象国的语言政策密切相关。刘振平、闫亚平、罗庆铭（2020）[④]和李宝贵、吴晓文（2022）[⑤]都对一个世纪以来澜湄区域的中文语言政策做了回顾。总的来说，澜湄区域对中文的语言政策受殖民历史、双边政治外交关系、经贸合作、国家民族主义思潮、意识形态、中国国际地位和影响力等因素的影响，在不同的时期，呈现出不同的面貌。具体而言，20 世纪初期，澜湄区域各国总体上对中文没有颁布

① 李宝贵，吴晓文. 中文纳入东南亚国家国民教育体系动因机制与推进策略 [J]. 辽宁大学学报（哲学社会科学版），2021（1）：130—139.

② 黎氏玲（LE THI LINH）. 中文纳入越南国民教育体系的现状、挑战与对策 [D]. 大连：辽宁师范大学，2021.

③ 黎氏玲（LE THI LINH）. 中文纳入越南国民教育体系的现状、挑战与对策 [D]. 大连：辽宁师范大学，2021.

④ 刘振平，闫亚平，罗庆铭. 东盟华文教育政策的历史演进与深层动因探赜 [J]. 北部大学学报，2020（7）：52—58，80.

⑤ 李宝贵，吴晓文. 东南亚各国中文教育政策对中文纳入国民教育体系的影响 [J]. 天津师范大学学报（社会科学版），2022（1）：21—28.

禁令，中文教育、办学都相对自由；20 世纪 20 年代末，澜湄区域一些国家，如越南和泰国，颁布了要求中文办校必须在政府登记、中文教材必须由政府审查等政策，限制了中文教育发展；20 世纪中期，澜湄区域国家陆续独立建国，与中国建交，中文教育得到一定发展，但是随之而来的是各国民族主义情绪高涨，民族认同心理急需构建，排外情绪高涨，澜湄区域一些国家出台了一些更严苛的语言政策，所以这一阶段中文教育艰难发展、夹缝求生；20 世纪末至今，中国综合国力、文化软实力增强，澜湄区域国家都放松了对中文教育的限制，出台了不同程度支持性的语言政策，客观上促进了中文教育的发展。除此之外，还有一些学者对澜湄五国的中文语言政策做了个体研究。张琛（2019）[1]、李悦（2021）[2]、陈紫杨（2021）[3]具体研究了泰国对中文教育的政策，起伏变化可概括为"兴起—衰退—复兴"，大致与整个澜湄区域的相同，进而谈到语言政策的不同直接影响中文教育在泰国的开展，反映了中泰两国关系变化、中文所处的国际大环境变化和两国经贸合作的正相关性。闫亚平、张丽萍（2019）[4]，孙琳（2020）[5]，彭振声（2019）[6]分别研究了老挝和越南对中文的语言政策，松紧起伏没有偏离澜湄区域大趋势。同时前者还谈到老挝的多民族多语言的语言景观，多元开放语言政策对中文发展来说既是机遇也是挑战；后者强调了越南自古以来属于汉字文化圈、受汉文化影响深，有着独特的中文教育发展背景，以及对华族学生中文教育政策存在执行主题不明、负责部门执行不到位、政策缺乏有效评估机制等问题。苏文（2019）[7]，杨苗、周家

① 张琛．泰国的汉语教育政策与汉语教育发展研究［D］．西安：西安石油大学，2019．

② 李悦．泰国汉语教育的政策变迁与中国汉语国际教育的发展［J］．文化创新比较研究，2021（26）：174—178．

③ 陈紫杨：泰国汉语教育的发展、问题及对策［J］．张家口职业技术学院学报，2021（1）：30—33．

④ 闫亚平，张丽萍．老挝语言教育政策探观［J］．北部湾大学学报，2019（8）：49—54．

⑤ 孙琳．越南华文教育发展历史与现状研究［D］．郑州：郑州大学，2020．

⑥ 彭振声．越南华族学生的民族语言教育政策研究：以胡志明市华文教育为例［J］．东南亚纵横，2019（5）：89—96．

⑦ 苏文（Kyaw Soe lwin）．缅甸汉语教学历史和现状分析［J］．枣庄学院学报，2019（3）：45—51．

瑜（2020）[①]回顾了缅甸的汉语教学历史，受缅甸政府政策影响，也把汉语教学发展大致分为三个时期。

学界对澜湄区域中文教育语言政策方面的研究有区域整体研究，有个别国家研究。经过梳理，我们发现在不同时期澜湄五国对中文教育语言政策的变化，以及不同语言政策对该国中文教育的开展、中文国际化进程和中国文化软实力增加有直接影响。

## 三、微观层面

通过研读近五年的澜湄区域中文教育文献我们发现，绝大部分文献是以澜湄五国中某一国的某一地区或某一所学校为研究对象，以该地或该校的"三教"情况、学生情况、课程设置情况等微观层面为研究内容，并针对具体问题提出解决策略，以期促进当地当校中文教学的发展。

### （一）澜湄区域中文教育"三教"问题研究

语言教育领域的"三教"通常指：教师、教材、教法。"三教"问题历来是语言教学领域的研究热点，开始时间早、研究成果多，澜湄区域的中文教育研究也不例外。

#### 1. 中文教育师资研究

中文教师是中文教学的主导者、引领者，教师自身素质和教学水平的高低直接影响学生的学习兴趣和学习效果，进而影响中文教育在澜湄五国发展的速度、深度和广度，同时教师队伍发展的水平往往又能反映这个区域的中文教学质量的高低。检索论文发现，澜湄区域的中文教育师资研究热点是教师队伍基本情况、教师专业知识和技能、教师培训等方面。

#### （1）基本情况研究

对澜湄区域中文教师队伍基本情况的研究包括教师数量、年龄分布、男女比例、群体构成、人员流动等。

---

① 杨苗，周家瑜. 缅甸华文教育发展及策略探索［J］. 文教资料，2020（4）：135—136，46.

武辉煌（2018）<sup>①</sup>，纪樑彬（2018）<sup>②</sup>，粟明月（2019）<sup>③</sup>，Dang Huu Toan（2019）<sup>④</sup>，王敬艳（2019）<sup>⑤</sup>，陶家骏、林齐倩、张唐凌（2020）<sup>⑥</sup>，杨同用、任丽园（2020）<sup>⑦</sup>，赵雨、罗艳（2020）<sup>⑧</sup>，李秋萍（2020）<sup>⑨</sup>，邓伟（2020）<sup>⑩</sup>，郝志强、邹浩、徐玺皓（2022）<sup>⑪</sup>等学者分别研究了泰国、越南、老挝、缅甸、柬埔寨的不同地区或学校的教师基本情况，国家、地区和学校不同，师资情况有一些差异，但由于澜湄区域地缘相近，中文教育发展兴衰曲线大致相同，所以教师问题依然存在很大的共性。总的来说，教师群体构成方面，大部分中文教师依然是中国志愿者和公派教师，本土教师匮乏；数量方面，许多学校中文师资力量不足，导致一些课程无法开展，现有教师每周课时量太多，离职转行情况时有发生；男女比例方面，大部分中文教师都是女性，男教师少，男女比例失衡；年龄的分布在不同学校情况差异较大，中小学年轻教师更多；稳定性方面，志愿者和公派教师任教期限较短，本土教师因为薪资待遇不高、课时过重等问题流失率高，所以澜湄区域中文教师整体稳定性差，流动性强。

---

① 武辉煌.越南北部地区中学汉语教学现状研究［D］.昆明：云南师范大学，2018.

② 纪樑彬.泰国汉语教学中教师素质问题研究［D］.西安：西北大学，2018.

③ 粟明月.缅甸外国语大学汉语师资队伍现状调查［J］.文教资料，2019（34）：120—122.

④ Dang Huu Toan（邓有铨）.越南胡志明市外语信息大学汉语教学现状研究［D］.武汉：华中师范大学，2019.

⑤ 王敬艳.论泰国基础教育阶段汉语教学的四大突出问题［J］.西部学刊，2019（13）：12—17.

⑥ 陶家骏，林齐倩，张唐凌."一带一路"倡议下的老挝"汉语热"研究［J］.国际汉语教育（中英文），2020（2）：91—99，90.

⑦ 杨同用，任丽园.泰国清莱府华校汉语教师现状调查分析与对策［J］.汉字文化，2020（8）：72—73.

⑧ 赵雨，罗艳.柬埔寨中文师资问题调查与研究（2020）［J］.文化创新比较研究，2022（5）：156—159.

⑨ 李秋萍.缅北华校教师队伍现状调查：以南坎华侨佛经学校为例［J］.品位经典，2020（1）：97—100.

⑩ 邓伟.老挝琅勃拉邦省汉语教学情况调查研究［D］.延吉：延边大学，2020.

⑪ 郝志强，邹浩，徐玺皓."一带一路"背景下泰国汉语教学发展研究［J］.汉字文化，2022（S1）：186—187.

### （2）专业知识与专业技能研究

澜湄区域五国中文教师在专业知识方面，本土教师专业知识水平参差不齐，科班与非科班出身夹杂，语言本体知识掌握情况相对较好，二语习得、教育心理学、中国文化方面的知识掌握情况不尽如人意，能否完成好教学任务还有待考察[①]；学历水平方面，总体上高校教师学历高于中小学和华校教师学历，老挝、缅甸、柬埔寨华校教师学历层次低，入职门槛低，大多仅为初中或高中毕业生就留校任教成为中文教师[②]；多媒体技术方面，大部分老师都无法熟练使用多媒体等电子教学设备，无法利用互联网教学资源[③]。除此之外，还提到越南高校中文老师对教学上心、对科研冷漠，即熟手型教师多，专家型教师少[④]。针对这些情况，大部分研究都从学校和个人两个方面提出建议，学校方面调整课时量、增加教师工资待遇、建立跨区域教师合作、建立教师评估体系；个人方面加强学习意识、注重理论与实践相结合、积极参加培训提高个人教学水平等建议来提高教师的专业知识和专业技能。[⑤]

---

① 赵龙（Sriwongwan Likhit）.泰国清莱府中学汉语教学的调查与分析［D］.郑州：郑州大学，2020.

纪檩彬.泰国汉语教学中教师素质问题研究［D］.西安：西北大学，2018.

杜涛（Touthao Xaykao）.老挝国立大学孔子学院汉语教学现状研究［D］.哈尔滨：哈尔滨师范大学，2019.

② 薛茹茹.柬埔寨华校本土汉语教师现状调查研究［D］.武汉：湖北工业大学，2020.

李秋萍.缅北华校教师队伍现状调查：以南坎华侨佛经学校为例［J］.品位经典，2020（1）：97—100.

陶家骏，林齐倩，张唐凌.“一带一路”倡议下的老挝“汉语热”研究［J］.国际汉语教育（中英文），2020（2）：91—99，90.

阮氏兰（Nguyen Thi Lan）.越南高校汉语教学的优化研究［D］.重庆：西南大学，2021.

张少丹.“一带一路”背景下柬埔寨华文教育现状与趋势研究［J］.广西教育，2020（23）：46—48.

③ 周丹阳.泰国北标府公立中学汉语教学现状分析［D］.武汉：湖北工业大学，2020.

④ Pham Thi Hong Tham.越南大学汉语教学发展研究［D］.武汉：武汉大学，2020.

⑤ 郭圣琳，娄开阳.缅甸大学汉语教学的现状、问题及建议：以缅甸华文教育领域为例［J］.常熟理工学院学报，2020（1）：95—101.

### （3）培训培养研究

培训培养方面的研究主要是探讨了澜湄区域各国的教师培训体系。泰国本土教师的培训方式[①]、培训模式和培训时间[②]，提出完善培训模式体系，关键要建立评级体系；缅甸教师主要的培训内容和三层培训需求[③]；柬埔寨师资研究文献提出建立一套针对柬埔寨教师现状的培训体系[④]。

### （4）其他方面研究

偶有文献研究了缅甸华文教师教学效能感问题，认为性别、职业要求、薪水待遇、年龄和从业年限等是影响效能感高低的主要因素。[⑤]兰㵎（2020）[⑥]提到柬埔寨部分中文教师职业意识不明确，职业思想不坚定，如果有了更好的选择他们不会从事教师职业。另外还有对缅甸华文师范学院师范生生源情况、课程设置、职业规划等方面的研究。[⑦]

近五年澜湄区域中文教师的研究热点大致与世界中文教育教师研究热点相同，在研究教师队伍基本情况的基础上，出现了专业知识和专业技能、专业情意、教师培训等方面的研究，但是研究澜湄区域中文教师的专业知识和专业技能方面时，大多只提到语言本体知识、二语习得和中国文化等方面，而近年来中文教育界常常提到的教学语言、师生互动等技能素质没有文献研究。研究澜湄区域中文教师专业情意方面的文献特别少，仅有零星一两篇提到教师职业意识、教学效能感，并且研究对象也只是某个学校或地区，其代表性高不高还有

---

① 杨萌. 泰国中小学本土汉语教师现状与发展策略研究［D］. 西安：西安石油大学，2021.

② 陈佳慧. 泰国汉语教师本土化培训调查研究［D］. 天津：天津师范大学，2020.

③ 周家瑜，李发荣，谭丹英，赵华丽. 缅甸曼邦地区华文教育现状及华文教师培训需求调查［J］. 科教导刊（中旬刊），2018（11）：188—190.

郭圣琳，娄开阳. 缅甸大学汉语教学的现状、问题及建议：以缅甸华文教育领域为例［J］. 常熟理工学院学报，2020（1）：95—101.

④ 兰㵎. 柬埔寨华文师资培训研究［J］. 南宁师范大学学报（哲学社会科学版），2020（2）：85—93.

⑤ 赵义平. 缅甸曼邦地区华文教师现状和教师效能感关系的调查研究［J］. 现代职业教育，2018（12）：269.

⑥ 兰㵎. 柬埔寨华文师资培训研究［J］. 南宁师范大学学报（哲学社会科学版），2020（2）：85—93.

⑦ 谢晨辰. 缅甸曼德勒云华师范学院本土华文教师培养现状调查研究［D］. 昆明：云南大学，2018.

待考察。总的来说，澜湄区域中文教师这一方面取得了一些成果，但依然有许多值得研究的方面。

## 2. 中文教育教材研究

教材是依据教学大纲和课程标准编撰的材料，是教师教学和学生学习的依据，教材的作用贯穿整个教学过程。因此教材编撰质量的高低、教材内容是否符合学生需要、教材体例是否科学合理等方面会直接影响教师的教学和学生学习汉语的兴趣和效率。

对澜湄区域中文教材的研究主要可分为两大类，一类是从整体出发，做"面"的研究，调查某个国家或某个区域开展中文教育的学校和机构使用教材的情况；一类是从具体教材出发，做"点"的研究，研究某本教材在某个学校或某个班的实际使用情况。

李雨飞（2018）[①]，周月（2018）[②]，Dang Huu Toan（邓有铨）（2019）[③]，刘丽烨（2018）[④]，王修军、耿雨（2019）[⑤]，朱巧梅（2019）[⑥]，PHAM THI HONG THAM（2020）[⑦]，杨绪明、王美琳（2020）[⑧]，葛婧、黎氏秋庄（2020）[⑨]，陶氏秋庄（2021）[⑩]，陶家骏、林齐倩、张唐凌

① 李雨飞. 泰国高校汉语教学中的问题及对策［D］. 南京：东南大学，2018.

② 周月. 缅甸仰光地区汉语教学情况调查［D］. 长春：吉林大学，2018.

③ Dang Huu Toan（邓有铨）. 越南胡志明市外语信息大学汉语教学现状研究［D］. 武汉：华中师范大学，2019.

④ 刘丽烨. 泰国武里喃公立华侨学校汉语教学情况调查分析［D］. 哈尔滨：黑龙江大学，2018.

⑤ 王修军，耿雨. 泰国汉语教学现存问题及应对措施［J］. 文学教育（下），2019（1）：147—149.

⑥ 朱巧梅. 泰国曼谷地区汉语培训机构教学现状调查与研究［D］. 西安：西安石油大学，2019.

⑦ PHAM THI HONG THAM. 越南大学汉语教学发展研究［D］. 武汉：武汉大学，2020.

⑧ 杨绪明，王美琳. 泰国南邦府学校汉语教学现状与建议［J］. 北部湾大学学报，2020（9）：54—58.

⑨ 葛婧，黎氏秋庄. 越南大学汉语教学的现状、问题及对策［J］. 常熟理工学院学报，2020（1）：102—106，117.

⑩ 陶氏秋庄. 越南海防市汉语教学的现状、问题与对策［D］. 大连：辽宁师范大学，2021.

（2020）[①]，张婧（2021）[②]，李定倩、黄燕青、马云逸（2020）[③]，慈诚婉（2021）[④]，刘振（2021）[⑤]，张成霞、卢露萍、哲京·巴侯涛（2021）[⑥]等学者分别对澜湄区域各国的中文教育教材使用情况做了调查。从不同国家孔子学院、华校、中小学、高校中文专业和中文培训机构的中文教材使用情况的调查结果来看，"个性"的问题很多，但我们不难发现一些"共性"的问题。首先，澜湄五国的中文教育都显示出本土国别化教材极其缺乏。教学时使用的教材大多数是中国大陆出版的，一部分是针对国内全日制中文学习者，这类教材对澜湄五国大部分汉语学习者来说，难度较高，存在词汇量超纲、练习过难等问题，给学习造成阻碍；还有一部分教材是针对欧美国家学习者出版的，这类教材常常会用英文做标注，不少学习者反映这样会加深学习难度，他们更希望教材以汉语为主，辅之以所在国语言或母语，同时这类教材内容涉及的文化背景也常常与澜湄区域学习者所在国家无关，学习者会感觉书本离生活很远，所学离所用很远，大大影响学习效率和兴趣。除此之外，缅甸的中文教育在2000 年前受到中国台湾的大力支持，特别是缅中地区出现了大陆、台湾教材交叉使用的情况，特别是缅中地区[⑦]。其次，澜湄五国的中文教育教材使用情况还存在教材混用，不同的学校甚至同一学校不同班、同一班不同学期使用的是不同系列的教材，这样就导致教材使用不成体系，这套教材里学习者学习过的内容，在另一套教材里又重复出现，学习的内容也不成体系，影响了学生的学习兴趣。最后，还存在选用教材老旧、过时、与课程内容不符的问题。除了

---

① 陶家骏，林齐倩，张唐凌."一带一路"倡议下的老挝"汉语热"研究［J］.国际汉语教育（中英文），2020（2）：91—99，90.

② 张婧.缅甸百年中文教学资源发展历史与现状研究［J］.云南师范大学学报（对外汉语教学与研究版），2021（4）：36—44.

③ 李定倩，黄燕青，马云逸.泰国汉语教学现状及需求研究［J］.齐齐哈尔师范高等专科学校学报，2020（5）：92—94.

④ 慈诚婉.泰国北部地区中学汉语教材使用调查研究［D］.济南：山东师范大学，2021.

⑤ 刘振.柬埔寨中文教材问题刍议［J］.湖北经济学院学报（人文社会科学版），2021（2）：136—139.

⑥ 张成霞，卢露萍，哲京·巴侯涛.老挝汉语教学现状及发展研究［J］.世界教育信息，2021（2）：63—69.

⑦ 张冲辉.缅中地区华文课堂教学实践研究［D］.保定：河北大学，2018.

刘红娟.缅甸腊戍地区华文教育发展现状及其存在的问题［J］.吉林省教育学院学报，2018（3）：109—111.

孔子学院使用的教材比较新以外，大部分华校、中小学使用的教材没有跟上时代的步伐，这容易导致学习者对中国的印象依然停留在十几二十年前，出现认知偏差。因为教材的不适用，部分文献研究发现，有极少数的学校使用自编教材，且不对外公开①，有许多老师会弃用教材，自行选定教学内容②，所以也有对教师自编教材可行性和策略的研究③。

另一些学者从具体教材角度出发，研究教材本身和它的使用情况。KIM LENG（林金隆）④、陈飞（2019）⑤、王钲冕（2020）⑥、张玉娇（2021）⑦都对柬埔寨中文教育使用的教材《华文》进行了研究，主要涵盖教材语音、词汇、语法、课文、课堂练习这几个方面。总的来说，这本教材是柬埔寨华人理事总会指定柬埔寨华校使用的汉语教材，适用范围广，有一定实用性，但是经过研究也发现存在语音编排缺乏系统性、词汇标注不规范、词汇量增长不稳定、语法点未明确标注、课文内容陈旧、课文体裁多样性不足、课堂练习各题型和各课题量分布不均等问题，在这些问题的基础上，提出了教材编写本土化、课文和生词选择要有针对性、阅读理解和言语交际性练习题要随着学习者年龄增长逐渐增加等建议。《天天汉语》是一套针对泰国中学生编写的本土化汉语教材，陶雯婕（2021）⑧、张梦妍（2021）⑨多位学者从语音、词汇、语法、课文、练习和编排的角度对这本教材进行了分析，并针对其缺点提出了加强语法解释、加强语言真实性优化建议，也有以《天天汉语》为基础，提出从本土化

① 张婧.缅甸百年中文教学资源发展历史与现状研究［J］.云南师范大学学报（对外汉语教学与研究版），2021（4）：36—44.

② 杨萌.泰国中小学本土汉语教师现状与发展策略研究［D］.西安：西安石油大学，2021.

③ 王先艳.泰国本土汉语教师自编教材实例分析［D］.西安：西安石油大学，2021.

④ KIM LENG（林金隆）.柬埔寨小学华校汉语教材《华文》的课文编写研究［D］.北京：北京外国语大学，2018.

⑤ 陈飞.柬埔寨华校初中新版《华文》教材课堂练习研究［D］.扬州：扬州大学，2019.

⑥ 王钲冕.柬埔寨新版初中《华文》教材研究［D］.广州：暨南大学，2020.

⑦ 张玉娇.柬埔寨《华文》教材分析及本土化编写探析［D］.武汉：湖北工业大学，2021.

⑧ 陶雯婕.泰国本土化教材《天天汉语》字词调查研究［D］.成都：四川外国语大学，2021.

⑨ 张梦妍.泰国初级汉语教材对比分析［D］.曲阜：曲阜师范大学，2021.

角度编写教材的研究<sup>①</sup>。

### 3. 中文教育教学法研究

根据刘珣先生对教学法的定义，我们认为教学法有四层的含义，可以指整个学科理论和实践，成为学科名称；也可以指某一教学法流派，如"听说法"；还可以指教学中的具体方法，如"归纳法"；甚至可以指教学技巧，如"板书法"<sup>②</sup>。教学方法反映教学理念、教学目的，直接影响学生对语言学习的认识和学习效果，一直是世界第二语言教学研究的重点和热点。阅读文献发现，澜湄区域中文教育对于教学法的研究主要是通过调查某个地区或某个学校的中文教学情况，来考察该地或该校中文教师上课使用的教学方法。不同国家和学校情况有差别，但是大部分调查结果显示，澜湄区域国家的中文教学课堂使用的教学方法比较单一，一般是语法翻译法，而比较新的第二语言教学方法，如任务型教学法、交际型教学法几乎没有文献提到教师使用；其次教学技巧使用较少，大多是讲授法，教师主导，采取板书形式，PPT 较少被使用，给学生不停地输入，存在"满堂灌"的现象，<sup>③</sup>缅柬华校这种情况较为严重，泰国稍好；孔子学院教学方法较新，其他学校较为落后。除此之外，也有研究显示，泰国的中文教学近年来意识到教学方法的落后，开始主张以学生为主导的方式，但是由于初级阶段盲目乱使用，也导致学习效果不理想；<sup>④</sup>大部分文献根据教学方法现状，提出了加强师生互动、融合各种教学方法优点、优化讲授和练习方式等方面的建议，以期改变教学现状。除了以上调查研究外，有文献做了实证研究，分别探讨沉浸式教学法在老挝汉语课堂上的表现，<sup>⑤</sup>和在泰国幼儿课堂上的表现；<sup>⑥</sup>也开始有文献探讨线上教学方法和

---

① 杜涓. 中泰合编汉语教材的本土化研究［D］. 兰州：兰州交通大学，2020.

② 刘珣. 对外汉语教育学引论［M］. 北京：北京语言大学出版社，2000：235.

③ 周月. 缅甸仰光地区汉语教学情况调查［D］. 长春：吉林大学，2018.

严欢，郭坦，陈万瑜. 泰国高中汉语教学"三教"问题分析及对策［J］. 教育观察，2020（3）：98—100，130.

④ 赵龙（Sriwongwan Likhit）. 泰国清莱府中学汉语教学的调查与分析［D］. 郑州：郑州大学，2020.

⑤ 李娟. 沉浸式汉语教学法在老挝华文教育中的应用研究［D］. 兰州：西北师范大学，2020.

⑥ 韩珍. 沉浸式语境下的幼儿汉语教学案例分析：以泰国佛统幼儿园为例［J］. 法制与社会，2018（3）：207—209.

模式。[①]

从以上澜湄区域中文教育"三教"研究综述来看，大多数文献研究对象都是某个地区或学校的教学情况，采用问卷调查法、访谈法、观察法，针对这个地区或学校的教材、教学、教师情况做调查，然后根据这些情况提出相应的建议。教师方面，研究者们关注到的更多是教师教学的专业能力，如教师专业知识、教师专业技能、教师教学水平等，对于教师个体发展方面谈及较少，如，教师专业情意、职业焦虑、职业倦怠、教师反思意识等。教材方面，主要是调查使用什么教材和某个教材的使用情况，但是也只局限于狭义的纸本教材，其他教学资源谈得较少。教法方面，多数研究只是当校当地课堂情况的调查，提出有建设性的意见比较少，更没有文献根据澜湄区域国家的学生特点和学情有针对性地提出适合他们的新的教学法流派。

## （二）澜湄区域中文教育的学生情况研究

### 1. 学生学习动机研究

情感因素在第二语言学习中起着重要的作用，而动机在情感因素中占极其重要的地位。动机是指激励个体从事某种行为的内在动力，常表现为达到某种目的而付出努力的愿望。第二语言习得动机是推动学习者学习并达到掌握第二语言目的的一种强烈愿望。[②]关于澜湄区域学习者中文学习动机的研究，大都采用问卷调查法和访谈法相结合的方法，运用 SPSS 对调查结果进行统计分析，探究学习者学习动机类型、差异因素和提出提高学习动机的策略，不同的国家、学校和地区显示出差异性。尤颂（2019）[③]、高娜（2021）[④]、韩曼（2021）[⑤]都运用 Dornyei 外语学习动机三层次理论，从语言层面、学习者层面、学习情境层面分析影响学习者动机强弱的因素，前者调查了各年龄阶段学生的动机情况，发现大部分小学生没有明确动机，而初高中生动机强度较高；后者发现学习者动机具有复合型特点，内部动机弱，外部动机强。孟月榕

① 黄冬丽，许芸青. 泰国线上中文口语教学研究：论"翻转课堂"的应用［J］. 现代语文，2022（3）：90—95.

② 刘珣. 对外汉语教育学引论［M］. 北京：北京语言大学出版社，2000：218.

③ Yerxiong（尤颂）. 老挝汉语学习者学习动机调查分析［D］. 成都：四川师范大学，2019.

④ 高娜. 泰国东北部地区中小学生汉语学习动机调查与分析［D］. 西安：西安石油大学，2021.

⑤ 韩曼. 泰国中学生汉语学习动机调查研究［D］. 西安：西安石油大学，2021.

（2020）[①]、张娇霞（2020）[②]、景岚（2021）[③]、王淑平（2021）[④]、尚晓洒（2021）[⑤]探究了学习者的学习动机类型，考察他们更偏向工具性动机还是融合型动机。结果发现有的学校呈现出工具性动机强，有的学校呈现出融合型动机强，并对其原因进行探索。除此之外，黄家琴（2018）[⑥]设计了汉语学习动机量表和动机缺失量表对学习者学习动机差异因素进行探究，发现调查对象对自己的汉语学习能力的质疑是影响他们汉语学习动力的最大因素，其次分别是努力信念、语言态度、学习环境、教师和教材。同时，不乏文章提到，他们所调查的学校或地区，特别是一些华校，学生学习动机总体不强，导致课堂难管理，本土老师采取强硬手段管理，又会削弱学生学习动机，最终进入恶性循环。[⑦]另外，有的研究调查后发现华裔与非华裔身份对学习者动机强弱没有太大影响，问卷调查显示因为华裔身份来学习汉语的人数占比很少，学习年限长短反而影响更大，学习年限长的汉语学习者往往动机更加强烈；[⑧]也有文献研究表明是否为汉语继承语者对学习动机有着明显的影响，汉语继承语学习者学习动机强于非继承语学习者。[⑨]

---

① 孟月榕. 缅甸云华师范学院中小学生汉语学习动机与文化认同调查研究［D］. 长春：吉林外国语大学，2020.

② 张娇霞. 缅甸曼德勒市华裔中学生汉语学习情况调查研究［D］. 兰州：西北师范大学，2020.

③ 景岚. 泰国巴吞特中学学生汉语学习动机研究［D］. 西安：西安建筑科技大学，2021.

④ 王淑平. 柬埔寨皇家科学院孔子学院汉语学生学习动机调查研究［D］. 北京：北京外国语大学，2021.

⑤ 尚晓洒. 柬埔寨中学生汉语学习动机和学习策略调查分析［D］. 保定：河北大学，2021.

⑥ 黄家琴. 泰国高校汉语学习动机缺失现象调查及教学策略研究［D］. 广州：暨南大学，2018.

⑦ 王敬艳. 论泰国基础教育阶段汉语教学的四大突出问题［J］. 西部学刊，2019（13）：12—17.

⑧ 高娜. 泰国东北部地区中小学生汉语学习动机调查与分析［D］. 西安：西安石油大学，2021.

王晴. 柬埔寨华校汉语教育中的问题及对策研究［D］. 长春：吉林外国语大学，2019.

⑨ 宋靖武. 柬埔寨汉语继承语学习者汉语学习动机调查研究［D］. 武汉：湖北工业大学，2020.

## 2. 学生学习偏误研究

偏误是指第二语言学习者在使用语言时不自觉地对目的语的偏离，是以目的语为标准表现出来的错误或不完善之处。这种错误是成系统的、有规律的，反映了说话人的语言能力，属于语言能力范畴。语言学习者的偏误一直是世界第二语言教育领域的研究重点，澜湄区域的中文教育研究文献也不乏提到学习者的偏误问题，总结下来有以下几个特点。研究内容上，有从口语和书面语角度出发研究口语偏误和学习者写作偏误的，[①] 有从汉语拼音角度出发，研究学习者汉语声母和韵母偏误的，[②] 还有从汉语词类划分角度出发，研究汉语某种词类的习得偏误；[③] 研究方法上，都采用偏误分析方法，研究者在教授学习者中文的过程中，发现问题，收集语料，开展研究。

## 3. 学生课堂研究

澜湄区域中文教育的研究文献，也关注到了中文课堂问题，总结他们的研究，可以分为两个方面。一方面是从学生角度出发，分析他们在课堂上的行为和问题，[④] 另一方面是从教师角度出发，探讨课堂管理问题。[⑤] 同时，这些研究都是从改善课堂纪律、提高教学效率角度出发，最后针对研究的课堂问题，从

---

① 车慧慧．柬埔寨初级汉语水平学习者典型口语偏误分析［D］．武汉：湖北工业大学，2020．

张照坤．柬埔寨中二年级学生汉语写作偏误分析［D］．绵阳：西南科技大学，2018．

于明娇，王昭懿．柬埔寨初级汉语教学中语音习得偏误分析：基于柬埔寨东南亚大学中文系的辨音实验［J］．西部学刊，2022（19）：163—168．

② 修竺含．泰国汉语习得者塞擦音偏误应对策略浅析［J］．汉字文化，2021（2）：72—73．

郑静．关于老挝学生习得汉语的发音偏误分析［J］．文学教育（上），2019（5）：179．

段怡璞．初级汉语水平老挝留学生声母偏误分析及教学策略［D］．长沙：湖南师范大学，2021．

③ 黄旭．泰国学生汉语能愿动词偏误分析［J］．现代交际，2020（12）：199—200．

④ 邱宇虹．泰国农村地区中学汉语教学现状与分析［J］．文学教育（下），2018（6）：138—141．

郑苏珊．泰国四所高中汉语课堂冲突调查研究［D］．南昌：江西师范大学，2021．

郝静．柬埔寨华校小学生课堂问题行为调查研究［D］．武汉：湖北工业大学，2021．

⑤ 刘慧青．泰国大学汉语教学课堂管理问题探析：以普吉皇家大学为例［J］．国际公关，2020（8）：153—155．

毕素诗．缅北华校中小学汉语课堂管理问题研究［D］．兰州：兰州大学，2020．

学校、学生、教师多角度提出解决策略。

## （三）澜湄区域中文教育课程设置研究

课程设置是指各级各类学校和教育机构为了实现培养目标而开设的教学科目和教学时数。澜湄区域中文教育文献不乏提到某地区某校的课程设置情况，综述起来主要集中在以下几个方面。澜湄区域国家的中文办学载体主要是高校、中小学、华校、中文培训机构、孔子学院和孔子课堂，办学载体不同，课程设置也不相同。孔子学院和孔子课堂的课程设置在内容上一般分为综合课和听、说、读、写技能课，在等级上有基础汉语、初级汉语、中级汉语，同时会根据学习者的需求设置短期班、长期班、进修班，在入学前也常常有入学考试。① 近年来，孔子学院为了满足当地学习者的需求，也会开设"中文+"课程，如旅游汉语、商务汉语等。② 缅柬中小学和华校中文课程设置较为丰富，从内容上分，通常有语文课、拼音课、地理课、历史课、数学课、美术课等，并且这些学校多采用"半日制"，上午学习中文，下午学习其他语言，中文课程每周通常有十几个学时，且带有"补习"性质。③ 高校中文教育课程多分为必修课程和选修课程，除此之外，也不乏学校开设商务汉语、酒店汉语等课程

---

① 马家琪. 柬埔寨皇家科学院孔子学院汉语教学现状调查［D］. 长春：吉林华桥外国语学院，2018.

王芳芳. 柬埔寨孔子学院教学现状调查研究［D］. 大连：辽宁师范大学，2019.

刘振. 柬埔寨中文教材问题刍议［J］. 湖北经济学院学报（人文社会科学版），2021（2）：136—139.

张成霞，卢露萍，哲京·巴侯涛. 老挝汉语教学现状及发展研究［J］. 世界教育信息，2021（2）：63—69.

② 吕丽丽. 基于数据库的泰国孔子学院研究［D］. 北京：中央民族大学，2021.

赵雨，吴应辉. 柬埔寨中文教育发展报告（2019）［J］. 国际汉语教学研究，2022（1）：33—44.

③ 刘智元. 柬埔寨华文学校教学现状调查分析［D］. 长春：吉林外国语大学，2019.

张艳杰. 柬埔寨金边民生中学汉语教学情况调查报告［D］. 长春：吉林外国语大学，2020.

王晴. 柬埔寨华校汉语教育中的问题及对策研究［D］. 长春：吉林外国语大学，2019.

刘洋，吴林. 柬埔寨华校文化教学调查研究：以柬埔寨公立广肇学校为例［J］. 戏剧之家，2020（8）：117—119.

满足人才培养需求。[①]中文培训机构课程设置更零活,没有统一标准,更多考虑学习者的需求,根据学习者的人数和学习目的开设课程,如常规班、精品班、一对一辅导、汉语预科班等。[②]

阅读文献后,我们不难发现澜湄区域中文教育课程设置方面研究的一些特点。研究方法上,几乎都采用定性与定量结合的方法,调查某地或某校的中文教育课程设置情况,通过表格和数据的方式展现调查结果,偶有一篇文献会结合问卷调查法和访谈法,了解学生对课程设置的态度;[③]研究对象方面,因为澜湄区域各国对于中文教育没有一个统一教学大纲或者各学校课程设置时并未参考教学大纲,所以导致各地各校课程设置都不相同,几乎都是一个学校一个情况,具有多样性和复杂性;研究内容方面,这部分研究都关注中文教育课程设置的种类、结构、课时数等方面,也反映出一些共同的问题。首先课程设置不够合理,常常有交叉科目;[④]其次某些地区和学校重语言课、轻文化课;[⑤]除此之外,还存在课表课程设置丰富,但因为师资力量不足,教师水平不够,而无法开展课程的情况,并不能让学生真正自由选择。[⑥]

## 四、澜湄区域中文教育研究成就与不足

### (一)成就

阅读近五年澜湄区域中文教育研究文献,我们认为,澜湄区域中文教育研

---

① 李定倩,黄燕青,马云逸.泰国汉语教学现状及需求研究[J].齐齐哈尔师范高等专科学校学报,2020(5):92—94.

李雨飞.泰国高校汉语教学中的问题及对策[D].南京:东南大学,2018.

杨婷.泰国孔敬府高校汉语教学情况调查与研究[D].兰州:兰州交通大学,2018.

② 陆蕴联,陆慧玲.老挝中文教学发展状况及未来需求研究[J].亚非研究,2021(1):136—159.

③ 杨婷.泰国孔敬府高校汉语教学情况调查与研究[D].兰州:兰州交通大学,2018.

④ 朱苑蓉.柬埔寨汉语教学情况调查报告[D].长春:吉林外国语大学,2020.

范彩霞."一带一路"沿线国家汉语教学状况研究:以泰国为例[J].兴义民族师范学院学报,2020(4):108—112.

⑤ 周月.缅甸仰光地区汉语教学情况调查[D].长春:吉林大学,2018.

冯李侠.浅析缅北华文教育发展现状、问题及对策[J].西部学刊,2021(22):26—29.

⑥ Dang Huu Toan(邓有铨).越南胡志明市外语信息大学汉语教学现状研究[D].武汉:华中师范大学,2019.

究取得两大成果。第一是在"三教"问题、学生问题和课程设置问题等微观层面的研究已经较为成熟，取得了丰富的成果。对教师的研究，让我们大致了解澜湄区域国家的中文教师队伍的基本情况，对教材的考察，我们得知澜湄区域国家教材的使用情况和需求，对教学方法和学生情况的调查，让我们得以窥探澜湄区域国家中文课堂的情况。第二是在各国语言政策方面、中文纳入各国国民教育体系进程等宏观层面的研究也越来越受到学界重视，研究规模初具雏形，取得一些成果，我们得以知道澜湄区域国家中文教育的发展路径和发展程度、深度和广度，同时，这些研究也将为世界其他区域的中文教育研究提供参考。

从研究方法看，定量研究和定性研究运用较多，问卷调查法和访谈法使用频率也高。许多文献综合运用这些研究方法，定性与定量相结合，问卷法和访谈法融入其中。通过对当地当校中文教学情况的调查，发放问卷，设置访谈，收集数据，在大量统计数据的基础上分析结果，形成理性认识，提出建议。

## （二）不足

近五年澜湄区域中文教育研究取得一些成果，一定程度上给我们展现了澜湄五国的中文教育发展状况，但是依然存在一些问题，具体如下：

### 1. 研究内容

近五年澜湄区域中文教育的研究文献显示，这些研究没有进行资源整合，也很少从整个区域角度或整个国家角度出发来看中文教育发展问题。即使是研究当地当校的情况，也不全面。对教师的调查研究仅限于对教师队伍年龄、学历、男女分布比例等基本情况的考察，对教师专业知识掌握、教学能力高低的调查，即他们基本关注教师教学的方面；除此之外的教师其他方面没有文献提到，如教师自身的发展、教师专业情意、职业意识、教师职业焦虑、教师评价、教师教学语言、师生互动语言都没有研究提到。而教师自身发展好坏与教师队伍的数量增多、质量提高有密切关系，教师自身的发展得到重视，教师发展的问题得到解决，那么才会吸引更多的人才成为国际中文教师，才能高质量壮大澜湄区域中文教育教师队伍，进一步推动该区域中文教育发展。对教材、教法、课程设置的研究也都是片面的考察，只局限于某地某校某个课堂的教材、教法使用情况和课程设置情况，没有根据澜湄区域学生学习风格和学习特点提出新的教学方法，也没有系统提出一套合适的课程体系。同时，教材研究更是只局限于纸质教材，而随着互联网发展，在教学中越来越重要的电子教学资源没有文献提到。

总的来说，大部分研究都是把某地某校的具体情况作为研究对象和研究内容，这些学校与地区大多只是研究者本人教学、实习的地方，选取的是容易拿到的"样本"，而不是最优"样本"，这样的研究代表性不强，根据研究结果获得的经验和建议缺乏顶层设计，大多数没有普适性，也没办法推广。值得一提的是教育的内涵比教学丰富，教学活动是教育的中心活动，但澜湄区域的中文教育研究主要还是集中于中文教学的考察，教育其他方面的研究还是一片空白。

### 2. 研究方法

近五年澜湄中文教育研究多采用问卷调查法、课堂观察法，同时定性分析与定量分析相结合。但是二语教学界经常使用的实证研究法、案例分析方法运用极少。

### 3. 文献作者

在知网检索到的近五年澜湄区域中文教育相关研究文献的作者身份主要有三类：一类是中国国内硕士研究生，文献也主要是学位论文，他们往往是在读研期间，成为国际中文教育志愿者，去到澜湄区域国家某校任教，接触到当地当校教学，而写成的论文，多是微观层面的研究。第二类是在中国留学的硕士研究生，他们接触"样本"更加便利，往往选取自己回国实习的学校作为调查对象，写成学位论文，也多是微观层面的研究。除此之外，有几位学界大家，如李宝贵、吴应辉等学者也十分重视澜湄区域中文教育的研究，固定产出成果，且多是与顶层设计、宏观层面相关。总的来说，澜湄区域中文教育的研究是学位论文多，期刊论文少，核心期刊论文更少，所以需要更多的学者关注并投身于这一领域的研究。

## 五、研究与展望

综合近五年澜湄区域中文教育研究现状和国际中文教育发展形势，我们认为今后的澜湄区域中文教育研究可以从以下几个方面推进：

### 1. 教师自身发展和培训研究

国际中文教师的数量和质量制约着国际中文教育的发展。近年来，国际中文教师队伍建设也受到中文教学界的广泛关注。澜湄区域国际中文教师的知识结构、能力结构方面的研究已经初具规模，取得一些成果。接下来，我们应该把目光投向教师自身发展领域，更多关注澜湄区域国际中文教师个体职业发展遇到的困境和挫折，提出解决策略，吸引更多有能力的人成为且终身成为中文教师；除此之外，教师培训的研究也需要进一步加强，国际中文教育进入新发展阶段，海外学习者持续增多，但是大部分文献调查结果却显示澜湄区域国际中文教师数量短缺，出现了一些学校因为没有中文教师而不得不放弃开设一些课程的现象，所以如何培训、培养出更多高质量的本土中文教师，建设一支高质量澜湄中文教师队伍，来满足教学的需求也是我们应该进一步研究的。

### 2. 本土教学方法和教材研究

近五年的澜湄区域中文教育文献研究结果显示出，教材方面，该区域的本土教材缺乏，现有教材无法满足学习者需求，打击了学习者学习中文的兴趣；教学方法方面，除孔子学院以外的大部分中文课堂依然使用的是传统的语法翻译法，存在满堂灌的现象，没有跟进二语教学领域新的教学方法，接下来我们应该更加关注这两个方面，探索出适合澜湄区域学习者学习风格的教学方法和教材。值得一提的是，目前澜湄区域中文教育对教学资源的研究依然只集中于纸质教材，而随着互联网技术的发展，各种电子教学资源将会在未来学习中占重要地位，所以这一方面也应该是接下来的研究趋势。

### 3. 澜湄区域中文教育体系构建

澜湄区域地缘相近，同是"一带一路"沿线国家，与中国政治、经济交往密切，并且中文教育兴衰发展史大致相同，所以中文教育的发展有相似性。目前澜湄区域中文教育宏观层面的综合研究也受到学界一些大家的重视，未来如何促进澜湄区域中文教育体系的建立和完善；如何呈现该区域中文教育体系整体面貌和特点；如何整合该区域中文教育资源，实现资源最优化；以及澜湄区域中文教育除教学以外的其他领域等问题需要更多的学者进一步探讨。

### 4. 澜湄区域中文教育理论研究

目前，澜湄区域中文教育研究文献大部分仅限于"情况调查—分析问题—提出策略"的流程。研究切入点基本都是现状的调查，对现状进行梳理，在此基础上提出的策略要么广而论之，价值不高，要么只适用于这一所学校，这一种情况，以上种种都流于现象表面，没有进行理论的探讨，也没有得出任何理论结论。接下来，澜湄区域中文教育的研究应该更加重视理论研究，重视顶层设计，追根溯源，统揽全局，打牢理论的基础，在最高层次提出解决问题的办法。

## 参考文献

［1］阿平．老挝国立大学汉语教育及对策研究［D］．沈阳：辽宁大学，2020．

［2］包伦田．泰国南部董里府华文教育发展研究［D］．泉州：华侨大学，2019．

［3］毕素诗．缅北华校中小学汉语课堂管理问题研究［D］．兰州：兰州大学，2020．

［4］常园园．浅谈在柬埔寨的汉语推广策略［J］．文化创新比较研究，2020（8）：96—97，135．

［5］车慧慧．柬埔寨初级汉语水平学习者典型口语偏误分析［D］．武汉：湖北工业大学，2020．

［6］陈翠珠，洪波，唐晓龙．泰北华文教育的特殊性考察［J］．红河学院学报，2019（3）：117—120．

［7］陈飞．柬埔寨华校初中新版《华文》教材课堂练习研究［D］．扬州：扬州大学，2019．

［8］陈佳慧．泰国汉语教师本土化培训调查研究［D］．天津：天津师范大学，2020．

［9］陈雪利．泰国中小学汉语教学现状分析及对策研究［D］．青岛：青岛大学，2018．

［10］陈钟铃．老挝学生习得名词性定语的偏误分析［D］．杭州：浙江科技学院，2021．

［11］陈紫杨．泰国汉语教育的发展、问题及对策［J］．张家口职业技术学院学报，2021（1）：30—33．

［12］程菁．泰国华校初中生汉语课堂问题行为研究［D］．郑州：河南大学，2018．

［13］慈诚婉．泰国北部地区中学汉语教材使用调查研究［D］．济南：山

东师范大学，2021．

［14］邓伟．老挝琅勃拉邦省汉语教学情况调查研究［D］．延吉：延边大学，2020．

［15］董婷婷．柬埔寨华文学校中小学生作文语篇偏误调查与分析［D］．哈尔滨：黑龙江大学，2018．

［16］杜涛（Touthao Xaykao）．老挝国立大学孔子学院汉语教学现状研究［D］．哈尔滨：哈尔滨师范大学，2019．

［17］段瑞雪．泰国北榄公立培华学校汉语教学现状调查［D］．哈尔滨：哈尔滨师范大学，2020．

［18］段怡璞．初级汉语水平老挝留学生声母偏误分析及教学策略［D］．长沙：湖南师范大学，2021．

［19］范彩霞．"一带一路"沿线国家汉语教学状况研究：以泰国为例［J］．兴义民族师范学院学报，2020（4）：108—112．

［20］冯李侠．浅析缅北华文教育发展现状、问题及对策［J］．西部学刊，2021（22）：26—29．

［21］高晗．柬埔寨高校汉语教育教学发展研究［D］．西安：西安石油大学，2021．

［22］高娜．泰国东北部地区中小学生汉语学习动机调查与分析［D］．西安：西安石油大学，2021．

［23］葛婧，黎氏秋庄．越南大学汉语教学的现状、问题及对策［J］．常熟理工学院学报，2020（1）：102—106，117．

［24］耿红卫，高朝冉．缅甸华文教育发展研究［J］．红河学院学报，2021（3）：26—28．

［25］郭光明，孟晓．泰国华文教育发展的启示［J］．智库时代，2018（39）：267—269．

［26］郭圣琳，娄开阳．缅甸大学汉语教学的现状、问题及建议：以缅甸华文教育领域为例［J］．常熟理工学院学报，2020（1）：95—101．

［27］韩冰．泰国基础教育华文民办学校教学模式初探：以南邦育华学校为例［J］．文教资料，2019（29）：198—199．

［28］韩金玲．泰国留学生汉语能愿动词"想"和"要"的偏误分析［J］．汉字文化，2021（15）：94—96．

［29］韩曼．泰国中学生汉语学习动机调查研究［D］．西安：西安石油大学，2021．

［30］韩明，袁柳．国内对泰幼儿汉语教研成果综评：兼谈关于其他国家幼儿汉语教学的研究概况［J］．文化学刊，2019（9）：189—194．

［31］韩珍．沉浸式语境下的幼儿汉语教学案例分析：以泰国佛统幼儿园为例［J］．法制与社会，2018（3）：207—209．

［32］郝彩娟．泰国东部华文民校汉语教学状况研究［D］．郑州：郑州大学，2020．

［33］郝静．柬埔寨华校小学生课堂问题行为调查研究［D］．武汉：湖北工业大学，2021．

［34］郝志强，邹浩，徐玺皓．"一带一路"背景下泰国汉语教学发展研究［J］．汉字文化，2022（S1）：186—187．

［35］洪柳．"一带一路"背景下东盟国家汉语教育发展研究［J］．河北师范大学学报（教育科学版），2018（2）：110—118．

［36］洪鸣源．基于 SWOT 分析的泰国独立与下设孔子课堂发展策略比较研究［D］．杭州：浙江科技学院，2021．

［37］胡蝶．老挝汉语学习者多项状语学习情况调查与研究［D］．南宁：广西民族大学，2020．

［38］胡淑娟，梁伟亮．探访曼谷华文教育学校培知公学［J］．潮商，2018（6）：64．

［39］黄冬丽，许芸青．泰国线上中文口语教学研究：论"翻转课堂"的应用［J］．现代语文，2022（3）：90—95．

［40］黄家琴．泰国高校汉语学习动机缺失现象调查及教学策略研究［D］．广州：暨南大学，2018．

［41］黄嘉俊．泰国川登喜大学素攀孔子学院现状及发展研究［D］．南宁：广西大学，2021．

［42］黄杰忠，宋显云．新时期推进缅北地区华文教育发展的挑战及对策研究［J］．佳木斯职业学院学报，2020（4）：121—123．

［43］黄珊，Chiew Poh Shin，Stefanie S. Pillai．老挝留学生汉语单元音声学实验分析［J］．广西民族师范学院学报，2021（4）：77—81，103．

［44］黄氏清玄（Hoang Thi Thanh Huyen）．越南顺化外国语大学汉语教学调查研究［D］．昆明：云南民族大学，2019．

［45］黄旭．泰国学生汉语能愿动词偏误分析［J］．现代交际，2020（12）：199—200．

［46］黄玉月．泰国曼谷中学汉语教学问题及对策［J］．福建茶叶，2019

（8）：153.

［47］吉鹏.泰国中文教育的影响因素及发展前景分析［J］.智库时代，2018（36）：184，189.

［48］纪樑彬.泰国汉语教学中教师素质问题研究［D］.西安：西北大学，2018.

［49］柬弘信（Thong Hongheng）."一带一路"背景下柬埔寨孔子学院汉语教学现状与发展策略研究［D］.天津：天津大学，2019.

［50］金绮汶（Chinanat Poungsuvan）.泰国私立大学汉语教学现状调查分析［D］.南宁：广西大学，2019.

［51］景岚.泰国巴吞特中学学生汉语学习动机研究［D］.西安：西安建筑科技大学，2021.

［52］柯丽丽.泰国公立中学本土汉语教师师资匮乏因素调查研究［D］.昆明：云南大学，2018.

［53］兰浈.柬埔寨华文师资培训研究［J］.南宁师范大学学报（哲学社会科学版），2020（2）：85—93.

［54］黎氏玲（Le Thi Linh）.中文纳入越南国民教育体系的现状、挑战与对策［D］.大连：辽宁师范大学，2021.

［55］李宝贵，刘家宁.区域国别中文国际传播研究：内涵、进展与优化策略［J］.语言文字应用，2022（1）：44—55.

［56］李宝贵，吴晓文.东南亚各国中文教育政策对中文纳入国民教育体系的影响［J］.天津师范大学学报（社会科学版），2022（1）：21—28.

［57］李宝贵，吴晓文.中文纳入东南亚国家国民教育体系动因机制与推进策略［J］.辽宁大学学报（哲学社会科学版），2021（1）：130—139.

［58］李宝贵，庄瑶瑶.汉语纳入海外各国国民教育体系之方略探索［J］.现代传播（中国传媒大学学报），2020（1）：84—88.

［59］李宝贵，庄瑶瑶.中文纳入"一带一路"沿线国家国民教育体系的特征、挑战与对策［J］.语言文字应用，2020（2）：89—98.

［60］李畅.缅甸东枝兴华学校"汉语课"课程设计研究［D］.昆明：云南师范大学，2021.

［61］李定倩，黄燕青，马云逸.泰国汉语教学现状及需求研究［J］.齐齐哈尔师范高等专科学校学报，2020（5）：92—94.

［62］李晶晶."一带一路"背景下泰汉语教学的发展现状及前景［J］.文学教育（下），2018（4）：66—67.

［63］李娟．沉浸式汉语教学法在老挝华文教育中的应用研究［D］．兰州：西北师范大学，2020．

［64］李宁，李欢．我国在东南亚推广汉语教育的困境与对策［J］．湖州职业技术学院学报，2018（2）：71—74．

［65］李秋萍．缅北华校教师队伍现状调查：以南坎华侨佛经学校为例［J］．品位经典，2020（1）：97—100．

［66］李双．针对老挝有汉语家庭背景的华裔儿童的华文教材选编研究［D］．成都：四川师范大学，2021．

［67］李卫平，姚春林．泰国汉语教学研究可视化分析：基于 CNKI 数据库的研究［J］．漯河职业技术学院学报，2022（2）：104—108．

［68］李想．缅甸仰光华文教育中中华文化传播策略的研究［D］．昆明：云南师范大学，2021．

［69］李小贞（Phommaly Onanong）．老挝万象汉语补习班教学现状研究［D］．南宁：广西大学，2021．

［70］李雨飞．泰国高校汉语教学中的问题及对策［D］．南京：东南大学，2018．

［71］李玉玲．泰国巴蜀府高中汉语教学情况调查分析［D］．上海：上海外国语大学，2021．

［72］李悦．泰国汉语教育的政策变迁与中国汉语国际教育的发展［J］．文化创新比较研究，2021（26）：174—178．

［73］李增华，熊琛然．缅甸地缘环境及其对中缅华文教育合作的影响［J］．思想战线，2021（6）：89—96．

［74］梁宇．区域国别中文教育研究的内涵、内容与路径［J］．河南大学学报（社会科学版），2022（2）：111—116，155．

［75］刘丹丹．南亚各国语言政策的演变特点以及对中文教育的影响［J］．云南师范大学学报（对外汉语教学与研究版），2021（6）：56—62．

［76］刘芳（Supreeya Promvised）．泰国圣咖布里埃尔学校汉语教学情况调查［D］．广州：广东外语外贸大学，2019．

［77］刘红娟．缅甸腊戌地区华文教育发展现状及其存在的问题［J］．吉林省教育学院学报，2018（3）：109—111．

［78］刘红娟．缅柬两国华文教育发展比较及启示［J］．八桂侨刊，2020（2）：30—40．

［79］刘慧青．泰国大学汉语教学课堂管理问题探析：以普吉皇家大学为

例［J］．国际公关，2020（8）：153—155．

［80］刘洁．泰北华文教育发展现状与困境研究［D］．广州：广东技术师范大学，2019．

［81］刘丽烨．泰国武里喃公立华侨学校汉语教学情况调查分析［D］．哈尔滨：黑龙江大学，2018．

［82］刘璐．柬埔寨金边民生中学汉语文化课教学现状研究［D］．长春：吉林外国语大学，2020．

［83］刘权，李彦锋．缅甸华文教育研究综观［J］．红河学院学报，2022（1）：48—51．

［84］刘权．缅甸华人的社会地位及其华文教育实践：以曼德勒华人为中心［J］．西南边疆民族研究，2020（1）：71—76．

［85］刘珣．对外汉语教育学引论［M］．北京：北京语言大学出版社，2000．

［86］刘晓宇．泰国零基础小学高年级汉语课堂教学策略研究［D］．福州：福建师范大学，2019．

［87］刘洋，吴林．柬埔寨华校文化教学调查研究：以柬埔寨公立广肇学校为例［J］．戏剧之家，2020（8）：117—119．

［88］刘振．柬埔寨中文教材问题刍议［J］．湖北经济学院学报（人文社会科学版），2021（2）：136—139．

［89］刘振平，贺丽君．柬埔寨华校华文教育发展的问题及对策［J］．北部湾大学学报，2019（8）：43—48．

［90］刘振平，闫亚平，罗庆铭．东盟华文教育政策的历史演进与深层动因探赜［J］．北部大学学报，2020（7）：52—58，80．

［91］刘智元．柬埔寨华文学校教学现状调查分析［D］．长春：吉林外国语大学，2019．

［92］龙威．中文教育在缅甸的传播探究［J］．参花（下），2019（3）：144．

［93］卢霄．缅甸曼德勒云华师范学院非零起点华裔学生汉字教学设计［D］．长春：吉林外国语大学，2020．

［94］陆蕴联，陆慧玲．老挝中文教学发展状况及未来需求研究［J］．亚非研究，2021（1）：136—159．

［95］罗秋明．泰国高校汉语专业设置的历史、现状及优化建议［J］．世界华文教学，2021（2）：3—23．

［96］吕丽丽．基于数据库的泰国孔子学院研究［D］．北京：中央民族大学，2021．

［97］马佳．老挝国立大学孔子学院学生汉语量词习得研究［D］．青岛：青岛大学，2020．

［98］马家琪．柬埔寨皇家科学院孔子学院汉语教学现状调查［D］．长春：吉林华桥外国语学院，2018．

［99］孟月榕．缅甸云华师范学院中小学生汉语学习动机与文化认同调查研究［D］．长春：吉林外国语大学，2020．

［100］聂励．云南面向周边国家开展华文教育问题研究［J］．曲靖师范学院学报，2018（2）：38—42．

［101］宁娜娜．泰国汉语教学现状调查研究［D］．哈尔滨：黑龙江大学，2020．

［102］潘金娜．老挝国立大学孔子学院教学发展状况调查及对策分析［J］．现代语文，2018（3）：187—191．

［103］彭振声．越南华族学生的民族语言教育政策研究：以胡志明市华文教育为例［J］．东南亚纵横，2019（5）：89—96．

［104］秦阿曼．泰国中小学汉语沉浸式实践教学调查应用研究［D］．汉中：陕西理工大学，2021．

［105］邱宇虹．泰国农村地区中学汉语教学现状与分析［J］．文学教育（下），2018（6）：138—141．

［106］阮氏兰（Nguyen Thi Lan）．越南高校汉语教学的优化研究［D］．重庆：西南大学，2021．

［107］阮松江（Ngu Yen Tung Giang）．越南私立汉语培训机构的教学现状调查［D］．大连：辽宁师范大学，2021．

［108］阮祚崟．泰国尖竹汶公立东英学校汉语教学现状调查［D］．广州：广东外语外贸大学，2019．

［109］尚晓洒．柬埔寨中学生汉语学习动机和学习策略调查分析［D］．保定：河北大学，2021．

［110］绳丹丹．初中级缅甸汉语学习者歧义容忍度与学习策略的相关性研究［D］．昆明：云南师范大学，2019．

［111］时超．缅甸云华师范学院小学华文课堂教学方法调查［D］．长春：吉林华桥外国语学院，2018．

［112］史少文．柬埔寨棉末启华学校华文教学调查报告［D］．大连：辽

宁师范大学，2019.

［113］史泽梅.老挝中老友谊学校汉语职业教育班学生汉语学习动机和学习效能感调查研究［D］.昆明：云南师范大学，2021.

［114］舒敬斌，漆亿.会话分析视域下泰国国别化汉语教材语言表达问题探析［J］.科教文汇（上旬刊），2021（12）：47—49.

［115］舒兰.泰国中部公私立学校汉语教学差异性研究［D］.汉中：陕西理工大学，2021.

［116］宋靖武.柬埔寨汉语继承语学习者汉语学习动机调查研究［D］.武汉：湖北工业大学，2020.

［117］苏文（Kyaw Soe lwin）.缅甸汉语教学历史和现状分析［J］.枣庄学院学报，2019（3）：45—51.

［118］粟明月.缅甸外国语大学汉语师资队伍现状调查［J］.文教资料，2019（34）：120—122.

［119］孙芳丽.老挝中级汉语学习者易混淆词习得研究［D］.兰州：西北师范大学，2021.

［120］孙琳.越南华文教育发展历史与现状研究［D］.郑州：郑州大学，2020.

［121］唐东旺（Chueher Tongvang）.老挝万象市国立大学中文系汉语教学情况调查研究［D］.延吉：延边大学，2020.

［122］陶家骏，林齐倩，张唐凌."一带一路"倡议下的老挝"汉语热"研究［J］.国际汉语教育（中英文），2020（2）：91—99，90.

［123］陶氏秋庄.越南海防市汉语教学的现状、问题与对策［D］.大连：辽宁师范大学，2021.

［124］陶雯婕.泰国本土化教材《天天汉语》字词调查研究［D］.四川外国语大学，2021.

［125］王芳芳.柬埔寨孔子学院教学现状调查研究［D］.大连：辽宁师范大学，2019.

［126］王敬艳.论泰国基础教育阶段汉语教学的四大突出问题［J］.西部学刊，2019（13）：12—17.

［127］王蕾.曼谷中学生汉语学习现状调查及对策研究［D］.西安：西安石油大学，2020.

［128］王琳.泰国南邦嘎拉娅尼学校汉语中级水平学生汉语古诗词教学实践研究［D］.昆明：云南师范大学，2021.

［129］王晴.柬埔寨华校汉语教育中的问题及对策研究［D］.长春：吉林外国语大学，2019.

［130］王淑平.柬埔寨皇家科学院孔子学院汉语学生学习动机调查研究［D］.北京：北京外国语大学，2021.

［131］王先艳.泰国本土汉语教师自编教材实例分析［D］.西安：西安石油大学，2021.

［132］王修军，耿雨.泰国汉语教学现存问题及应对措施［J］.文学教育（下），2019（1）：147—149.

［133］王钲冕.柬埔寨新版初中《华文》教材研究［D］.广州：暨南大学，2020.

［134］文红（Vilaihong Banthalai）.老挝国立大学孔子学院汉语教学现状调查与分析［D］.哈尔滨：哈尔滨师范大学，2021.

［135］吴丽枫（Dararat Ruangthip）.面向泰国小学的汉语教材翻译问题研究［D］.广州：广东外语外贸大学，2021.

［136］吴应辉，王睿昕.东南亚高校中文及相关专业发展状况比较［J］.华文教学与研究，2021（2）：52—60.

［137］吴应辉.国际中文教育新动态、新领域与新方法［J］.河南大学学报（社会科学版），2022（2）：103—110，155.

［138］吴应辉.区域国别研究的"五观"方法论（代主持人语）：以区域国别中文教育研究为例［J］.云南师范大学学报（对外汉语教学与研究版），2022（2）：41—42.

［139］武辉煌.越南北部地区中学汉语教学现状研究［D］.昆明：云南师范大学，2018.

［140］谢晨辰.缅甸曼德勒云华师范学院本土华文教师培养现状调查研究［D］.昆明：云南大学，2018.

［141］星辰.老挝寮都公学汉语教学管理考察与分析［D］.上海：上海师范大学，2021.

［142］熊志灵."一带一路"背景下中国与老挝的教育交流［J］.今传媒，2021，29（1）：20—23.

［143］修竺含.泰国汉语习得者塞擦音偏误应对策略浅析［J］.汉字文化，2021（2）：72—73.

［144］徐欣.泰国佛统府汉语教学现状调查分析［D］.哈尔滨：黑龙江大学，2020.

[145] 许学波．老挝国立大学孔子学院文化传播研究［D］．南宁：广西民族大学，2018．

[146] 许喻虹．泰国孔子学院"中文+职业教育"项目实施情况调查研究［D］．昆明：云南师范大学，2021．

[147] 薛茹茹．柬埔寨华校本土汉语教师现状调查研究［D］．武汉：湖北工业大学，2020．

[148] 闫亚平，张丽萍．老挝语言教育政策探观［J］．北部湾大学学报，2019（8）：49—54．

[149] 严欢，郭坦，陈万瑜．泰国高中汉语教学"三教"问题分析及对策［J］．教育观察，2020（3）：98—100，130．

[150] 晏丽．"一带一路"背景下老挝高校汉语教育发展研究［J］．普洱学院学报，2021（5）：110—112．

[151] 杨萌．泰国中小学本土汉语教师现状与发展策略研究［D］．西安：西安石油大学，2021．

[152] 杨苗，周家瑜．缅甸华文教育发展及策略探索［J］．文教资料，2020（4）：135—136，46．

[153] 杨婷．泰国孔敬府高校汉语教学情况调查与研究［D］．兰州：兰州交通大学，2018．

[154] 杨同用，任丽园．泰国清莱府华校汉语教师现状调查分析与对策［J］．汉字文化，2020（8）：72—73．

[155] 杨新新．经济、社会、文化资本与学校的发展：泰国清莱山区华文学校的分化探析［J］．华侨华人历史研究，2018（2）：42—50．

[156] 杨绪明，王美琳．泰国南邦府学校汉语教学现状与建议［J］．北部湾大学学报，2020（9）：54—58．

[157] 于明娇，王昭懿．柬埔寨初级汉语教学中语音习得偏误分析：基于柬埔寨东南亚大学中文系的辨音实验［J］．西部学刊，2022（19）：163—168．

[158] 于善伟．泰国南部地区幼儿汉语教学现状调查与分析［D］．济南：山东师范大学，2020．

[159] 占林．语言经济学视角下柬埔寨华校华文教育中存在的问题分析［J］．品位经典，2020（3）：101—105．

[160] 张琛．泰国的汉语教育政策与汉语教育发展研究［D］．西安：西安石油大学，2019．

［161］张成霞，卢露萍，哲京·巴侯涛．老挝汉语教学现状及发展研究［J］．世界教育信息，2021（2）：63—69．

［162］张冲辉．缅中地区华文课堂教学实践研究［D］．保定：河北大学，2018．

［163］张栋，刘振平．"一带一路"背景下缅甸汉语传播现状及策略［J］．海外华文教育，2019（3）：130—137．

［164］张娇霞．缅甸曼德勒市华裔中学生汉语学习情况调查研究［D］．兰州：西北师范大学，2020．

［165］张婧．缅甸百年中文教学资源发展历史与现状研究［J］．云南师范大学学报（对外汉语教学与研究版），2021（4）：36—44．

［166］张梦妍．泰国初级汉语教材对比分析［D］．曲阜：曲阜师范大学，2021．

［167］张少丹．"一带一路"背景下柬埔寨华文教育现状与趋势研究［J］．广西教育，2020（23）：46—48．

［168］张谢娟．泰国东北部地区中小学汉语教学现状调查研究［D］．西安：西安石油大学，2021．

［169］张艳杰．柬埔寨金边民生中学汉语教学情况调查报告［D］．长春：吉林外国语大学，2020．

［170］张熠星．泰国公立正才学校汉语教学情况调查［D］．哈尔滨：哈尔滨师范大学，2020．

［171］张玉娇．柬埔寨《华文》教材分析及本土化编写探析［D］．武汉：湖北工业大学，2021．

［172］张照坤．柬埔寨中二年级学生汉语写作偏误分析［D］．绵阳：西南科技大学，2018．

［173］赵惠霞，秦娟．泰国华文教育发展演变及影响［J］．东南传播，2019（10）：66—69．

［174］赵龙（Sriwongwan Likhit）．泰国清莱府中学汉语教学的调查与分析［D］．郑州：郑州大学，2020．

［175］赵义平．缅甸曼邦地区华文教师现状和教师效能感关系的调查研究［J］．现代职业教育，2018（12）：269．

［176］赵雨，罗艳．柬埔寨中文师资问题调查与研究（2020）［J］．文化创新比较研究，2022（5）：156—159．

［177］赵雨，吴应辉．柬埔寨中文教育发展报告（2019）［J］．国际汉语

教学研究，2022（1）：33—44．

［178］郑静．关于老挝学生习得汉语的发音偏误分析［J］．文学教育（上），2019（5）：179．

［179］郑钧文．泰国小学对外汉语课堂中的学习兴趣提升［J］．散文百家（新语文活页），2022（1）：19—21．

［180］郑苏珊．泰国四所高中汉语课堂冲突调查研究［D］．南昌：江西师范大学，2021．

［181］周丹阳．泰国北标府公立中学汉语教学现状分析［D］．武汉：湖北工业大学，2020．

［182］周家瑜，李发荣，谭丹英，赵华丽．缅甸曼邦地区华文教育现状及华文教师培训需求调查［J］．科教导刊（中旬刊），2018（11）：188—190．

［183］周婉莹（Nuanphun Wongsa-Ard）．泰国公立健华学校汉语教学现状调查研究［D］．南宁：广西大学，2020．

［184］周月．缅甸仰光地区汉语教学情况调查［D］．长春：吉林大学，2018．

［185］周月，罗安迪．中柬教育合作的现状与挑战［J］．南亚东南亚研究，2020（4）：77—93，155—156．

［186］朱巧梅．泰国曼谷地区汉语培训机构教学现状调查与研究［D］．西安：西安石油大学，2019．

［187］朱菀蓉．柬埔寨汉语教学情况调查报告［D］．长春：吉林外国语大学，2020．

［188］朱宇，蔡武．华文教育研究的热点主题与演进趋势：基于 CSSCI（1998—2017）的文献计量与知识图谱分析［J］．厦门大学学报（哲学社会科学版），2019（2）：163—172．

［189］宗翊萱．基于数据库的泰国华文教育示范学校研究［D］．北京：中央民族大学，2019．

［190］Dang Huu Toan（邓有铨）．越南胡志明市外语信息大学汉语教学现状研究［D］．武汉：华中师范大学，2019．

［191］Kantana Tularattanapong（张丽珍）．泰国公立高中汉语教育问题与对策研究［D］．厦门：厦门大学，2018．

［192］Kim Leng（林金隆）．柬埔寨小学华校汉语教材《华文》的课文编写研究［D］．北京：北京外国语大学，2018．

［193］Kongpob Noilublao（闻名）．汉语在泰国的教育及传播研究

[D]. 天津：天津大学，2018.

　　[194] Oeung Kim Ling（黄金玲）. 柬埔寨大学生汉语学习动机调查研究[D]. 厦门：厦门大学，2019.

　　[195] Pham Thi Hong Tham. 越南大学汉语教学发展研究[D]. 武汉：武汉大学，2020.

# 管窥澜湄中文教育的发展

张 云（云南民族大学国际学院）

【摘 要】澜沧江–湄公河合作机制下，中国和泰国、老挝、柬埔寨、缅甸、越南间的教育合作逐渐常态化，人文交流不断升温。澜湄中文教育逐步在澜湄合作机制中突破传统中文教育合作。百年变局和疫情防控常态化趋势下，澜湄中文教育向纵深发展，为澜湄国家民众"读懂中国"提供新的视野，夯实人文基础，助力人类命运共同体构建。

【关键词】百年变局；澜湄；澜湄中文教育

习近平总书记 2021 年 6 月 21 日给北京大学的留学生们的回信指出："读懂今天的中国，必须读懂中国共产党，勉励留学生们更加深入地了解真实的中国。"以深入贯彻落实习近平总书记回信精神为根本遵循，在澜湄合作机制下聚焦澜湄国家特征，把"读懂中国共产党"与"读懂中国"紧密结合，系统探索深化澜湄中文教育"读懂中国"实现方法、路径、策略和模式，深刻回答和践行新时代来华留学生培养的使命和担当、不断提升我国来华留学生教育质量和水平、积极服务我国教育对外开放，同时为高校面向澜湄国家开展行之有效的中文教育和服务高校意识形态工作提供有益的参考，也将为更好传播中华优秀传统文化、更好体验"中国之路、中国之治、中国之理"[①]提供新的视角和途径，有利于实现澜湄各国文化"各美其美、美美与共"，在文化交流互鉴中实现融合共生，推动构建人类命运共同体的目标。

## 一、"澜湄中文教育"内涵的发展

在解释"澜湄中文教育"前，通过中国知网（CNKI）进行主题检索，关键词"澜湄中文教育"检索结果为 0 条；关键词"国际中文教育"检索结果为 760 条，其中学术论文 428 条、学位论文 291 条、其他 41 条，研究主题主要

---

① 仲音. 深悟中国之路、中国之治、中国之理［N］. 人民日报，2022-07-27（004）.

为国际中文教育、中文教育、汉语国际教育等，由此可以从"国际中文教育"中分析总结出什么是"澜湄中文教育"，借此了解其发展规律和一般内容以便加深认识。

## （一）"国际中文教育"的发展

从检索时间节点来看，1994—2022 年的相关研究表明，"国际中文教育"源于"汉语国际教育""汉语国际传播""国际汉语教学"等，澜湄中文教育是这几类中文教育的发展延伸，还发现《"载道"与"日新"——国际中文教育的世界公民教育功能探讨》[①]一文首次提及"国际中文教育"的内容。

"国际中文教育"是世界各国民众学习中文、了解中国的有效途径，基于"汉语国际教育"的发展，2019 年 12 月国际中文教育大会在长沙举办[②]。2020 年"国际中文教育"逐步发展，学界召开了"新冠疫情对国际中文教育影响形势研判会"[③]、"新形势下国际中文教育教学资源建设国际学术研讨会"[④]、"国际中文教育标准与考试研讨会大会"[⑤]等；2021 年 3 月教育部、国家语言文字工作委员会发布《国际中文教育中文水平等级标准》（GF0025-2021），以科学规范、便于实施国际中文教育的学习、教学、测试与评估等环节。从中可以理清楚的是，"国际中文教育"事业在不断转型发展，在适应国内环境中有了一些新举措、制定了一些新标准。

"国际中文教育"从广义上来看，是"百年未有之大变局"下中国文化"走出去"的必要途径，通过教育人文交流对外提升文化自信，以中华民族伟大复兴为目标在努力实现中华民族文化传播的同时加紧对全球开展汉语教育教学；从狭义上来看，是学科的发展延伸：对外汉语教学——汉语国际教育——国际中文教育。在"国际中文教育"发展进程中，汉语热和中文教育促进了

① 叶国华."载道"与"日新"：国际中文教育的世界公民教育功能探讨［J］. 国际汉学集刊，2008（0）：50—57.

② 语言战略研究. 2019 年国际中文教育大会在长沙举行［J］. 语言战略研究，2020，5（1）：2.

③ 世界汉语教学."新冠疫情对国际中文教育影响形势研判会"观点汇辑［J］. 世界汉语教学，2020，34（4）：435—450.

④ 李彩霞，马佳楠."新形势下国际中文教育教学资源建设"国际学术研讨会成功举办［J］. 世界汉语教学，2021，35（1）：114.

⑤ 马箭飞. 强化标准建设，提高教育质量：国际中文教育标准与考试研讨会大会致辞［J］. 国际汉语教学研究，2021（1）：4—5.

"汉语国际教育""对外汉语教学"的发展且演变成"国际中文教育"。王辉、冯伟娟（2021）认为，"国际中文教育"既可包括国内面向留学生的"对外汉语教学"，又可包括国外面向当地居民的汉语教学及面向华侨华人的华文教育，既涉及学历教育，又涉及非学历教育①。除了国内面向留学生外，还有"汉语国际教育"专业的本科生、硕士研究生，培养面向国内外的汉语人才，这也是国际中文教育的一部分内容。

### （二）"澜湄中文教育"内涵演变

中国是世界第三大和亚洲最大留学目的地，其中来自澜沧江-湄公河国家的来华留学生的比重不断增大。以教育部 2018 年来华留学生统计国别数据为例，排序前 15 名中泰国、老挝、越南就占了三席②。这一情势说明，澜沧江-湄公河来华留学生教育成效事关我国教育对外开放的质量，澜湄中文教育发展的前景良好。

"人文交流是澜沧江-湄公河次区域开展交流合作、发展国家间关系的重要内容，也是流域 6 国开展各领域合作的民意基础。"（任明哲，2019③）中文教育是澜湄次区域人文交流的重要内容，在不断深入的合作中必将得到前所未有的发展。

如图 1 所示，澜湄六国的区位优势独特：一江连六国，命运紧相连。开展中文教育是对六国人民守望相助友好情谊的赓续，是中国在澜湄次区域践行人类命运共同体理念的具体行动，更是体现了大国应有的担当。国之交，在于民相亲。民相亲在澜湄流域这片土地上，六国民众以中文教育为契机，以澜沧江-湄公河为纽带共同谋划澜湄中文教育合作的美好未来。

---

① 王辉，冯伟娟. 何为"国际中文教育"［EB/OL］. 光明网-学术频道.（2021-03-15）［2022-09-07］. https://www.gmw.cn/xueshu/2021-03/15/content_34688036.htm.

② 数据来源于：教育部. 2018 年来华留学统计［EB/OL］.［2022-09-07］. http://www.moe.gov.cn/jyb_xwfb/gzdt_gzdt/s5987/201904/t20190412_377692.html.

③ 任明哲. 澜沧江-湄公河次区域国家人文交流：现状、基础与挑战［J］. 东南亚纵横，2019（3）：21—27.

图 1 　澜湄六国区位图

在国际中文教育的实践和发展过程中，"一带一路"沿线国家的教育合作逐渐紧密，出现区域性的国际中文教育。对近 5 年来国家社科基金教育学项目立项梳理发现，现有研究项目多为汉语国际教育教材、师资国际化等方面的研究，以"澜湄中文教育"为主要研究对象的项目，特别是澜沧江-湄公河次区域合作机制下以澜沧江-湄公河六国来华留学生为对象开展中文教育"读懂中国"的研究还不太多见。深化澜湄中文教育成效，势必要求深入理解其意义，广义上是教育对外开放的必要途径，在传播中华文化的同时开展湄公河五国的中文教育——既包括国内来华留学生中文教育，也包括国外在澜湄地区的中文教育；狭义上是"对外汉语教学——汉语国际教育——国际中文教育"发展延伸出的区域中文教育。

综上，澜湄中文教育属于国际中文教育的范畴，是区域中文教育的一部分，对促进中国与澜湄五国人文交流和推进"一带一路"倡议的国际理解方面的作用逐渐凸显。同时，对深化全方位合作中为湄公河五国民众学习中文、听"中国故事"及文化互鉴发挥了重要平台作用。

## 二、澜湄中文教育发展现状

党的十八大以来，我国在其他国家和地区举办孔子学院（孔子课堂）159

个，与 58 个国家和地区签署了学历学位互认协议，建设鲁班工坊 23 个[①]。当前，百年变局加速演进，区域中文教育——"澜湄中文教育"成为推动新时代国际中文教育变革创新的关键要素，在"一带一路"倡议、教育对外开放、澜湄合作机制支持下蕴含着新的发展机遇，在促进中文教育发展和构建孔子学院、鲁班工坊、孔子课堂方面发挥了重要的推力和助力作用。

表 1　国际中文教育概况[②]

| 年份 | 纳入国民教育体系国家数（个） | 学习中文人数（人） | 累计学习和使用中文人数（人） | 参加中文水平考试人数（人次） |
| --- | --- | --- | --- | --- |
| 2021 | 76 | >2500 万 | 2 亿 | 6200 万 |
| 2020 | 70 | 2500 万 | 2 亿 | 4000 万 |
| 2019 | 60 | >2500 万 | 1.1 亿 | |

数据显示，2019 年至 2021 年年底，全球将中文纳入国民教育体系的国家数不断增加，外国正在学习中文人数规模相对稳定，累计学习和使用中文人数有增长趋势，参加 HSK（中文水平考试）、YCT（中小学中文考试）等中文水平考试的人次增长幅度大；从中还发现，国际中文教育在全球拥有广泛而坚实的基础，意味着实践国际中文教育不断提升中华文化影响力，澜湄中文教育的转型发展将进一步提升国际中文教育实践的成效。

随着教育对外开放格局不断扩大，李宝贵、刘家宁（2021）认为新时代国际中文教育的"使命担当""发展方式""工作重心""人才培养"[③]逐渐发生转

---

① 数据来源于：教育部.党的十八大以来教育国际合作与交流有关情况介绍［EB/OL］.［2022-09-15］. http://www.moe.gov.cn/fbh/live/2022/54849/sfcl/202209/t20220920_662968.html.

② 数据来源于：人民网.教育部：76 个国家将中文纳入国民教育体系［EB/OL］.（2022-06-29）［2022-09-15］. http://www.moe.gov.cn/fbh/live/2022/54618/mtbd/202206/t20220628_641495.html；

中国教育在线.教育部：全球有 70 个国家将中文纳入国民教育体系［EB/OL］.［2022-09-15］. http://www.moe.gov.cn/fbh/live/2020/52834/mtbd/202012/t20201222_506970.html；

赵婀娜，吴月.筑牢国家发展的语言文字基石［N］.人民日报，2020-10-13（012）.

③ 李宝贵，刘家宁.新时代国际中文教育的转型向度、现实挑战及因应对策［J］.世界汉语教学，2021，35（1）：3—13.

变，澜湄中文教育在新时期也步入发展新阶段。中国与湄公河五国的经济贸易、教育交流等领域的合作更为密切，民众对中文学习的需求将不断增长。

表2 湄公河五国中文教育状况[①]

| 国家 | 是否将中文纳入国民教育体系 | 孔子学院数量 | 孔子课堂数量 |
| --- | --- | --- | --- |
| 泰国 | Y | 16 | 11 |
| 老挝 | Y | 2 | 0 |
| 柬埔寨 | N | 3 | 0 |
| 缅甸 | N | 0 | 3 |
| 越南 | Y | 1 | 0 |

表中数据显示，泰国、老挝、越南3个国家已将中文纳入国民教育体系，柬埔寨和缅甸虽然暂未明确将中文纳入国民教育体系，但是中文教育有不同程度的发展，主要集中在设立孔子学院和开设孔子课堂。可以发现，随着澜湄合作机制的不断深化，澜湄中文教育发展也将获得新的发展机遇，为疫情期间探索新澜湄中文教育模式积淀了坚实的平台基础。

## 三、澜湄中文教育未来如何发展

随着澜沧江–湄公河次区域合作机制的深入推行，"机制建设不断完善"，"各优先领域合作亮点纷呈"，"澜湄国家关系日益紧密"（马婕，2021[②]）。"人才培养交流合作是澜湄合作的重要内容，但也要意识到就国际合作中的人才培养这个主题来看，其目的在于兼顾教育在凝聚共识方面的作用的同时着重提高人才培养的质量"（李炳超、翟星、刘仁馨，2021[③]）。中文教育始终是澜湄人文交流的基础，对来华留学生教育、合作机制的深入推行、人才培养具有重要意义。

---

① 数据来源于：孔子学院，http://www.ci.cn/#/site/GlobalConfucius/，2022-09-20．

② 马婕．澜湄合作五年：进展、挑战与深化路径［J］．国际问题研究，2021（4）：61—86．

③ 李炳超，翟星，刘仁馨．基于中泰的澜湄次区域传统医药人才培养合作研究［J］．中国民族民间医药，2021，30（4）：106—110．

## （一）开展综合性研究

通过 CNKI 检索"澜湄中文教育"的结果显示"暂无数据"，这表明结合当前澜湄中文教育实际情况极有必要开展相关综合性研究，针对地区文化群体特征区分共性和个性的长处和短板，因时、因势开展有针对性的中文教育研究促进澜湄中文教育实践的转型发展。以《中国-东南亚高等教育合作研究》[①]为例，其中系统梳理各国教育体系，聚焦人才流动、招生质量、大数据库建设，搭建学术平台，成立研究中心等，从高等教育发展历程、高等教育国际化等方面介绍了泰国、老挝、柬埔寨、缅甸、越南等十余个东南亚国家的高等教育概况和同中国的高等教育交流与合作。

此项研究对开展澜湄国家综合性的中文教育研究具有借鉴意义。

## （二）挖掘现有平台优势

"澜沧江-湄公河合作"是首个由澜沧江-湄公河流域六国共同创建的新型次区域合作机制，是中国-东盟合作的重要组成部分和共商共建"一带一路"的重要平台。上文中梳理了目前澜湄中文教育的平台资源，泰国、老挝、越南已将中文纳入国民教育体系并设立孔子学院和开设孔子课堂，柬埔寨和缅甸主要集中在设立孔子学院和开设孔子课堂。这些平台的构建实施有助于深化澜湄中文教育对象"读懂中国"成效，架起"同饮一江水，命运紧相连"的六国人民民心相通之桥，推进构建人类命运共同体目标的实现。

几年来澜湄中文教育有成果、有成效，但是在转型发展应对当前新局势和新局面中仍需要进一步挖掘可利用资源：

（1）进一步挖掘教育人才队伍潜力。澜湄中文教育少不了建立起一支讲得了中国故事，发得了中国声音的人才。澜湄国家"同饮一江水，命运紧相连"，具有此背景的澜湄中文教育对象与其他国家和地区教育对象相比具有独自的群体特征，主要体现在山水相连、人民相亲、民族同根、文化同源。相较其他国家和地区跨文化适应性较强，中文教育的认可度和接受度更高，借疫情缓冲期培养一批具备跨澜湄文化的中文教育人才，基于涵养"读懂中国"意识"讲好中国故事"，夯实现有教育成果的同时积蓄未来发展潜能。

（2）进一步完善澜湄中文教育案例库。澜湄中文教育发展始终是双向的，

---

① 赵坤，汪滢. 中国-东南亚高等教育合作研究［M］. 北京：北京理工大学出版社，2022.

学习中文是为了让自己更懂中国，教授中文也是为了让他们更懂中国，那么建立起适合学习者各个层次阶段的案例库势在必行，以至于实现"以案促学"，特别是以中国各民族团结进步、澜湄各国文化"各美其美、美美与共"的生动实例，让来华留学生和澜湄国家民众更好地理解中国共产党的治国理政经验，提升中国文化认同，落实立德树人同时培养更多"知华、爱华、友华"的澜湄人才。

### （三）拓宽信息化渠道

受新冠肺炎疫情的影响，互联网媒体成为国际中文教育的第二发展空间，利用互联网和新媒体平台采用线上线下相结合的方式，国际中文教育和澜湄中文教育在"后疫情"时代进入信息化、智能化、多元化的新发展阶段。该发展阶段的主要特点为即时性相对较强，空间距离感相对较近，传播速度和传播效率相对较高。可以采取的措施体现在：充分利用短视频平台周期短、见效快、成效高的特点，拓宽澜湄中文教育的广度，即加大互联网媒体媒介的宣传，打造"足不出户""足不出国"的中文学习；挖掘内容和形式的深度，即充分创新澜湄中文教育，开设出质量高、口碑好的金课；提升澜湄国家民众喜闻乐见的中文教育热度，即立德树人与文化育人并举。于春风化雨、润物无声中让澜湄中文教育对象生动、深刻理解"中国共产党为什么能，马克思主义为什么行，中国特色社会主义为什么好"这一主题，生动、深刻感悟中国社会经济发展取得翻天覆地巨变的根本原因，体现在"读懂中国"——理解中国现代化新征程发展的新阶段、新理念、新格局，同时传播中华民族优秀文化。

总之，在巩固现有的澜湄中文教育成果的同时，需要坚持《国际中文在线教育行动计划（2021—2025年）》《国际中文教育数字资源建设指南》等文件标准，扎实开展澜湄中文教育研究，推进中文教育教学变革创新，培养澜湄中文师资，提升在线教学能力，实现澜湄中文教育在线规模化与"定制"个性化培养相结合。

### 小结

习近平总书记深刻把握21世纪中国和世界发展大势，强调"讲好中国故事，传播好中国声音，展示真实、立体、全面的中国，是加强我国国际传播能力建设的重要任务"[①]。"要加快构建中国话语和中国叙事体系，用中国理论阐释中国实践，用中国实践升华中国理论，打造融通中外的新概念、新范畴、新表述，更加充分、更加鲜明地展现中国故事及其背后的思想力量和精神力量。"[②]这为探索澜湄国家中文教育和讲好中国故事、传播好中国声音，推动澜湄中文教育指明了方向，提供了根本遵循。

澜湄中文教育始终需要立足于中华民族文化的传播和放眼于国际的视野，既是在澜湄国家间传播中华民族优秀文化、丰富区域人文交流，也是推动区域文化多元化发展的举措，根本原因在于"我们要坚持道路自信、理论自信、制度自信，最根本的还有一个文化自信"[③]。从当前澜湄中文教育的发展形势来看，是中华优秀文化传播的自身需求，也是澜湄国家对于中文教育与中华文化的迫切需求。

① 加强和改进国际传播工作 展示真实立体全面的中国［N］. 人民日报，2021-06-02（001）.

② 加强和改进国际传播工作 展示真实立体全面的中国［N］. 人民日报，2021-06-02（001）.

③ 习近平. 在庆祝中国共产党成立95周年大会上的讲话［J］. 求是，2021（8）.

# 教学教法与人才培养研究

# 留学生中国古代文学作品教学中多媒体资源应用研究

高春燕（红河学院人文学院）[①]

【摘　要】中国古代文学作品晦涩难懂，留学生会因为对文言文的陌生感而排斥学习。为解决留学生文言文阅读困难的状态，本文基于教学实践，通过案例分析的方法力图探索如何利用多媒体资源辅助教学，提高留学生对中国古代文学作品的兴趣，借助多媒体技术，为留学生营造文言文阅读轻松愉快的学习环境，从而提高教学效果。

【关键词】中国古代文学；留学生；多媒体应用

## Study On The Application Of Multimedia Resources In The Teaching Of Ancient Chinese Literature For Overseas Students

**Abstract:** Ancient Chinese literature is difficult to understand, and overseas students will reject learning because of their strangeness to classical Chinese, in order to solve the problem of reading classic-al Chinese for overseas students. Based on the teaching practice, the article tries to explore how to use multimedia resources to assist teaching, improve the interest of overseas students in ancient Chinese literature, and build a relaxed and happy learning environment for overseas students to read classical Chinese with the help of multimedia technology so as to improve the teaching effect.

**Keywords:** ancient Chinese literature; overseas students; multimedia application

## 一、留学生中国古代文学作品教学现状

面向留学生的中国古代文学作品教学，目前课程开设有三种状况：一是开

---

① 作者简介：高春燕，1977 年生，女，彝族，云南蒙自人，讲师，硕士，研究方向为应用语言学。

设中国古代文学课程作为汉语言文学专业的必修课；二是设置中国古代文学课程或相关课程，在汉语言专业文化知识类课群中作为专业选修课程；三是对于其他非汉语类专业的留学生未开设相关课程。

中国古代文学对于留学生而言，在文字理解方面艰深晦涩，文化差异令留学生难以体会许多中国古代文学作品的意境，学习兴趣和学习积极性逐渐缺失的现象很常见。在教学实践中，教师们发现留学生的中国古代文学课程开展难度较大。然而，我们不能因噎废食，留学生学习中国古代文学是十分必要的，从素质教育的角度，让高校留学生通过古代文学作品的学习可以深入体会中国文化，提高阅读能力和语言文字的运用能力。如果避开中国文学，留学生很难真正融入中国文化、理解中国思想。从中国文化推广的事业上说，我们也必须重视这门课程的讲授，从诗词歌赋到经典文学作品，中国古代文学莫不凝聚着五千年来中国文明的智慧结晶，其中蕴涵的文化知识无疑能满足来华学习者的一些文化理解需求，有利于搭建中国与世界文化交流的桥梁。

由此，如何教留学生读懂中国古代文学作品成为我们要探索的重要课题之一。随着多媒体技术在教学中的应用推广，与传统教学方式相比早已呈现出诸多优势，我们尝试在留学生的中国古代文学作品教学中进行多媒体资源的开发利用，在教学实践中探讨提高教学效果的有效途径。

## 二、多媒体资源在留学生中国古代文学作品教学中的应用分析

多媒体的形式多样，常见的多媒体形式包括文本、图片、视频、音频、动画等。在教学中应用较多的多媒体资源主要是课件和影音资源，因而我们的实践研究也围绕这两方面开展。

### （一）以多媒体课件为主的教学应用分析

多媒体课件是课堂常见的教学辅助工具，针对不同的课程内容制作的多媒体课件发挥的作用不同，据此可以将其分为以下三种类型：一是演示型多媒体课件，主要作用在于展示教学内容，帮助教师在讲授过程中突出重点和难点，创设情境；二是训练型多媒体课件，主要用于对已掌握的知识进行训练，加强难点知识的理解；三是游戏型多媒体课件，与训练型课件类似，但课件的设计偏重趣味，通过小游戏的演示激发学生的兴趣，引入重点内容。以上三种类型可以在课件中交叉使用，并无定式。

由于留学生缺乏中国文化背景知识，多媒体课件展示的内容应充分考虑学

习者需求，如南朝民歌《西洲曲》，除了梳理诗句意义，对涉及到的时代背景和人物都可以借助图片、视频来讲解。内容上力图构建一个故事性情节，便于留学生在文化形象上形成整体把握。

以下是《西洲曲》教学案例片段描述，节选教学内容为《西洲曲》文意梳理部分，下面列出多媒体课件在教学过程中的具体实施及应用。

### 1. 教学需求分析

留学生对我国古代诗歌是全然陌生的，在学习过程中不只有语言文字的障碍，更有文化背景差异造成的障碍。这些障碍往往使大多数学习者从开始满怀兴趣的心态过渡到兴致低落、深感疲惫的状态。因此，教师引导式学习在教学中有着重要的作用。利用丰富的感性材料可以激发学习者探索式的学习兴趣，教学过程需要由浅入深，逐渐引入教学主题。

### 2. 教学内容与多媒体课件的结合

《西洲曲》文意梳理部分是教学内容的核心部分，通过多媒体课件展示，具体实施和应用如表1所示：

### 表1　多媒体课件具体实施及应用记录表

| 教学过程 | 对应文本 | 多媒体应用 | 设计思路 |
|---|---|---|---|
| 课堂导入环节 | 诗歌全文 | 配乐影音文件诵读全文时长：2分钟左右 | 在讲解诗歌内容前，明确诗歌的"爱情"主题，以影音视频吸引学习者关注，易于代入诗歌意境<br>目标：让学习者体悟诗歌朗诵的节奏感，感受诗歌的音乐美 |
| 字词句讲解环节（难点） | 1. 景象<br>春景：梅、杏子红<br>夏景：伯劳、乌白、红莲<br>秋景：莲花过人头、莲子青如水、飞鸿<br>冬景：鸿飞满西洲、天高、水绿<br>2. 女主人公容貌穿戴的词句<br>3. 描写心情、动作的词句等 | PPT演示课件（注意背景图设置）、视频文件展示诗歌意象。步骤如下：<br>1. 地点背景介绍：西洲在何处（图片）<br>2. 时代背景文化：女主人公的生活环境、女主人公的容貌穿戴（图片、视频：2~4分钟）<br>3. 词句赏析：字词的解释，蕴含的意象和中国文化含义（PPT） | PPT课件、图片或视频展示江南四季景象，铺陈故事情境<br>利用图片或视频展示女主人公容貌穿戴，从妆容服饰文化代入时代文化背景，便于学习者了解中国古代文化、思想<br>目标：了解字词的意义及其诗歌中的意象，提高汉语语言的运用能力 |

（续表）

| 教学过程 | 对应文本 | 多媒体应用 | 设计思路 |
|---|---|---|---|
| 词句训练环节（重点） | 填字游戏<br>连句游戏 | PPT 训练或游戏课件 | 加强训练，让学习者易于记诵古诗 |
| 注： | 多媒体课件资源（图片、影音视频）主要源自网络资源 | | |

　　面向留学生开设的中国古代文学课属于文化知识类课程，教学目标、教学内容和教学方法要有针对性。在教学过程中，要注意文化教学是为语言教学服务的，文化知识的过度拓展可能造成"顾此失彼"。古诗《西洲曲》中的语言清新自然，用词传神巧妙，在理解诗歌意境的基础上，分析诗歌的语言魅力，无疑能帮助留学生提高语言运用能力。

### 3. 教学效果分析

　　由于疫情影响，留学生目前都为线上授课，受限于线上师生互动的限制，我们所记录的留学生课堂行为表现也不够全面。总的来说，视频和图片的吸引力较大，播放前学生直接表达兴奋与好奇的心情。教学过程中女生的学习积极性高于男生，对女主人公容貌穿戴的描写很感兴趣，在训练环节中，女生对字、词、句的敏感度较男生高，男女生学习态度上存在差异。测试环节则表明，对于基本语言和文化知识，男女生都基本能够掌握。

### （二）以微视频为主的教学应用分析

　　微视频是现代教育与信息技术融合的产物，能够以视频和动画等形式辅助教师教学，其特点是直观形象、短小精悍、知识容量大。微视频资源的来源主要有两种：一种是直接运用网络上的相关资源，教师根据需要筛选使用；另一种是由教师根据教学内容自行开发，也称为微课。

　　对信息的理解是一个输入过程，输入方式不同，理解的效果是有差异的。微视频教学的优势在于文字内容立体化，较之传统教学使用语言讲授方式来说，信息传递更便捷直观。古代文学作品内容的理解采用微视频的方式传递一个故事性内容，可以让学生越过文言文阅读的障碍，先把握作品的核心思想，在理解作品思想内容的基础上加强文言文的阅读和语言学习，可以使学习过程更轻松愉快。《两小儿辩日》（节选自《列子·汤问》）是古文经典，以下是微课教学案例及应用分析。

### 1. 教学对象分析

留学生为大三、大四学生，思维活跃，已具备成年人较为成熟的思考能力，汉语运用以听说能力较为突出，微课视频的直观形象、口语化表述可以令其迅速掌握课文内容及涉及到的文化知识背景。

### 2. 微课的具体应用

微视频总时长一般设置为 5 分钟左右，分为四个片段，在课堂教学过程中设置为导入环节。微课内容的设计制作是围绕教学目标完成的，为教学内容中重点难点的讲解做好铺垫。具体如下表所示：

**表 2 《两小儿辩日》微课实施及应用记录表**

| | 知识目标 | 能力目标 | 情感目标 |
|---|---|---|---|
| 教学目标 | 掌握字词句："辩斗""盘盂""沧沧""探汤""孰为汝多知乎"等 | 能正确诵读古文，理解古文意义 培养学生的思辨能力，提高语言的运用能力 | 通过本文学习，培养认真严谨的求学态度和实事求是的治学精神 |
| 微课结构设置 | 微课设计 | | 教学内容 |
| 导入 | 背景图+全文　　时长：01:02 以文字展示原文，配标准普通话朗诵（正常语速） | | 朗诵原文 熟悉课文 |
| 展开故事化叙述 | 动画制作　　时长：01:13 人物设定：孔子、孔子弟子、两小儿 普通话语音及文字叙述（较快语速） | | 理解课文内容：辩斗主题 辩斗论据 |
| 背景及人物介绍 | 动画制作　　时长：01:00 作者作品相关文化背景知识 普通话语音及文字叙述（较快语速） | | 初步了解列子与道家学派 了解文中提到的孔子 |
| 知识拓展 | 动画制作　　时长：01:02 从物理学角度探析辩斗主题 普通话语音及文字解说（较快语速） | | 拓展科学知识，解除疑惑问题 |

微课应用的特点在于时长短、内容含量大。对于成年学习者来说，理解原文的内容并不难，困难的是文言文阅读。结合成年人语言学习的思维优势，微课能在最短的时间里帮助学习者理解原文内容及相关文化背景，增强学生学习兴趣，为实现教学目标做好铺垫。另外，制作精良的微课视频可以作为优质网

课资源放置在教学平台上，供学习者进一步观摩学习。

### 3. 教学效果分析

教学效果分析主要采用观察法做定性分析。播放微视频时，学生表现得很关注，迅速掌握了课文内容及相关文化知识；播放后，男女生都对教师提出的问题做出积极回应，能对两小儿辩斗的主题和论辩的技巧做出评价，对孔子的评判态度也能提出自己的看法。

微课节省了授课时间，也大大激发了学生的学习兴趣，为后续字词句的讲解、辩斗语言分析、练习等环节做好充分准备。

## 三、留学生中国古代文学作品教学中多媒体资源的开发应用

面向留学生的中国古代文学作品教学中，多媒体资源开发与其他课程的区别主要体现在脚本的设计，上文已经通过案例介绍过设计思路，这里就不再赘述，而在技术操作的要求上与其他课程并无不同。对多媒体资源的具体运用则表现为不同的资源在不同的教学环节上发挥着不同的作用，多媒体资源不能滥用，须遵循一定的教学规律。

### （一）多媒体资源开发制作简述

通过教学实践，对多媒体资源的开发有两种情况：一方面，搜集网络上已有资源整理加工制作而成。对各种途径得来的图片、配乐、动画、微视频等资源的再加工，可以利用 Corel VideoStudio Pro X5（会声会影）、剪映等类型的视频编辑软件来处理源文件，但有时需要与格式转换处理软件相配合。在搜集和使用这些资源时，必需尊重知识产权里的规定，即"为个人学习、研究或者欣赏，使用他人已经发表的作品，可以不经著作权人许可，不向其支付报酬，但应当指明作者姓名、作品名称，并且不得侵犯著作权人依照著作权法享有的其他权利"（《中华人民共和国著作权法》）。

另一方面，在教学中使用的原创作品多为微课。制作精良的微课作品通常耗时耗力，不仅要求教师根据教学规律和教学内容设计好脚本，更在素材处理与编辑合成这两个步骤要求教师能熟练掌握不同软件的操作技术。常见的开发设计步骤如下：

（1）脚本设计，根据教学内容写出文本，包括各个视频片段的具体内容。

（2）素材处理，包括三个部分：1）图像处理（常用软件为 Photoshop）；

2）声音录制及录音编辑、降噪处理（软件 Audition）；3）动画制作（软件万彩动画大师，输出分辨率为 1920×1080 <1080P>，格式为 MP4；Flash 也可以使用）。

（3）视频编辑合成处理，可适当添加背景音乐（软件 Premiere）。

## （二）留学生中国古代文学作品教学多媒体应用注意事项

多媒体资源在教学中的运用优势毋庸置疑，在留学生的中国古代文学作品教学中起到重要的辅助作用，教学课件中的文字、插图、配乐、视频的表达效果使古代文学作品更具渲染力和生命力，课件的立体感能激发学生的学习兴趣，将文言文晦涩难懂的内容代入日常生活，化抽象为具体，营造出充满生机的课堂氛围。然而，在使用多媒体的教学过程中，我们也要遵循一定的教学规律，合理妥善地运用多媒体才能达到事半功倍的教学效果。

### 1. 多媒体课件内容设计要求

多媒体课件能容纳大量信息，但却不能盲目扩展信息量，要依据教学目标对信息进行取舍，要适合留学生的汉语水平。媒体形式的使用也要根据教学策略来决定。教学内容以教材为蓝本，但却不是全盘接收，结合留学生需求和学习特点，应是针对重点难点进行突破，教师认真思考后，以体现自身创意设计为优。

### 2. 多媒体资源的选择要体现科学性和辅助性

科学性是指教学内容是否能突出重点难点，语言表达是否准确。课件中文本、图片、动画的使用是否适合对象的需求，要符合科学的认知规律。

辅助性是指多媒体资源是作为教学工具的存在，不能喧宾夺主，与教师课堂上的主导地位相混，造成学生按照课件内容自行学习的状况。教师对课堂的掌控应确保不同教学环节对多媒体资源的恰当使用，在解说的过程中自然衔接好每个教学环节，保持师生良好的互动。

### 3. 注重培养学生个性化学习方式

学生的兴趣爱好会因性别、个性、成长环境等因素而千差万别，教师在课堂上处于主导地位，担负着引导、辅助、促进作为学习主体的学生在学习过程中发挥主动性、创新性。利用多媒体教学可以提升学习者对古代文学作品的学习兴趣，引导学生寻找自己喜爱的文学作品类型，从而积极探索并自主学习，开启个性化学习的方式。例如上文中的观察记录呈现女生对情感细腻的诗歌较为关注，男生对于语言逻辑性较强的辩斗技巧表现出极大的兴趣，学生通过多媒体资源的理解能够领会古代文学作品的魅力，教师通过观察可对学生"因材施教"，引导学生阅读不同类型的古代文学作品。

## 四、结语

相对于留学生其他类型的课程来说，中国古代文学作品教学仍处于探索阶段。然而，教育改革和教育信息化的时代背景下，多媒体教学资源的开发和利用是一个必然的趋势。为提升教学效果，在古代文学作品教学中充分发挥多媒体的特点，对任课教师多媒体技术熟练程度的掌握提出了较高要求，对教师综合素质的提升也具有一定的鞭策作用。

## 参考文献

［1］檀晶．多媒体环境下对外汉语教学中的古典文学教学探索［G］// 数字化对外汉语教学实践与反思．北京：清华大学出版社，2010．

［2］杨鹤澜．留学生汉语言本科专业中国古代文学课的重要地位［J］．语文学刊，2014（11）．

［3］杨鹤澜．留学生汉语言本科专业中国古代文学课的定位及教学策略［J］．现代语文，2017（3）．

［4］董碧娜．古代文学作品教学中多媒体技术应用分析［J］．高等教育，2020（28）．

# 讲好中国故事背景下云南汉教专业学生传统文化"触摸式"习得实践研究

## ——以玉溪师范学院为例①

王淑华（玉溪师范学院文学院）②

【摘　要】讲好中国故事，传播好中国声音，加强云南大学生群体的"做-唱-看-思"触摸式文化习得机制实践研究，学生通过"制作文化符号、学唱京剧唱段、进行家乡文化采风"等形式，实现文化符号的"认知-理解-热爱-传承与传播"，打造学生文化向心力，为将来对外文化传播做知识储备，并按照以上逻辑进行对外文化传播方式的探索。

【关键词】讲好中国故事；传统文化；触摸式习得；实践

文化是人类创造的具有象征意义的符号总和，文化符号具有重要的认知功能和传播功能。任何一个民族、一个国家都有自己独特的文化底蕴和文化魅力，也同样具有自己的文化符号系统。文化是一个民族的魂魄，文化认同是民族团结的根脉，文化是民族凝聚力和创造力的重要源泉。中共中央总书记习近平指出，实施中华优秀传统文化传承发展工程，研究和挖掘中华传统文化的优秀基因和时代价值，推动中华优秀传统文化创造性转化、创新性发展，繁荣发展社会主义先进文化，构建和运用中华文化特征、中华民族精神、中国国家形象的表达体系，不断增强各族群众的中华文化认同，并在此基础上进行中国文

① 基金项目：本文系国家语言文字推广基地（同济大学）2021 年双强项目一般项目"中华文化多媒介传播模式研究——学唱京剧，感知中国"（项目编号 TJSQ22YB34）阶段性成果；系玉溪师范学院 2021 年校级一流课程建设项目"汉语国际教育概论"（编号 2021kc09）阶段性成果。

② 作者简介：王淑华，女，内蒙古赤峰市人，玉溪师范学院，博士，副教授，研究方向为国际中文教育与跨文化传播。

化对外传播，讲好中国故事，传播好中国声音。

云南地处中国面向南亚东南亚对外交流的通道上，是"一带一路"发展战略的重要节点，是我国文化传播的重要窗口，如何更好地为这条通道提供更多的跨文化人才储备？我们认为应当充分发挥高等学校文化系列课程的作用，帮助他们传承好自己的文化，继而培养年轻人跨文化传播意识。高校的教育对象是年轻人，他们是未来很长时间内继承、发扬和向外传播中华优秀传统文化的中坚力量，对他们进行传统文化传承教育意义重大。据此我们根据云南省汉语国际专业学生特点在我校进行了一系列"触摸式"文化习得的研究与实践。

## 一、分析云南大学生文化习得条件和特点，争取对症下药

### 1. 流动性小，形成封闭自洽的风格

由于山川阻隔，历史上云南远离儒家文化核心区，以儒家文化为底色的主流文化对云南的影响相对较小。举例来说，在云南为数不多的文庙几乎成了云南的文脉，有文庙的地方就代表这个地区在历史上曾经较早受到儒家文化的影响，否则就说明该地儒家文化介入较晚。在文化课堂上老师讲故宫、讲三孔、讲建筑体现的思维模式，学生的共鸣度相较内地小很多，当你带着这些疑问，走进云南，你会发现这里的地理条件、经济基础、政治基础和对外文化交流的条件都是造成上述差别的原因。和与内地文化交流较少相比，这个地区与东南亚在文化心理方面联系却更加紧密，小乘佛教和其他少数民族宗教信仰影响广泛，洋芋、米线、鲜花等成为当地的典型文化符号；云南得天独厚的气候环境，让这片红土地成为当下中国最宜居的地方，云南人最具"家乡宝"气质，受教育、工作、婚姻都不愿意离开家乡，人员流动性相对较小，久之，云南形成了自己"封闭自洽"的风格。

### 2. 教育教学方式落后，导致文化滋养缺乏

云南地区的基础教育模式和内地相比还比较落后，各个学段学生学习还都处在"刷题致胜"阶段，老师们主体信奉"刺激–反应–强化"的学习模式，分数大于能力，学生被严重物化，阅读内容的选择能力和学习的主动性都比较欠缺。基础教育带给学生传统文化的所谓滋养仅限于高考的考试范围，学生视野狭窄，思考习惯还未养成，造成云南学生内敛含蓄、胆子小的群体特点。但是与之相对的情况是云南地区慢节奏的生活，多姿多彩的民族文化差异，使得该地区学生动手能力很强，只要不要求理论，学生对各种活动参与度都会比

较高。

### 3. 少数民族孩子需要文化皈依

云南民族众多，有少数民族 26 个，大多数少数民族儿童最迟从小学就开始学习汉语，在这个过程中，他们中的大多数已经被从民族母文化的土壤上连根拔起，但是语言的隔阂和落后的、应试的教育方式，又使得他们无法很好地融入主流文化，这一部分人有在文化上失去依附而形成文化荒漠的危险，这个人群值得我们注意，也是主流文化进入的好时机。因为，无论如何，一个社会人，有文化依附，他的价值观、行为模式才有法可依。而这些少数民族孩子身上保留的文化多样性以及和南亚东南亚语言、文化气质上的相似性，也使得他们拥有一种对外传播文化的优势。

针对以上情况，我们设想可以通过让他们动手做一些事情实现他们对文化的触摸和认知，同时也可以让他们通过实践来寻找自身的闪光点，实现自我认知和自我评价的突破，然后建立文化上的自信，并乐于传播自己的文化。

## 二、提出具有针对性的"做–唱–看–思"触摸式文化习得模式

### （一）"做"：通过制作中国传统文化符号，触摸感知中国传统文化

文化符号，是指一个民族、一个国家长时间沉淀下来的凝结式标示，符号文化内涵的丰富性造就了文化符号的多样性。中国传统文化符号携带中国文化基因，制作传统文化符号，是认知中国文化的重要路径。此环节包括文化符号制作、展览、评比、反思等环节。

首先，文化符号的制作。依托"中国文化概论"课程，以平时作业的形式要求学生在六到八周内制作中国文化符号，文化符号必须是学生手工完成，支持原创，看重创意的价值，符号可以是汉族的也可以是少数民族的，种类不限。

其次，文化符号的展览。文化符号收上来以后，以文化符号展览的形式对参观者开放，此举目的有三：一是制作者面对同侪的作品有所比较，可以对自己的制作水平有个考量；二是通过展览的形式，可以让更多的学生和老师通过观看展览，来认识我们的文化符号，实现文化符号的传播价值；三是高水准组织文化符号展览，增强仪式感，让学生在这个过程中懂得做事无论巨细，都要重视，才会有更好的效果。

在这个过程中，有几点很有意思：1. 新生的文化符号创意水平普遍低于

高年级的，这个感受督促他们自己认识自我，重视读书学习的价值；2. 文化符号制作展和一些活动相结合，实现"走出去"和"请进来"，请校外的小学生和外国留学生来现场参观，为他们进行讲解，让他们实现亲自触摸，实现了文化符号的输出。把这些文化符号遴选以后，到中小学、社区、展览馆等地进行展出，增加文化符号制作的传播价值。展览之后，指导老师根据文化符号制作水平和展览现场观众的反馈，综合打分，为质量好的文化符号评奖，颁发证书，增加仪式感和提升学生的获得感。

文化符号部分，我们基本上只关注了中国传统文化符号，此举对实现课程目标没有问题，但如果考虑到学生将来的对外文化传播，我们还应该考虑中国现代文化符号。

## （二）"唱"：用京腔京韵演唱中国古典诗词，用声音触摸戏曲文化

京剧，作为一门古老的艺术，是阳春白雪，多数年轻人都会敬而远之，还未接触，就已经不热爱，这是京剧文化传承的症结。云南几乎没有京剧的土壤，所以根本谈不上传承。京剧是我们国家三大国粹之一，集"唱念做打舞"于一身，是重要的文化符号，在对外文化传播中具有重要价值。因此，在"中国文化概论"课的作业环节，要求学生以寝室为单位，实行宿舍长负责制，每个宿舍一学期要学会一首京剧唱段，期末以集体演唱的形式交作业，指导老师现场打分，选择的曲目可以是经典京剧唱段也可以是用京剧韵律演唱古诗词。通过学生试唱，本次学生最终选择《都有一颗洪亮的心》《穷人的孩子早当家》《苏三起解》《锁麟囊》《铡美案》《江城子密州出猎》《梨花颂》和《卖水》《定风波》《人面桃花》《孟母三迁》等经典唱段作为表演曲目，根据操作来看，学生后续选择古诗词演唱的可能性会更多一些，因为古诗词唱起来比较简单，而且诗词内容他们都熟悉，在人物情感把握上相对容易一些。

在日常京剧习得过程中，指导老师集体指导数次，然后隔一个月左右要求学生在工作群里发一次宿舍集体演唱视频，老师再针对性地点评、指导。经过三个月练习，最后学生比较好地完成了京剧合唱，京剧作业基本完成。但缺点很明显，嗓子没打开，京剧韵律感也需要慢慢优化，但这毕竟是个开端，每个人有了 50% 的热爱京剧的可能。学生完成京剧演唱作业，如果喜欢，可以加入京剧传习社，继续学习京剧演唱，这样做也算是把京剧的种子播散在了祖国西南边陲，并使之开花结了小果子。

在京剧演唱这个环节，给指导老师触动比较多的是：一是学唱京剧伊始，

学生对这个"新事物"完全无感，感觉压力大、抵触情绪比较多，经过老师指导，经过时间的磨合，他们就增加了自信心，慢慢地习惯了京剧的韵律，开始喜欢这种咿咿呀呀的韵律，用学生的话说"原来，那些节奏是在表达人物的情感呀"。二是学生刚开始接触这些唱段的时候，他们不去研究剧情，也不去认识人物，就是机械学唱，人物情感都不对。后来经过老师对每一个曲目针对性的讲解，学生了解了剧情，理解了人物，慢慢才赋予唱段生命力。其实第二点反映出来的大学生学习新知的比较普遍的问题：不求甚解，条块分割。演唱京剧，除了触摸京剧韵律，还要实现他们对这些戏曲人物身上中华传统道德有更加深刻的认识：穆桂英的爱国、包拯的刚正不阿、薛湘灵的善恶有报、苏轼的开阔旷达。这是在京剧演唱环节要十分注意的，"说书唱戏劝人方"，京剧携带的中国主流文化审美元素很多，一定要实现其价值。三是突出用京剧演唱古诗词的作用，在于学中文的学生学了这些京剧演唱古诗词，他无论在国内当老师还是到国外当老师，用声音触摸文化精华，这种教学形式都是非常有效的。同时，做了一件事，可以传承两种传统文化——戏曲和诗词，善莫大焉。四是京剧学唱这个环节，除了师生努力教、唱以外，还要努力创造机会让学生登台演出，这也是由京剧这种艺术形式决定的，学生们也需要观众。上了台，学生除了锻炼胆量，也会在演唱方面主动精进，形成良性循环。荣誉感、获得感和团体合作精神都会在演出中一并获得。在学生准备作业过程中，学生参加了五场重要演出，还参与了对泰国留学生的京剧教学，对学生触动很大，演出、教学感到光荣了，梦想自然就发芽了。

### （三）看：进行文化采风和田野调查，完成文化采风报告

学生主体来自云南，山川的阻隔，使他们远离主流文化，却让他们更加热爱家乡，是世界上"最家乡宝"的群体。进行文化采风，向别人介绍自己家乡的文化，学生们很有热情，这激发他们图文并茂地把自己认为家乡著名或者最有特色的文化风物介绍给别人。为了完成这个作业，他们必须要查找资料、进行现场田野调查，学会从地理条件、经济基础、政治基础、对外文化交流等角度解读这些文化风物的成因、现状等。这些文化采风作业，有的经过修改具有发表价值，有的就有可能为学生的毕业论文打下坚实基础。文化采风使用的文化解读手段正是"中国文化概论"课程理论的重要内容，用采风实践来达到理论内容的学以致用。

网络文化的发达，让"附近正在消失"，身在其中，很多学生可能对家乡

文化也不了解，有时候即使能说出家乡比较出名的文化事项，对形成原因却一无所知，通过文化采风，学生可以深入了解家乡文化风物形成原因，对家乡文化产生更多的荣誉感，成为家乡文化的讲述人。

### （四）思：激发思考，形成文化的热爱传承能力，在热爱的基础上主动传播中国文化

在整个学期在内，学生在完成这三项作业的过程中，比对和思考一直伴随着他们：朋辈之间，动手能力和思考力的差别；文化符号的制作过程中，眼高手低的触动；对文化符号的逐步深入的理解；京剧的知难而进带来的成就感；对家乡文化田野调查并形成报告带来的荣誉感；三项活动的评比点评带来的荣誉感等等，作为中文或者汉教的学生。如何把这些"触摸-认知-传承-热爱"路径下获得的文化知识，在对外传播中转化为多样性和开放性？这些思考形成了一个问题链条。促使学生思考比对，并且能主推后续学业内容的学习，"学然后知不足，知耻而后勇"，知"不足"和知"耻"，是最经久的学习原动力。

学生通过制作文化符号、学唱京剧和文化采风，来亲自触摸中国传统文化符号。文化，无论是主流文化还是民族文化，都会成为年轻人成长的滋养，是新一代年轻人内心丰富、自信和责任担当的养料，应该给他们创造更多的机会，让他们自己去认知，形成文化的参照系，形成对文化的传承和热爱，让文化产生更多的向心力。文化传播实践启示我们，文化的倒戈一定是由于对自己文化不了解造成的。一个人如果是自己的母文化拥趸，他成长为一个优秀的文化传播者的可能性要比不了解自己文化的人大得多。我们无法想象，不深刻了解自己的母文化，如何实现文化的准确传播。

## 后记

利用"触摸"参与的方式让云南大学生来习得中国传统文化，正是顺应了云南学生动手能力比较强、理论基础稍有欠缺的特点，学生们经过这些文化触摸过程，会认知、会热爱、会传承传统文化，在这个多民族文化地区，主流文化和少数民族文化形成参照系，让他们对文化看得更清晰，习得起来会更有深度；云南地处边疆，这些文化符号的制作、演唱和采风让他们必须去接触中国传统文化，了解其成因，最后建立比较正确的历史时空观，以比较理性、科学的态度来传承文化，最后这些都成为他们产生向心力的源泉，最后成为筑牢中华民族共同体的文化基因，并在对外文化交流通道上传播中国传统文化和民族

文化。

这个文化传承模式具有横向和纵向的延展性，是一个可以推广的模式。纵向上，在"中国文化概论"课程的基础上，可以开设书法、京剧、篆刻、剪纸、扎染等系列文化实训课程，还可以以中国文化为主题组织学生演出，来检验他们习得的水平，还可以到社区、到学校、到外国人群进行作品展览，扩大文化习得的范围；横向上，中国文化符号制作可以和英国、泰国、缅甸等国文化符号制作等展开联展，文化的"交流互鉴"效果就出来了。

总之，文化的触摸和参与，是建立学生文化力的很重要的途径，这条原则也适合对外文化传播。

# 应需、求变、协同："一带一路"背景下"中文+"教育的实践与展望①

赵 敏 廖鹏飞（玉溪师范学院文学院）②

**【摘 要】**"一带一路"倡议为国际中文教育注入新动力，赋予了新使命，中文成为了实现语言互通和民心相通的重要纽带。基于职业需求和专业发展的"中文+"教育符合"一带一路"沿线学习者需求，在国内外展开着有效实践。"中文+"教育是国际中文教育新的增长点，未来要走好跨专业协作、跨行业协行、跨媒介协同发展之路，为建设"一带一路"教育共同体赋能。

**【关键词】**一带一路；中文+；实践；展望

## 引言

国际中文教育兼有学科和事业双重属性，从对外汉语到汉语国际教育再到国际中文教育的 70 余年历程中，国际中文教育事业持续发展，在质量不断提升的同时为构建人类命运共同体贡献着力量。"一带一路"倡议为国际中文教育注入了新动力，也提出了新要求，赋予了新使命。沿线国家对"中文+"人才的需求激增，中文人才培养也从通用型向专用型转变，"中文+"教育是国际中文教育应需求变创新实践，逐渐成为了国际中文教育新的增长点。当前，世界迎来了百年未有之大变局，"一带一路"也从"大写意"转向了"工笔画"阶段，面对后疫情时代的全球教育变革和我国"新文科"建设的机遇，国际中文教育应该走协同发展之路，在跨专业、跨行业、跨媒介的助推下，加快

① 基金项目：本文系云南省国家通用语言文字推广基地 2023 年度项目子项目 "'一带一路'背景下'中文+职业技能'教育研究"阶段性成果（项目编号 SJD2023-53004-01/1）。

② 作者简介：赵敏，1985 年生，女，云南玉溪人，玉溪师范学院文学院教师，西南大学在读博士，研究方向为国际中文教育、课程教学论；廖鹏飞，1982 年生，男，湖北恩施人，玉溪师范学院教师，研究方向中国语言文学、教育社会学。

"中文+"教育的步伐，为建设"一带一路"教育共同体赋能。

## 一、实现语言互通与民心相通的需要

2013 年习近平总书记在出访中亚和东南亚国家时提出共建"丝绸之路经济带"和"21 世纪海上丝绸之路"的倡议，2015 年国务院授权三部委联合发布《推动共建丝绸之路经济带和 21 世纪海上丝绸之路的愿景与行动》，"一带一路"倡议旨在与沿线国家打造"政治互信、经济融合、文化包容的利益共同体、命运共同体和责任共同体"，最终实现"五通"。民心相通是"一带一路"建设的重要内容，而"语言相通是实现'一带一路''五通三同'的重要基础"[①]，要"实现'互联互通'，关键在于'人通'；落实'人通'，根在教育"[②]。因此，加快"一带一路"建设需要积极推进语言教育，"对沿线沿路国家来说，要有通晓汉语的人才"[③]。

2016 年 4 月，《关于做好新时期教育对外开放工作的若干意见》对加强中外语言互通进行了强调，指出要加强在汉语推广和非通用语种学习中的互帮互助，促进中外语言互通。[④]2016 年 7 月，教育部印发旨在构建"一带一路"教育共同体的《推进共建"一带一路"教育行动》，提出要"培养大批共建'一带一路'急需人才，支持沿线各国实现政策互通、设施联通、贸易畅通、资金融通"，同时指出要"共同开发语言互通开放课程"，"相互培养高层次语言人才"，"全力满足沿线国家汉语学习需求"。[⑤]培养外向型通用语言人才和沿线国家汉语人才，是实现"五通"，尤其是"民心相通"的有利保障，"中文+"教育体现了中文教育与职业教育的融合，既突出中文的实用性，也强调职业技能的可操作性，通过中文与职业技能复合型人才的培养来"推动各国经济发展和民心相通"。

---

① 李宇明."一带一路"需要语言铺路［J］.中国科技术语，2015（6）：62.

② 余江英."一带一路"建设与关键语言人才培养［J］.湖北函授大学学报，2017，30（2）：67.

③ 陆俭明."一带一路"建设与汉语教学［J］.汉语应用语言学研究，2017（0）：101.

④ 坚持扩大开放 做强中国教育［N］.中国教育报，2016-04-30（01）.

⑤ 教育部关于印发《推进共建"一带一路"教育行动》的通知［EB/OL］.（2016-07-13）.http://www.moe.gov.cn/srcsite/A20/s7068/201608/t20160811_274679.html.

## 二、满足沿线国家学习者的职业需求

"一带一路"建设推动了沿线国家中文教育的发展，从孔子学院（课堂）数量、纳入国民教育体系比例等可见一斑。据教育部数据显示，截至 2018 年底我国共在 52 个"一带一路"沿线国家设立孔子学院 140 所，孔子课堂 135 个。[①] 在"一带一路"沿线 64 个国家中，"有 25 个国家已将中文纳入国民教育体系，中文纳入的比例为 39.1%"。[②]

随着对外开放的不断深入和"一带一路"建设的发展，我国企业加快了走出国门参与国际合作的步伐，越来越多的项目在沿线国家落地。截至 2022 年 3 月，中国已经同 149 个国家及 32 个国际组织签署 200 余份共建"一带一路"的合作文件。中国与沿线国家项目的开展，"为当地增加了大量的就业岗位，尤其是能够用汉语和当地语言进行沟通的技术型人才。"[③] 中资企业走出去，创造了大量的就业岗位，加之许多沿线国家出于对本国劳动力就业的保护，规定了本国公民的聘用比例，懂中文成为了到中资企业就业的敲门砖，因此，"'一带一路'沿线国家汉语学习者普遍的学习动机为功利动机，即学习汉语之后能带来好的就业机会或商机。"[④] 李宇明也指出，"学中文"正在走向"用中文学"，要发展"职业中文"，培养学生利用中文从事各种职业的能力，提升劳动就业机会。[⑤]

需求的改变必然带来中文教育的转型。在语言教育中，对需求的分析是必不可少的环节，因为它是课程设置、方法选择、教材使用和教学评估的基础，需求指的是"学生目前的学习要求及未来的工作要求"[⑥]。从前面的数据不难看出，沿线国家学习者基于工作目的的学习需求很高，语言教学面临由通用汉

① 服务"一带一路"教育在行动［EB/OL］.（2019-04-25）. http://www.moe.gov.cn/jyb_xwfb/s5147/201904/t20190425_379436.html.

② 李宝贵，庄瑶瑶. 中文纳入"一带一路"沿线国家国民教育体系的特征、挑战与对策［J］. 语言文字应用，2020（2）：92.

③ 刘旭. "一带一路"视阈下的汉语国际传播发展策略研究［J］. 语言文字应用，2019（4）：76.

④ 黄方方. "一带一路"沿线国家汉语教育状况探析［J］. 河南师范大学学报（哲学社会科学版），2017，44（3）：105.

⑤ "新冠疫情对国际中文教育影响形势研判会"观点汇辑［J］. 世界汉语教学，2020，34（4）：437.

⑥〔美〕朗（Long M H）编. 第二语言需求分析［M］. 北京：外语教学与研究出版社；剑桥大学出版社，2012.

语向专门用途汉语转变。我国的专门用途汉语教学可以追溯到 20 世纪 80 年代，它的名称比附专门用途英语而来，属于专门用途语言的范畴。专门用途语言教学强调要根据学习者的职业发展或专业学习需求，选择合适的内容、方法使其尽快获得语言交际能力。有学者提出，"建立'一带一路'沿线国家所需要的针对性强的汉语课程，特别是职业汉语课程（包括高铁汉语、家政汉语、酒店汉语、工程汉语等）的建设是当务之急，这是当下'一带一路'建设给汉语教学提出的迫切需求。"① 沿线学习者的需求加快了"中文+"教育的步伐，也为国际中文教育的协同发展提供了方向。

## 三、应需而变的国内外"中文+"实践

从语言在实现民心相通的重要作用到"一带一路"沿线汉语学习者出于职业目的学习需求转变，赋予了国际中文教育新的使命。面对机遇和挑战，国家对"中文+"（"汉语+"）指明了方向，相关机构、学校、企业也应需而变，无论是"走出去"还是"请进来"都进行了积极实践。

2018 年第十三届全球孔子学院大会上国务院副总理孙春兰首次提出了"汉语+"的概念，她指出："要实施'汉语+'项目，因地制宜开设技能、商务、中医等特色课程。"② 2019 年国际中文教育大会提出："积极推进'中文+职业教育'项目，帮助更多的人掌握技能，学习汉语。"③《孔子学院发展规划（2012—2020 年）》中也明确提出，"一些国家的孔子学院，实行汉语教学、文化交流和职业培训并举，帮助学生既学习汉语言文化又提高职业技能。"④

目前，"泰国、马来西亚、坦桑尼亚、埃塞俄比亚等 40 多个国家 100 多所孔子学院开设'中文+'课程，涉及高铁、经贸、旅游、法律、海关、航空等数十个领域"⑤。其中最具有代表性的是亚洲和非洲的部分孔院，开发特色鲜明的"汉语+"课程，取得了显著成效。以泰国为例，泰国作为亚洲孔子数量

---

① 李晓琪. 新时代汉语国际教育学科建设与发展的新机遇 [J]. 国际汉语教学研究，2019（4）：19.

② 推动孔子学院高质量发展 为构建人类命运共同体贡献力量 [N]. 中国教育报，2018-12-05（01）.

③ 吴应辉，刘帅奇. 孔子学院发展中的"汉语+"和"+汉语"[J]. 国际汉语教学研究，2020（1）：34—35.

④ 孔子学院发展规划（2012—2020 年）[J]. 中国语言生活状况报告，2013（1）.

⑤ "中文+"的未来之路 [EB/OL]. http://k.sina.com.cn/article_3057540037_b63e5bc502000nyr9.html.

仅次于韩国的国家，目前拥有孔子学院 16 个，孔子课堂 11 个。"一带一路"倡议与泰国 4.0 战略高度契合，泰国对"懂汉语、会技术、通文化"的复合型职业人才培养需求巨大。近年来，"孔子学院与泰国职业教育委员会合作，培养'汉语+技能'人才、'汉语+高铁'人才、'汉语+空乘'人才等；同时，与全球首家'鲁班工坊'合作，联合培养'汉语+'专业人才。"[①]

除了海外"中文+"的实践，来华留学生的汉语教学也应学生需求发生着转变。有学者指出，近年来外国人学习汉语的目的转变成"为了适应工作上的需要，或职业上的考量"[②]。"留学生所学专业门类不仅包括汉语/中文、历史、哲学、教育、艺术、法学，还包括经济、管理、工科、理科、农科、医科（西医、中医）等"[③]。同时，在职业教育国际化背景下，目前国内有 400 余所高职院校与国外办学机构开展合作办学，全日制来华留学生规模达 1.7 万人，高职院校的留学生也成为了国内"中文+"教育的重要人群。[④]这就意味着对除了纯语言学习目的之外，绝大部分留学生汉语学习经历着"中文+"的转变，在学习简单通用汉语的基础上，学习与专业接轨的专业汉语，为下一阶段用汉语学习专业奠定基础，为未来的职业发展做好准备。

## 四、"中文+"教育的未来展望

"中文+"是国际中文教育发展到新阶段的产物，它与事业发展和学科成长紧密相关。特别是在"一带一路"建设和"构建人类命运共同体"的大背景下，"中文+"复合型人才的培养具有更加深远的意义。作为一个新学科的新领域，其探索和实践还在起步阶段，推动"中文+"教育应该走协同发展之路。

### （一）跨专业协作

"中文+"的"+"含有增加、组合、协同的意蕴，无论是国外"中文+职

① 赵晓霞. 汉语职业教育步入快车道［EB/OL］.（2019-09-27）［2019-11-10］. http://paper.people.com.cn/rmrbh-wb/html/2019-09/27/content_1948319.htm.

② 齐沪扬，方绪军. 专项汉语测试研究［M］. 北京：世界图书出版公司，2008：1.

③ 吴勇毅. 从两组数据看当前汉语国际教育存在的问题［J］. 语言战略研究，2018（6）：58—59.

④ 程婷：我国四百余所高职与国外合作办学，全日制来华留学生 1.7 万［EB/OL］.（2022-05-24）. http://zjnews.china.com.cn/yuanchuan/2022-05-24/341359.html.

业"实践，还是针对来华留学生的"中文+专业"发展，都涉及跨专业问题，即中文与职业技术、中文与其他专业在教育过程中的交叉和联动，跨专业带来了教师、教材方面的新问题。

从事"中文+"教学的老师需要具备"汉语知识与教学技能+相关专业知识与教学技能"[①]。来自通用中文教学领域的教师在中文教学方面驾轻就熟，但对不同门类的专业知识和职业技术却很陌生，从事"中文+"教学面临着知识结构的改变和教学方式转变的双重挑战。通用中文教师要主动学习，主动了解相关专业和职业知识，增强教学技能训练，尽快完成专业知识的补充和教学方法的转变。"中文+"教师的另一重要来源是从事职业教育的教师，此类教师需要加强国际中文教学基础、中文教学课程和课堂管理、国际中文教学法、中华文化和跨文化交际等方面的培训，争取获得国际中文教师资格证，以考促学，增强国际中文综合素养。与此同时，外派教师和志愿者选拔需要增加职业教育类、工程技术，特别是"五通"领域急需专业教师比例，对这一部分教师进行国际中文知识和教学技能的专题培训，增加既懂中文又懂专业的外派教师和志愿者数量。

教材是进行"中文+"教学的重要资源与载体，学习者通过教材，"不但可以提高汉语的交际能力，同时还可以学习汉语之外的专业知识与技能。"[②]教材编写团队需要进行跨专业组合，成员应包括中文教师和相关专业教师，同时要考虑国内外专业教师团队的合作，这样既可以避免教材出现水土不服的情况，也可以保证语言、文化、专业相关内容的科学融合。

## （二）跨行业协行

加强孔子学院、鲁班工坊、企业之间的协行。孔子学院作为中外语言文化交流的窗口和桥梁，在满足"一带一路"沿线人民汉语学习需求的过程中发挥着重要作用。2016 年我国第一所鲁班工坊在泰国成立，截至 2022 年 6 月，我国已在 19 个国家建成 20 个鲁班工坊，鲁班工坊旨在让职业教育优秀成果及中国技术和产品"走出去"，同时还涉及职业中文的教学和职业文化的传播，成为了职业教育"走出去"的典型代表。在"一带一路"沿线国家展开合作，在泰国、巴基斯坦等国的鲁班工坊建设中对汉语教学进行了明确规定，设置了专

---

① 李泉. 论专门用途汉语教学 ［J］. 语言文字应用，2011（3）：116.
② 余可华，徐丽丽. "一带一路"新形势下专门用途汉语教材建设 ［J］. 教学研究，2019（6）：62.

用汉语课程，建有汉语实训中心，为沿线学生进入中国学习职业技术奠定了语言基础。中资企业在"一带一路"国家落地，创造了就业机会的同时激发了当地人民学习汉语的热情。"中文+"教育要加强与"一带一路"沿线中资企业的对接，从而拓宽"中文+"人才的实习实训和就业渠道。加强企业和孔子学院、鲁班工坊的协作，联合培养适应"五通"建设的"中文+"人才，推动我国职业教育国际化的进程。孔子学院应主动对接企业，为企业员工提供订单式"汉语+职业技能"培训。

### （三）跨媒介协同

2020 年以来，新冠疫情对包括"中文+"教育在内的国际中文教育带来了严峻挑战，对海外中文教学和留学生教育都产生了巨大影响，关于线上教学、资源开发、技术革新的讨论成为了当前国际中文教育界关注的热点。立足"一带一路"沿线国家实际和"中文+"教学对象情况，需要对教学方式变革和媒介问题进行研判。"一带一路"沿线欠发达地区受限于网络和设备问题，需要同步考虑除网络以外的其他教学媒介，如开发录播课程、电视直播或转播课程，甚至开发通过广播进行教学的音频课程，"众器"的辅助和多媒介的融合，是后疫情时代破解"一带一路"国家数字鸿沟，促进"中文+"教育发展的关键所在。

面对"一带一路"沿线学习者来源、学习需求、学习方式的多样，要打造线上中文教学资源平台，利用人工智能和大数据技术，开发满足不同职业、不同专业、不同需求的中文学习者的线上课程、学习软件和数据库，为后疫情时代的个性化学习和泛在学习提供保障；利用 AR、VR、教育游戏等手段，实现职业中文的情境化教学和虚拟实训，提高学习者的实践能力和口语交际能力。

### 结语

习近平总书记说："共建'一带一路'不仅为世界各国发展提供了新机遇，也为中国开放发展开辟了新天地。"[1]"一带一路"建设也为国际中文教育开辟了新领域。"中文+"教育应民心相通、语言互通、现实需求而生，在沿

---

① 习近平. 齐心开创共建"一带一路"美好未来 在第二届"一带一路"国际合作高峰论坛开幕式上的主旨演讲 [M]. 北京：人民出版社，2019.

线国家开展了卓有成效的实践，面对百年未有之大变局和后疫情时代的双重考验，走好跨专业协作、跨行业协行、跨媒介协同的"中文+"教育发展之路，是国际中文教育学科发展的方向，也是事业发展的使命担当。

# 从课堂走向"互联网+"的国际中文教育探索
## ——云南大学滇池学院汉语国际教育专业办学实践

何 俊 彭 婕 赵 雪（云南大学滇池学院人文学院）①

【摘 要】汉语国际教育专业因为"互联网+"时代和数字人文时代的到来，面临着教育理念、教育模式和教育手段的全面革新。本文以云南大学滇池学院汉语国际教育专业为例，探讨在新的时代环境下，该专业融入"互联网+"教改的特色化发展道路，从而理清一条以"互联网+"实训平台的建设为条件，以数字人文师资队伍的储备为基础，以培养学生"互联网+"能力的课程和实训环节的深化改革为手段，以 OBE 理念为考核的教育成果为产出的教改渠道和路径。

【关键词】汉语国际教育；互联网+；数字人文；新文科建设

Abstract: Because of the coming of Internet+ age and digital humanity age, Chinese International Education is facing the comprehensive innovation of educational idea, educational mode and educational means. This paper takes the Chinese International Education major of Dianchi college of Yunnan university as an example, discusses the characteristic development path of this major into the "Internet+" education reform in the new era environment, thus clarifying a channel and path of education reform based on the construction of Internet+ professional training platform, the reserve of digital humanities teaching staff, deepening the reform of curriculum and professional training links around Internet+'s ability, and the evaluation of educational achievements output with OBE concept.

Keywords: Chinese International Education; Internet+; Digital Humanities;

---

① 何俊，副教授，云南大学滇池学院人文学院中文系主任，研究方向为中国现当代文学。彭婕，副教授，云南大学滇池学院人文学院教师，研究方向为语言及应用语言学。赵雪，教员，云南大学滇池学院人文学院教师，研究方向为汉语言文字学。

New Liberal Arts Construction

自 2001 年，云南大学经中华人民共和国教育部批准设置对外汉语专业，国际中文教育的探索和实践就在云南这片土地毗邻三国、江水连接六国的高原红土地上蓬勃地发展了起来。在短短的二十年时间里，国际中文教育实践从对外汉语专业到汉语国际教育专业；从本科招生，到专业硕士招生，以专业发展的角度来看，其实只是一个刚刚萌芽的新鲜产物。

然而，随着国际各方环境的变化，专业走出去和请进来的外部条件也在不断发生变化。同时，随着互联网时代的到来，新一轮的科技革命也倒逼着这个新兴专业求新求变，从自身内涵和发展上去主动适应这个飞速变化的时代。

本文以云南大学滇池学院汉语国际教育专业为例，探讨在新的时代环境下，该专业融入"互联网+"教改的特色化发展道路，从而理清一条汉语国际教育专业从"新文科"建设到"互联网+"改革的渠道和路径。

## 一、专业办学概况

云南大学滇池学院汉语国际教育专业成立于 2007 年，原专业名称为对外汉语专业，2013 年起，依照国家专业目录更名为汉语国际教育专业。

该专业是以中国语言和文化为基本内涵，植根于中华优秀传统文化，具有深厚人文底蕴的基础学科。主要培养学生掌握扎实的汉语及中国文学、中国文化的基本知识，掌握语言学、汉语、跨文化交际等方面的基础理论。学生接受汉语教学、对外交流、语言文化传播等方面的基本训练，接受人文社会科学思想教育和审美鉴赏、创造性思维、科学研究能力的培养。专业围绕人才培养目标及专业办学实际，设置了模块化的课程体系；紧扣"专业为基础，目标为导向，创新为路径"的人才培养方式，将新一代信息技术手段和方法融入课程教学。

课程设计围绕提升学生"四个自信"和培养学生对外汉语教学能力的目标形成"树状支撑"：以汉语基础、国学知识、人文素养为底蕴，支撑起语言教学、跨文化交际、文化传播三个有机联系的方向分支。核心课程涵盖了教学质量国家标准中要求的所有科目，同时兼顾了学生分类分层培养的具体需求，重点突出，层次分明，分布合理，有效支撑了人才培养目标，夯实了汉语国际教育专业的基础知识及核心能力。

专业立足云南地理优势，辐射南亚东南亚，服务国家"一带一路"倡议，加强国际区域交流，与泰国曼颂德昭帕雅皇家大学、曼谷吞武里大学等达成合作协议，为汉语国际教育的学生出国实习提供了平台。

办学十余年来，学生考取研究生 115 人，既有北京师范大学、厦门大学、中山大学、湖南师范大学、云南师范大学等国内知名院校，又有美国旧金山州立大学、美国天普大学、法国巴黎第七大学、英国东安格利亚大学等国际知名院校。自 2007 年至今，专业为各行各业输送了近千名人才。毕业生在泰国、马来西亚等国内外各类学校从事汉语教育工作，深受社会的好评，逐步形成了"新文科"背景下多元化人才培养的良好趋势。

## 二、从"新文科"建设到"互联网+"融入专业建设

2020 年 11 月 3 日，在教育部主办的新文科建设工作会议上发布的《新文科建设宣言》中指出："新文科建设的重点工作之一在于促进专业优化，积极推动现代信息技术与文科专业深入融合，积极发展文科类新兴专业，促进原有文科专业改造升级。"[①]

这份宣言为汉语国际教育专业的发展方向指出了一条路径，就是从传统教学向融合现代信息技术的全面教学的转变。这种转变是以不断发展进步的信息技术和数字技术等为主要工具，以数字资源构建、信息资源管理等数据基础设施建设为基础，以网络信息传递和视音频同步等技术为主要教学手段，通过远程直播教学、线上课程教学、网络教学互动及教学成果信息化产出为主要形式。

从 2015 年 3 月 5 日十二届全国人大三次会议上，李克强总理在政府工作报告中首次提出"互联网+"行动计划，到 2020 年国务院政府工作报告中提出，全面推进"互联网+"，打造数字经济新优势，"互联网+"的内涵和概念也在随着时代不断发生变化，"互联网+"概念从一开始的产业经济革命，迅速走向了各行各业，包括教育领域。

面向教育领域的"互联网+"概念，不仅只是从基础设施上加强网络信息设施的建设，更是从教育观念、人才培养目标和路径、目标达成的考核与产出等方面更新我们的教育理念。

从这条路径出发，滇池学院汉语国际教育专业探索出一条从"新文科"建设到"互联网+"融入专业建设的特色化道路。

---

① 新文科建设宣言［EB/OL］.（2020-11-03）. https://news.eol.cn/yaowen/202011/t20201103_2029763.shtml.

## 三、"互联网+"实验实训平台的建设

滇池学院作为一所民办高校，很多条件没有办法跟公办院校相比。但专业也在自身的办学条件和生源情况下，积极寻找本专业的特色和发展；积极探索在新的时代形势下教育的方式方法；积极为专业适应这个"互联网+"的时代而求新谋变。

### （一）"互联网+"实验实训基地建设

2020 年 10 月，专业投资 35 万的综合实训实验室竣工，2021 年 2 月，中文系远程教学实验室投入使用，开始尝试"互联网+"实践教学模式。2022 年 6 月，专业投入 300 万的全媒体演播室投入使用。

远程教学实验室一共有远程教学直播间 3 间，声卡 20 套、摄像机 20 台、手持云台 14 台，以及 3D 滑轨、摄影台、摄影棚等教辅设备，每间能够容纳 3 名同学进行现场远程教学实训。教学直播间设置直播区、监控区和互动区，可以从事远程教学、视返监控、助教答疑等多项远程教学直播实训。经过一学期的远程教学实践，一个实训小组可以独立完成从平台通信、网课课件、直播教学、录播教学、视返听返监控、直播数据合成、录播后期合成、现场答疑控场等直播教学环节。

全媒体演播室为中型演播室，设有虚拟区、访谈区、主播和站播区，支持 4K 高清录制。虚拟区可以完成课程录制和直播中实施虚拟环境的切换，通过数字化虚拟背景进行仿真环境教学。访谈区可以提供访谈类内容的制作环境，目前已经陆续制作了多期介绍云南省文化名人的视频。主播区和站播区支持 4K 高清录课，为线上课程的录制提供了硬件支持。同时，演播室还配置了虚拟仿真实验教学平台门户系统、虚拟仿真融媒体指挥中心、教学图形、智慧教学工作站系统等系统模块，支撑直播教学、录播教学、线上课程制作等教学实训环节。

### （二）数字人文双师型教师队伍建设

为贯彻落实国务院《国家职业教育改革实施方案》（国发〔2019〕4 号）有关"双师型"教师队伍建设的精神，滇池学院汉语国际教育专业 6 名教师于 2022 年 1 月参加了字节跳动"头条学堂"面向高校教师开展的寒假线上师资培训项目，了解了数字媒体行业发展趋势及短视频创作与直播初级实操技巧。

通过一个月的培训，教师们了解了新媒体行业的现状和发展趋势，新媒体行业平台和企业的商业模式和业务逻辑，了解该行业的从业前景，获得指导学生未来的学习和职业发展的能力。掌握定位账号，策划、撰写短视频脚本，拍摄剪辑短视频，运营短视频账号的实战技能，获得指导学生开展短视频实训任务的能力。掌握策划直播，管理直播间，指导学生从事国际中文教学直播的能力。

培训结束后，6 名教师均获得头条学堂官方颁发"数字媒体方向高校教师专业技能提升培训证书"。使得本专业教师除了"高校教师资格证"及"国际汉语教师资格证"外，还有了数字媒体双师型技能资格认证。

## 四、"互联网+"实训内容融入课程建设

### (一)"互联网+"实训环节融入专业课程

依托实验实训条件，许多专业课程嵌入了互联网教学实训环节。其中，汉语国际教育概论、语言教学法等专业核心课程安排了"互联网+"教学技能的讲授与实践环节。学生通过远程教学实验室中的三间直播室，进行了网络教学实训。每年，通过各类课程进实验室进行实验实训的学生，覆盖学生总人数的100%，单间教学直播室年接待人数平均达 260 人次。

同时，语言教学法课程，将互联网教学内容加入了学生过程性考核的范围。学生小组需要通过实训平台完成一次网络教学直播，以及录制一节线上教学课程，才能获得过程性考核分数。

在自有平台实训的基础上，师生进一步通过 iTalki 和 Preply 等国际语言教学平台，以及腾讯课堂、雨课堂等国内教学平台进行了网络教学实践。2020年至 2021 年年底，一年半时间里，专业与曼谷的中文教学机构合作，进行了常规化的国际中文教学实践。

### (二)"互联网+"融媒体教学嵌入实践课程

在完成专业课程学习的基础上，学院为学生配套了大量"互联网+"融媒体实践课程。包括了现代教育技术理论与实践、网络与新媒体概论、新媒体运营、音视频制作等融媒体技术类实操课程，以及公共关系学、媒介素养、文化产业创意与策划等综合实践类课程。

新媒体运营课程给"互联网+"教育的多元化，提供了一个新的思路。课

程围绕以国际中文教学为核心的新媒体运营方法，从选题、制作、发布、反馈、统计等多角度，全面培养学生的新媒体思维和实操能力。学生通过课程的学习与实训，在各类多媒体客户端开设国际中文教学账号，为汉语推广搭建了更广阔的平台。

"互联网+"融媒体教学课程的引入，大大加强了学生的动手能力。从学生全媒体意识的塑造，教学融媒体观念的革新，到"互联网+"现代教育技术的拓展，学生在多类课程的协同作用下，能够更好地适应互联网时代下的现代教学环境。

## 五、"互联网+"实训成果初见成效

围绕"OBE"教学理念的核心，学生通过教学之后的产出，也成为了检验"互联网+"教学改革的一个重要渠道。通过几年来"互联网+"教学实践方式的开展，学生在专业学习和实训实践中积极探索，学有所成。

云南大学滇池学院 2019 届汉语国际教育专业学生邬春欢带领学生团队搭建的"遇见汉语——面向泰国汉语学习者的定制化学习平台"获得了第三届全国大学生"互联网+"创新创业大赛云南省金奖，同时获批国家级大创项目立项。该项目是一个面向泰国非汉语母语的中文爱好者开发的一款中文学习定制平台。平台包括教学视频点播、景区线上游览教学、中国文化常识介绍、教师一对一连线教学等功能，建站第一年就获得了 160 万的浏览量。

2021 届中文系学生黄美芳带领学生团队开发的"最美汉字——数字练字App"获得了第五届全国大学生"互联网+"创新创业大赛云南省银奖。该项目是一个可以在手机、平板电脑等数字平台上练习汉字书写的 App。软件支持在线字帖、名家字体库上传、唐诗宋词全字帖库及汉字笔顺跟写等功能；项目可以提供字帖下载打印，也可以用电容笔直接在手机、平板上书写。

学生们通过所学的"互联网+"技能的训练，在多类创新实践中有所收获，验证了以产出为指向的教育模式的成功。

## 结语

汉语国际教育专业从一个新鲜事物，到如今面临着一些非常实际的困难，专业必须不断思考，不断尝试，不断改变，以适应这个变化的时代。随着数字人文时代的到来，"在人文科学研究领域，学者们借助互联网和计算机为项目注入了新的活力，各种载体、各种形式的人文资料被数字化并以多媒体形式进行展示，深度文本挖掘、可视化、数据关联等拓宽了人文科学研究的范围和工具。"①

面向教育领域的"互联网+"概念，不仅只是从基础设施上加强网络信息设施的建设，更是从教育观念、人才培养目标和路径、目标达成的考核与产出等方面更新我们的教育理念。这是一场新的技术革命，同时也是一场新的教育革命。国际中文教育无论是面向汉语国际教育的师资，还是直接面向非汉语母语的中文学习者，都会因为互联网时代的到来，和数字人文时代的到来，而面临着教育理念、教育模式和教育手段的全面革新。

因此，云南大学滇池学院汉语国际教育的教学改革，以"互联网+"实训平台的建设为条件，以数字人文师资队伍的储备为基础，以培养学生"互联网+"能力的课程和实训改革为手段，以 OBE 理念为考核的教育成果为产出，为汉语国际教育专业的发展提供了从"新文科"建设到"互联网+"改革的渠道、路径和实践案例。

---

① 王丽华，刘炜. 助力与借力：数字人文与新文科建设［J］. 南京社会科学，2021（7）：130—138.

# 澜湄国家中文教育文化圈的类型划分与价值挖掘①

杨 艳　潘 洁（昆明文理学院人文学院）

【摘　要】探讨文化圈类型划分对澜湄国家中文教育具有一定的应用价值。在师资培养方面有助于加强澜湄国家中文师资培养，解决供需结构失衡，形成新的人才培养模式；在教材编写方面文化圈类型的划分能优化澜湄国家中文教材编写，有利于加强汉语教材与国际中文教育目标的融合。文化圈类型的划分有助于澜湄国家中文教育的推广，建设"面向和平与繁荣的澜湄国家命运共同体"。

【关键词】澜湄国家；中文教育；文化圈；师资培养；教材编写

## 引言

澜湄地区国家山水相连、人文相亲。在 2016 年 3 月举行的澜沧江-湄公河合作首次领导人会议上，澜湄六国共同提出了"建设面向和平与繁荣的澜湄国家命运共同体"这一重塑中国与周边国家关系的伟大构想。该构想的提出对中国和湄公河流域五国的经济、文化、政治与社会等多方面皆有举足轻重的影响力。培育"澜湄意识"是推动澜湄合作深化发展的重要一环。澜湄意识是澜湄国家和人民对"澜湄人"这一身份的集体认同，其形成应基于对文化共性的挖掘和"同饮一江水、命运紧相连"的共生关系的构建（屠酥，2018）。而澜湄国家中文教育工作的实践力度直接关乎到该构想的践行深度。从水文化或中国儒道文化与湄公河国家佛教文化的相通之处入手积极开展中文教育，是挖掘文化共性的有效途径。因此澜湄国家中文教育如何高质量开展是一个值得深入探讨的问题。

关于国际中文教育发展的研究中，大多将目光集中在了"国别化""本土化"等视角，但也有学者开始关注到文化圈类型划分理念在国际中文教育中的

① 基金项目：本文系教育部规划项目"以乡村文化重塑推动我国乡村振兴研究"（编号 18YJC710089）阶段性研究成果。

作用，认为国别化培养这种无限细分的微观划分方法在操作层面面临需求预测、师资供给、成本控制等方面的难题。按照文化圈的中观划分方法能更好兼顾不同区域对国际中文教育需求的差异性和相似性。提出依托民族相同、语言相通、宗教相近、地理相邻、人才存量等优势开展国际中文教育（杨艳等，2019）。文化圈这一概念是由文化人类学家莱奥·弗罗贝纽斯首先提出。他认为，文化圈是一个空间范围，在这个空间内分布着一些彼此相关的文化丛或文化群。学者将世界分成了五大文化圈：拉丁文化圈、东亚文化圈、伊斯兰文化圈、东正文化圈和印度文化圈。文化圈也可以根据宗教、自然地理等不同维度进行划分，例如，以宗教为维度，可划分为基督教文化圈、佛教文化圈等。相比起较为复杂的"国别化""本土化"等视角来说，按照文化圈类型划分理念更能抓住区域国家文化差异间的共性。本文试图从文化圈类型划分视角出发，探讨文化圈类型划分对澜湄国家中文教育师资培养、教材编写、中文教育推广的价值，从而找出澜湄国家中文教育中存在问题的应对策略。

## 一、文化圈类型划分对澜湄国家师资培养的价值

在澜湄国家中文教育发展中，教师问题是一直困扰研究者的主要问题之一。在澜湄国家中文教育师资培养中存在着人才培养模式单一，与需求多元的供需脱节问题。而澜湄国家文化圈类型划分的提出对解决师资问题，有着很大的价值。具体表现如下：

### （一）有助于加强师资建设

随着澜湄国家中文教育事业的蓬勃发展，澜湄国家的中文教育师资方面也迎来了新的挑战，由于澜湄国家汉语学习者的大量增加，目前的汉语教师数量已不能够满足各澜湄国家的需求，因此进行中文教师的批量培养显得尤为重要。当前中文国际教育研究者们大多将目光集中于利用国别化差异来解决师资问题，但由于国别化培养过于精细，导致教师培养成本增高，这并不利于教师的批量培养，所以必须进行改变。而与国别化培养不同的是，利用文化圈的类型划分，将文化圈中存在的文化差异的共性进行提炼，则更有利于针对性地培养教师，加强澜湄国家中文国际教育的师资建设，降低培养成本，提高教师培养的效率。

不同的国家，由于受不同的地理位置和周边环境的影响，其文化也是各有差异，中文教育的开展是一种文化的交流活动，国际中文教育的教师必须具备

较强的跨文化交流能力，国际中文教师不仅要对我国语言文化了如指掌，还须了解目的国的文化背景、习俗等。只有在充分了解自身国家的同时，了解其他国文化，并做出调整，才能更好地进行跨文化交流，达到传播中国文化目的，使国际中文教育得到更好的推广与发展。但由于世界文化差异过于广泛和复杂，对各国文化深入具体地学习，国际中文教育专业的学生培养将受教学资源、学时、人才培养模式等限制，无法深入开展和实施，且容易形成国际中文教育专业学生的培养目的国家单一的问题，很难做到澜湄五国中文教师均衡培养。培养中文教师的国别化导向面临培养成本高、培养方案碎片化、供需结构错配等问题。立足于文化圈视角有利于兼顾区域文化差异和文化共性，以及国际中文师资在培养过程中的一般性和特殊性，是较国别化培养更具可行性的培养模式。因此找出各澜湄国家文化差异之间的、有别于其他文化圈的共性尤为重要。因文化圈在多个维度将文化差异进行了划分，澜湄国家中文教育事业只需根据划分出的文化圈，找出其文化共性，就可以有针对性地批量培养中文教师。这不仅仅使澜湄国家中文教育的师资建设具有了统一批量培养的可能性，也为澜湄国家中文教育更高效地推广提供了助力。

## （二）有助于解决师资供需结构失衡问题

随着我国综合国力和国家文化软实力的提升，澜湄五国对汉语和中华文化的需求急剧增长，澜湄五国汉语教师总体上处于总量和结构双重供不应求的状态。师资供需结构失衡的问题，阻碍了国际中文教育推广的良性发展。虽然我国在改善师资供需结构失衡问题上提出了许多的解决办法，但这些办法都不能从根本上解决师资供需结构失衡的问题。本文提出的文化圈类型划分理念便有助于缓解当前师资供需结构失衡的问题，解决师资紧缺的问题。首先，"国别化、本土化"精细培养大批优秀的汉语教师，需要大量的人力和物力，根据文化圈类型的划分，培养出的具有文化普遍适应性汉语教师，以此来应对世界不同文化的不同需求，无疑会降低人才培养的成本和难度。其次，我国是一个拥有很多少数民族的国家，其中与澜湄五国存在不少跨境民族，而这些少数民族在语言、宗教、文化方面与澜湄五国的人民存在着天然的联系，根据文化圈类型划分理念来进行师资的培养，利用好跨境民族地区的少数民族学生资源，便能够为汉语国际教育的师资培养事业添砖加瓦。最后，国际中文教育师资主要在本科和硕士两个层次上培养，招生培养规模庞大，但毕业生实际从事国际汉语教育的比例却极低（刘颂浩，2016）。据一项2022年云南省高校汉语国际教育专业的毕业生就业情况调查研究显示：云南省汉语国际教育专业毕业生海外就业比例低有两个原因：一是海外就业意愿低，绝大部分毕业生更愿意在国内中小学从事教育工作。二是大部分毕业生不符合国家汉语教师志愿者招募条件。云南省高校汉语国际教育专业的毕业生大学英语四六级通过率低，即使放宽到熟悉掌握赴任国语言的优惠条件，最终能通过选拔、海外就业的学生也很少。其中云南高校选学小语种的汉语国际教育的学生绝大部分都选择泰语，造成最终到澜湄其他国家就业的毕业生少之又少。依据文化圈的类型需求培养能适应澜湄五国的国际中文教师，以此来扩大国际中文教师储备，解决师资供需结构失衡问题，是一个可以尝试的路径。立足于文化圈视角，批量培养适合澜湄国家中文教育发展的合格的国际中文教师，有利于解决国际中文师资供需结构失衡问题，也有利于边疆少数民族地区解决大学生就业问题。

### （三）有助于形成新的人才培养模式

目前，中文国际教育呈现出一种多元化、高速发展的态势，但各高校国际中文教育专业的人才培养模式却存在单一化、趋同化的问题。现各高校国际中文教育专业的人才培养模式有：（1）"研究型"培养模式；（2）"应用型"人才培养模式；（3）"实践型"人才培养模式（彭建玲，2014）。虽然三种培养模式各有优点，但国际中文教育发展速度较快，传统的培养方式逐渐落后于时代的需求，导致培养出来的人才仍然不能满足海外国情、文化差异巨大的市场。所以，培养院校应以各自区位优势，明确对口服务的国家、地区或语区，区分世界各地汉语师资需求的类型，分类培养（吴应辉，2018）。而不同于传统的人才培养模式，利用文化圈的类型划分进行人才培养，有助于创新人才培养模式。聚焦澜湄国家国际中文教育人才培养的高校，应充分挖掘澜湄国家文化圈类型特征，优化人才培养模式，才能更好满足澜湄国家国际中文教育人才的需求。聚焦文化圈类型划分的人才培养模式，既体现了以产出为导向的人才培养理念，又有助于各高校整合教学资源突出自身人才培养的优势特色。

## 二、文化圈类型划分对澜湄国家中文教材编写的价值

汉语作为外语教材需要适应海外纷繁复杂的教学环境。为适应海外的教学环境汉语教材首先应该区域化、类型化；其次则应该多样化、多元化；再次还应该本土化、个性化（赵金铭，2009）。随着澜湄国家国际中文教育的不断发展，学习汉语的人数越来越多，但使用的大多是国人为来华外国留学生所编的

通用教材，这些教材并不能满足澜湄国家各类学习者群体的需求。因此寻求汉语教材的创新与突破，推陈出新，适应澜湄国家的教学环境是迫在眉睫的当务之急。基于澜湄国家文化圈类型划分的研究，对编撰适合澜湄国家汉语学习者使用的地区化教材有重要的意义：

## （一）有助于优化教材编写

汉语作为外语教学，教材是教学之本，研究汉语教材的编写如何适应澜湄国家的教学环境，改进并创新面向澜湄国家学习者的汉语教材是澜湄国家中文教育需要着重探讨的问题。我们迫切需要更具有针对性的汉语教材，以满足澜湄国家不同的学习者多种多样的学习需求。现澜湄国家使用的通用教材中存在着教材内容过于单一、实用性差、缺乏针对性等一系列的问题。所以学者们积极倡导并编撰了"本土化"的教材，以适应当前澜湄国家的中文教育。虽然"本土化"的教材可以针对性地考虑到具体国家学生学习的需要，但接受的范围也随之受到限制。澜湄五国中文教育的教材中泰国的教材相对成熟，而其他国家的"本土化"教材开发研制则受到供给双方的影响，开发的力度和成果相对较弱，出现了澜湄国家内部教材研发冷热不均的局面，不利于澜湄国家中文教育共同体目标的实现。而以澜湄国家文化圈类型划分为基础，编制的地区教材，既可以借鉴澜湄国家成熟的"本土化"教材编撰经验，并考虑到澜湄国家相通的历史环境、文化习俗，开发出澜湄国家汉语学习者能够普遍适用的教材，将使教材的适用性更广。利用澜湄国家文化圈类型划分编写的汉语教材研发需要在充分挖掘澜湄国家文化共性的基础上展开，有助于国际中文教育促进语言相通、民心相通，在构建人类命运共同体中发挥重要作用。

## （二）有助于促进汉语教材与国际中文教育目标的融合

近年来，随着国际中文教育的蓬勃发展，汉语学习过程中所使用的汉语教材在对教学对象了解方面不够充分而饱受诟病。例如，对教学对象思维方式了解不足，不够贴近学习者生活，不够重视跨文化交际。我们需要加强教材编写的类型和国别研究，实现"多用"向"多元"的转变，从而更好地为促进汉语教育、增进国际理解服务（耿直，2018）。因此具有针对性的汉语教材的研究与编写显得尤为重要，利用澜湄国家文化圈类型划分的特性有助于促进汉语教材与国际中文教育目标的融合。把握澜湄国家文化的共性，并着眼于澜湄国家汉语学习者的需求，使汉语教材更具有针对性，才能使汉语教材更好地帮助汉语学习者解决跨文化交际所带来的问题，提高汉语学习者对中国文化的熟悉度和认可度。对外汉语教学向汉语国际教育完成了性质上的转变，未来，汉语国际教育又面临着向构建"人类命运共同体"，增进国际理解的又一个深刻转变。在构建人类命运共同体的新形势下，加强多方的合作是教材创新的必由之路。（耿直，2018）从汉语作为第二语言教学学科发展的内部结构来看，教材作为沟通教学理论和教学实践的桥梁，澜湄国家中文教材研究的深入有赖于学科基础研究的发展以及对相关基础研究成果的吸收和创新运用，必然需要澜湄国家不同研究背景的学者共同合作。从澜湄国家中文教育事业发展的外部来看，澜湄国家的中文教育越来越需要澜湄各国、系统内外的参与。在新的"互联网+"时代以及"人类命运共同体"目标下，结合澜湄国家文化共性中外专家联合开发的地区教材，与国际中文教育目标的融合，必将推进澜湄国家中文教育的长远发展。

## 三、文化圈类型划分对澜湄国家中文教育推广的价值

"大道之行，天下为公。"十八大以来，习近平主席多次阐述"人类命运共同体"思想，人类命运共同体这一理念也越来越成为国际社会的普遍共识。构建人类命运共同体的一个重要前提就是文化之间的交流、文明之间的互鉴，而国际中文教育的主要工作就是进行中文教学，促进中外文明交流，以语言相通开启民心相通。可以说，国际中文教育与"构建人类命运共同体"高度契合、相互促进。建设"面向和平与繁荣的澜湄国家命运共同体"需要充分挖掘澜湄国家文化圈类型的文化共性，助推国际中文教育。

澜湄国家中文教育文化圈类型的划分，基于澜湄国家水文化或中国儒道文化与湄公河国家佛教文化的相通之处，可解决国际中文教育推广中因文化差异而导致的问题。国际中文教育作为一项全球性的文化推广教育事业，必须注重各国文化差异方面的问题。随着"一带一路"的高速发展以及中国文化的广泛传播，国际中文教育的推广需要顺应时代的新变化。新时代的国际中文教育应该做到立足于学习者的需要，解决文化差异问题，开展具有针对性的中文教学。以开阔的文化视野，挖掘澜湄国家的文化共性，优化国际中文教育推广方式。

综上所述，澜湄国家文化圈的类型划分具有改善师资培养模式，优化教材编写，有利于国际中文教育在澜湄国家推广的价值。从文化圈类型划分的视角研究澜湄国家中文教育的发展，充分考虑到了澜湄国家的文化共性。需要加强

经济、政治、地域、语言、宗教信仰差别在文化传播中的影响力研究，来完善相关人才培养、师资建设、教材研发。同时，从语言学、教育学、宗教哲学、社会学等多学科视角下，分析澜湄国家中文教育面临的机遇和挑战，将会使澜湄国家中文教育的推广更具广泛性、高效性。澜湄国家不同学科、不同系统的"汉语人"加强联合，需秉承"创新、合作、包容、共享"理念，在充分挖掘地区文化共性的基础上，深化教师、教材、教学法改革创新，解决好制约学科和事业发展的"三教"问题，协力共促澜湄中文教育更大的发展，将会为推动构建人类命运共同体事业更好地建构汉语桥梁。

# 参考文献

［1］耿直."构建人类命运共同体"对国际汉语教材建设的新挑战［J］.云南师范大学学报（对外汉语教学与研究版），2018，16（5）.

［2］李泉，宫雪.通用型、区域型、语别型、国别型：谈国际汉语教材的多元化［J］.汉语学习，2015（1）：76—84.

［3］马春燕.国别化教材合作开发模式探讨［J］.中国出版，2015（12）：52—55.

［4］彭建玲.汉语国际教育人才培养模式研究综述［J］.昆明理工大学学报（社会科学版），2014，14（3）：86—92.

［5］阮静.汉语国际教育与迈向国际化的汉语教材出版［J］.云南师范大学学报（对外汉语教学与研究版），2017，15（5）.

［6］孙红.强化汉语国际教育的师资培养［J］.中国高等教育，2017（3/4）：66—68.

［7］谭智木.汉语国际教育推广之现状［J］.魅力中国，2017（7）：226.

［8］屠酥.培育澜湄意识：基于文化共性和共生关系的集体认同［J］.边界与海洋研究，2018，3（2）：29—44.

［9］吴应辉.国际汉语师资培养"六多六少"问题与解决方案［J］.语言战略研究，2018，3（6）：62—63.

［10］杨艳，王羽，何心.文化圈视角下国际汉语教师培养研究［J］.华文教学与研究，2019（1）：68—73.

［11］于萌，吕永震.特定文化圈对外汉语文化教学模式探究［J］.新西部（理论版），2016（15）.

［12］于海勇."一带一路"视域下汉语国际教育新思考［J］.开封教育学院学报，2019，39（5）：180—181.

［13］赵金铭.教学环境与汉语教材［J］.世界汉语教学，2009，23（2）.

# 云南地州院校汉语国际教育专业本科学生
# 职业能力培养研究

## ——以楚雄师范学院为例

高　霞　李育卫（楚雄师范学院语言文化学院）[①]

【摘　要】本文以云南地州院校汉语国际教育专业本科学生的职业能力培养为研究内容，基于对泰中小学汉语教学师资存在的问题，提出汉语国际教育专业本科学生的职业能力包括教育教学能力、汉语理论知识素养、研究学习者能力、跨文化交际能力、中华才艺、科研创新能力及在线教学能力，并分析了培养的策略和途径。

【关键词】云南地州院校；汉语国际教育专业本科生；职业能力；培养

Cultivation of Professional Ability for TCSOL Undergraduates in Universities outside Kunming in Yunnan: A Case of Chuxiong Normal University

GAO Xia, LI Yuwei (Chuxiong Normal University)

**Abstract:** Combining the problems of teaching Chinese as a foreign language in primary and secondary schools in Thailand and the professional ability training of TCSOL (Teaching Chinese to Speakers of other Languages) undergraduate students in Yunnan universities, this paper proposes the vocational competence of TCSOL undergraduate students including educational and teaching ability, theoretical knowledge qualities of Chinese language, ability of studying Chinese learners, cross-cultural communicative competence, Chinese traditional talents, the ability of

---

① 作者简介：高霞，1968 年生，女，云南楚雄市人，教授，文学硕士，楚雄师范学院语言文化学院，研究方向为第二语言习得、民族语言文化研究。李育卫，1973 年生，男，云南楚雄人，副教授，文学硕士，楚雄师范学院语言文化学院，研究方向为应用语言学、跨文化交际。

scientific research and innovation and on-line teaching ability and analyzes ways and strategies of training these students.

**Keywords:** Universities outside Kunming in Yunnan; TCSOL Undergraduate Students; Professional Ability; Training

## 引言

随着中国综合国力和国际竞争力的日益提高，中华文化的影响力和辐射力日益增强，"汉语已经成为极具上升空间的新的世界性语言"。[①] "一带一路"建设需要国际汉语人才，汉语国际传播与推广、培养国际语言人才已成为国家需要。

2016 年 4 月，中共中央办公厅、国务院办公厅印发了《关于做好新时期教育对外开放工作的若干意见》，为提高汉语国际教育专业学生的职业能力指明了方向。

学术界有很多从不同角度对汉语国际传播师资培养的研究。如安然[②]、汲传波[③]、钱一华[④]、叶军[⑤]、黄媛[⑥]等人有关汉语教师的教学信念的研究；潘玉华[⑦]、潘先军[⑧]、李泉[⑨]等关于汉语教师知识结构与能力结构方面的研究；张

---

① 何干俊. 新时代推动汉语国际传播能力建设的路径［J］. 中南民族大学学报（人文社会科学版），2022，42（7）.

② 安然. 对外汉语教师语法教学信念初探［D］. 北京：北京外国语大学，2015.

③ 汲传波. 职前国际汉语教师语言教学信念发展研究［J］. 华文教学与研究，2016（3）.

④ 钱一华. 泰国职前汉语教师语法教学信念研究［D］. 北京：北京外国语大学，2017.

⑤ 叶军. 国际汉语教师教育的发展轨迹［J］. 国际汉语教育（中英文），2018（4）.

⑥ 黄媛，李明晶. 赴泰职前汉语教师教学信念变化初探［J］. 海外华文教育，2020（3）.

⑦ 潘玉华，吴应辉. 国际比较视野下的汉语教师标准及素质研究［J］. 语言文字应用，2016（2）.

⑧ 潘先军. 国际汉语教师心理素质的构成与培养［J］. 内蒙古师范大学学报（教育科学版），2017（4）.

⑨ 李泉. 优秀汉语教师：知识、能力和素养及其维度与权重［J］. 对外汉语研究，2017（2）；李泉，丁安琪. 专业素养：汉语教师教育的起点与常态："素养—能力—知识"新模式［J］. 云南师范大学学报（对外汉语教学与研究版），2020（5）.

英①、高桂芳②、曹群③、米艾莉④等就对外汉语教师跨文化交际能力研究；王学松⑤、戴桂英⑥、曹贤文⑦、黄启庆⑧等有关外国学生对汉语教师评价标准研究；罗荣华⑨、李泉⑩、巴丹⑪、张娜⑫、肖锐⑬等有关对外汉语教师线上教学能力的研究；还有张和生⑭、李凌艳⑮、周士宏⑯、黄启庆⑰等关于对汉语教师的培养探讨，这些研究多集中于成人汉语教学师资的培养。在汉语国际推广

---

① 张英. 二语教学目标与中文教师的文化意识［J］. 云南师范大学学报（对外汉语教学与研究版），2016（2）.

② 高桂芳. 国际汉语教师在海外教学中的跨文化交际［J］. 河北广播电视大学学报，2021，26（6）.

③ 曹群. 对外汉语教师跨文化交际能力提升策略研究［J］. 佳木斯大学社会科学学报，2020，38（4）.

④ 米艾莉（Miranda Miskowiec）. 汉语国际教师跨文化交际能力的培养措施研究［D］. 南京：东南大学，2018.

⑤ 王学松. 来华美国留学生对汉语教师的评价标准：以 PiB"教学评价"为例［J］. 东北师大学报（哲学社会科学版），2008（2）：158—160.

⑥ 戴桂英. 学生心目中的期望值与对外汉语教师的素质［J］. 汉语学习，1992（3）：40—43.

⑦ 曹贤文. 对外汉语教师与欧美留学生对"有效教师行为"的评价［J］. 语言教学与研究，2010（6）：16—23.

⑧ 黄启庆，刘娟娟，杨春雍. 外国留学生对汉语教师期望要素的初步调查［J］. 云南师范大学学报（对外汉语教学与研究版），2013（2）：15—24.

⑨ 罗荣华. "汉语+"线上汉语教学的实践与探索［J］. 现代教育科学，2019（9）.

⑩ 李泉. 2020：国际中文教育转型之元年［J］. 海外华文教育，2020（3）.

⑪ 巴丹，等."汉语国际教育线上教学模式与方法"大家谈［J］. 语言教学与研究，2021（2）.

⑫ 张娜. 国际汉语教师线上教学能力标准构建探索［D］. 南宁：广西大学，2021.

⑬ 肖锐. 后疫情时代线上汉语教学有效互动实现路径研究［J］. 国际汉语教学研究，2021（3）.

⑭ 张和生. 对外汉语教师素质与培训研究的回顾与展望［J］. 北京师范大学学报（社会科学版），2006（3）：108—113.

⑮ 李凌艳. 汉语国际推广背景下海外汉语教学师资问题的分析与思考［J］. 语言文字应用，2006（1）：75—81.

⑯ 周士宏. 汉语国际传播师资问题初论［J］. 暨南学报（哲学社会科学版），2009（1）：62—65.

⑰ 黄启庆. 国际汉语教师研究三十年回顾与展望［J］. 云南师范大学学报（对外汉语教学与研究版），2017，15（2）.

迅猛发展的形势下，国外中小学甚至幼儿园的汉语学习者不断增加，呈现出了低龄化的发展趋势。

云南作为面向南亚东南亚的辐射中心，是中国通向东盟的门户，也是连接南亚东南亚国家的重要枢纽，随着这些地区学习汉语人数的增加，云南发展和推动汉语国际教育专业的区位优势越来越明显。

云南很多高校利用区域优势开设了汉语国际教育专业并与东南亚国家的很多高校、中小学开始了合作交流。但是，与省内极少数国家重点扶持的高校相比，云南省大部分地州院校发展相对缓慢，学校的影响力也相对较低，而且"汉语国际教育专业本科毕业生就业难、对口就业率偏低是全国各大高校普遍存在的现状"[①]，云南省地州院校在开设汉语国际教育专业的过程中所面临的毕业生就业难、职业能力不高等困境就更加明显，这极不利于汉语国际教育专业建设的进一步发展。因此，云南地州院校有必要立足于自身发展优势，强化汉语国际教育专业学生的职业能力的培养。唯有如此，才能促进汉语国际教育专业建设的发展。

本文以楚雄师范学院汉语国际教育专业为例，基于目前对泰中小学汉语教学师资存在的问题，探讨云南地州院校如何培养汉语教育专业本科生的职业能力。

## 一、汉语国际教育专业学生职业能力的构成

### （一）对泰中小学汉语教学师资存在的问题

1992 年，汉语正式进入泰国教育体系，汉语在泰国受到了空前的重视。除了高校、职业学校，泰国的中小学也纷纷开设了汉语课，据 Chulalongkorn University（朱拉隆功大学）亚洲研究所中国研究中心 2008 年的统计，泰国 60 万学习汉语人数中，中小学阶段就已有 328,700 人，成为泰国汉语教学中规模最大的阶段，[②]泰国也成为东南亚汉语传播的最典型国家之一。然而，泰国中小学汉语教学的师资却存在很多问题。

为了解对泰中小学汉语教师的专业素质具体存在什么问题，我们以"我喜欢的汉语教师"为题对 120 位幼儿园—中学阶段的泰国学生做了问卷调查及访

---

① 周媛媛 . 汉语国际教育专业本科毕业生就业去向调查及人才培养策略探析 [D]. 昆明：云南师范大学，2021：13.

② 潘素英 . 泰国中小学汉语课程大纲研究 [D]. 北京：中央民族大学，2011：1.

谈（幼儿园及小学低年级学生使用访谈方式）。[①]调查发现学生们反映的汉语教师的教学问题主要有"没有课堂游戏""反复讲解简单的内容""不会泰语"等，初高中学生的意见还有"讲解不清楚""课堂教学缺乏系统性""不能因材施教"（这些学生认为汉语教师"教学方式过于简单，好像给小朋友上课"）等等（见下表）。

表 1　对外汉语教师在教学中存在的问题

| 1 教学气氛沉闷 | 9 说话太多、啰唆、唠叨 | 17 语法讲解时例子太少 | 25 老师不爱笑，太严肃 |
|---|---|---|---|
| 2 老师声音太小 | 10 不会或很少说泰语 | 18 讲解不清楚 | 26 没有责任心和耐心 |
| 3 板书太乱，看不清 | 11 不怎么会中华才艺 | 19 教学方法单一 | 27 学生练习说话机会少 |
| 4 教学很没意思 | 12 不太严格，控制不了学生 | 20 不纠正学生语言错误 | 28 课堂教学不用心 |
| 5 没有或课堂活动太少 | 13 课下与学生的交流太少 | 21 备课不充分 | 29 表现出讨厌学生 |
| 6 不太会使用多媒体 | 14 不能因材施教 | 22 教学对象不清楚 | |
| 7 作业太多 | 15 反复讲解简单的内容 | 23 太依赖教材 | |
| 8 没责任，只带学生玩 | 16 不会与学生互动 | 24 不能很好控制不良情绪 | |

## （二）汉语国际教育专业学生职业能力的构成

结合泰国学生对汉语教师教学反映的问题及当前疫情背景下汉语国际教育专业面临的挑战，本文提出汉语国际教育专业本科生的职业能力应包括教育教学能力、汉语理论知识素养、研究学习者的能力、跨文化交际能力、中华才艺能力、科研创新能力、线上教学能力。

---

① 高霞. 云南民族地区院校汉语国际教育专业学生整合连贯教育教学能力的建构：以楚雄师范学院为例［J］. 民族高等教育研究，2016，4（4）.

### 1. 教育教学能力

对外汉语教学是指汉语教师的教与外国学生的学之间的一种双向活动，目的在于通过教师有计划、有组织的课堂教学，引导学生积极自觉学习汉语，并促进学生提高汉语的听、说、读、写等综合素养。在这个活动中，汉语教师的教育能力会直接影响到教学活动的效果。

汉语国际教育专业本科生的教育教学能力主要包含四个层次的内容。第一，清楚认识教育及汉语教学的本质。对外汉语教学是培养、提高外国学生用汉语交际的能力，而不仅仅是教授汉语语言文化知识。第二，具有了解教学目标，选择教学内容，组织课堂教学，管理课堂，正确评价学生，带动学生主动学习汉语以及与不同年龄学生沟通的能力。具体来说，教师应了解不同阶段教学目标、教学内容、教学重点和难点、教学思路等等。了解、明确《国家汉语教学通用课程大纲》的各级课程目标及不同学习者所应具备的语言知识、语言技能、策略及文化意识等标准。第三，了解并掌握对不同阶段外国学生汉语教学的策略方法。第四，教师还应具有一定的心理素质、行为规范和道德素质等，具体表现为教师的身教、较好地控制不良情绪及引导学生积极向上的能力。

### 2. 汉语理论知识素养

汉语理论知识素养是对外汉语教师应当具备的首要知识素养，也是构成汉语国际教育专业本科生职业能力的核心和基础。该专业的本科生应尽可能对每个汉语内容（语音、汉字、词汇、语法等）的了解都明确、具体到尽可能细致的程度，汉语国际教育专业的本科生才能在此基础上建构起自己的汉语理论知识素养。

### 3. 研究学习者的能力

了解有关汉语学习者各方面的情况也是对外汉语教师应该具备的能力，具体为汉语学习者的年龄、兴趣、语言学能（第二语言学习的能力倾向或特质）、学习态度、学习习惯、学习风格、学习策略、学习动机、学习目的及学生心理特点等方面的情况。如据我们调查，泰国幼儿园、小学生对汉语学习的兴趣是随着年级的增长而递减，幼儿园及一年级的孩子普遍对汉语感兴趣，这是由于他们年龄小、好奇心强，所以最愿意学习汉语。这个阶段的孩子天性"好动""好表现"，在汉语课堂上爱开口、不怕出错、主动发言，但坐不住、管不住自己，学习没有明确性；而二年级以上的学生随着年龄的增长、知识的增加，他们的要求和看法越来越多样化，汉语教师应根据对学生各方面情况的掌握进行针对性的教学。

### 4. 跨文化交际能力

第二语言教学的主要任务之一是培养学生的跨文化交际能力。汉语作为第二语言教学实际上就是一个跨文化交际的过程。

因此，汉语国际教育专业本科生应具有跨文化交际能力。第一，应具备相应的外语知识和外语语言能力。一般来说，外语好的老师在教学时更得心应手，尤其是对于处于汉语零基础的学生而言，教师在教学中适当用学生母语作为教学语言可以降低学生汉语学习的畏难情绪；另外，汉语教师也能从学生母语的角度了解学生偏误的原因，探寻具有针对性的教学策略，帮助学生在汉语学习过程中克服母语的影响和迁移，使学生逐渐建立起汉语思维。第二，汉语国际教育专业学生还要掌握一定的跨文化交际策略，如协调、宽容等，减少交际障碍和冲突。

### 5. 中华才艺能力

中华才艺是指文化的技能表现形式，在对外汉语教学中起到文化切入的作用，包括古筝、葫芦丝等乐器演奏类、书法及中国画、中国民族歌舞类、太极拳及武术健身类、剪纸及中国结等制作的民间手工类、茶艺等饮食文化类等才艺。

对外汉语教学不同于汉语语文教学，在实际教学过程中常常表现为交际语言的形式，如要求学生掌握某些词语、某个句式或结构，而汉语文化本身丰富的人文内涵已经大幅度淡化，因此，这样的教学方式必然是无趣、枯燥、乏味的。为激发外国学习者的学习兴趣，对外汉语教师有必要在不同阶段学生的教学中适当植入中华才艺相关知识或内容，使教学呈现形式多样性、内容趣味性，而且也是一种比较易懂、直观、崭新的教学模式。另外，一个具备相当中华才艺能力的汉语教师也能增加学生对老师的崇拜感、信任感，这对更好地开展教学无疑是有益的。

### 6. 科研创新能力

对外汉语教学科研能力是一种来源于教学实践而又有所超越和升华的创新能力。具体指教师应当具有扎实的对外汉语教学的相关知识，包括语言学、教育学和心理学知识，同时还应具有查阅、搜索及利用文献资料的能力与信息素养。教师参与教育科研活动可以使教师更加关注自己的教学，提高责任感；善于总结、研究教学中存在的问题；把研究成果应用到教学，真正做到教学科研双向互动，在教学过程中获得教师效能感。因此，汉语国际教育专业本科生有必要针对不同母语背景、不同年龄层次的汉语学习者就汉语语音、词汇、句法学习的特点、规律、问题、偏误等问题进行收集、归纳、分析及研究，使自己成长为"教学+科研"的汉语教师。

### 7. 在线教学能力

在新冠肺炎疫情背景下，汉语国际教育遇到了前所未有的挑战，对外汉语线上教学模式得到大量而广泛的实践，国际汉语教学真正进入了信息化时代，如果国际汉语教师缺乏现代教育技术的应用能力，无疑是一种职业技能的缺憾。因此，教师的教学能力不再仅限于线下课堂教学能力，也应包括线上教学能力。

## 二、汉语国际教育专业本科学生职业能力培养：途径与策略

### （一）注重相关专业课程的学习，汲取建构职业能力所需"营养"

汉语国际教育专业本科生应注重学习涉及以上几种能力要素的课程，比如涉及到汉语语音、词汇、句法、汉字等语言文化知识能力的"现代汉语""古代汉语""语言学""汉字学概论""汉字书写"等课程；涉及教育教学能力的"教育学""对外汉语教学概论""对外汉语教学法""国外中小学汉语教学""对外汉语语言要素教学"等课程；涉及了解学习者学习情况的"心理学""第二语言习得概论""外国学生的偏误分析"等课程；涉及跨文化交际能力的"跨文化交际概论""东南亚概况""外事政策法规"等课程；涉及中华才艺能力的"中华才艺研习""中国画及书法"等课程；涉及科研及信息化能力的"文献信息检索与利用""学术论文写作""信息化教学设计与实践"等课程。汉语国际教育专业学生只有深入、透彻、扎实、具体地学习这些专业性课程，才能够为构建自身的汉语教师职业能力储备足够的"营养"。

### （二）依托专业课程，初步感知汉语教师职业素养

在学习"语言学""现代汉语""对外汉语语法""对外汉语教学概论"等专业课程的基础上，对普通语言学有整体的认识，加强对汉语本体知识和汉语

教学规律的系统性把握和理解，形成正确的汉语教学内容的结构体系；掌握一定的汉语教学理论和教学方法；针对不同汉语水平的学生，能够从原则上理解和设计汉语教学目标、选择并组织教学内容、实施恰当的教学方法、进行适当的教学评价等；把握不同年龄阶段学习者汉语学习的策略和问题。为尽快构建这种感知能力，汉语国际教育专业学生在课堂上应积极参与讨论，分享和反思自己的理解，通过见习、说课、试讲等实践环节，在教师的引导、启发下把握和积累学习心得，通过具体案例来理解、建构和储存相关教学理论和方法。

## （三）依托教学实践课程初步建构国际汉语教师的职业能力

教学实践课程主要包括教学观摩、教学模拟、教学试讲及教学实习等，除此之外，还有给外国学生做语伴、做辅导，给老师做助教等实践机会。汉语国际教育专业学生应把握这些实践机会，把学过的汉语专业知识、对汉语学习者的了解、中华才艺技能以及和初步形成的科研意识、信息意识融合在一起，逐步建构汉语教师的职业能力。

### 1. 教学观摩或见习

教学观摩包括观摩有经验教师的线上、线下课程。"对外汉语教学法""对外汉语教学案例分析""课堂活动设计与课堂管理"等课程都可以按教学情况安排教学观摩。"对外汉语教学活动是实践性和情境性的，对外汉语教师的专业发展不能仅局限于抽象概念的学习，而应是在具体的课堂情境中，在专业不断发展的过程中，关注教学实践中所产生的那些知识。"[①]课堂成为最好的展示、体现实践性和情境性特点的场所。观摩课堂教学对培养学生的课堂教学意识以及展示教学法、教学技巧的特点有着非常重要的作用。在教学观摩前，教师要求学生记录和分析上课教师"如何控制和驾驭课堂""如何安排课堂活动""如何使用教材""怎样对待学生错误""如何控制课堂时间和秩序""对教学重点和难点的选取及处理方式""对突发事件的处理方式""线上课教学如何与学生互动"等并对所观摩的课堂教学进行评价，指出可以学习和借鉴的地方及不足或需改进之处，随后在自己的教学模拟及教学试讲中设计如何处理某些问题，为将来的实习打好基础。通过教学观摩的训练，可以培养汉语国际教育专业本科生初步具备一定的职业敏感度，能够以准职业者的眼光对课堂教学进行

---

① 王添淼. 成为反思性实践者：由《国际汉语教师标准》引发的思考 [J]. 语言教学与研究，2010（2）.

评判。

## 2. 教学试讲

汉语国际教育专业的人才培养方案虽然不专门设置对外汉语教学试讲课程，但是"对外汉语教学法""课堂活动设计与课堂管理"等课程的考核方式都可以结合学生的教学设计及相应的试讲视频（学习小组相互试讲并录制）来评定学生的成绩，这样的操作既不占用课时，也可以培养学生合作探究学习及创新能力。教师在课堂上营造一种民主的氛围，分享优秀的教学视频并让学生评价，当然，试讲存在典型问题的教学视频同样也可以分享评价。对比之前教学观摩有经验教师的教学与自己的教学，找出自己做得好的或不好的反面，深化学生的职业敏感度。

## 3. 线上、线下教学实习

随着东南亚各国学习汉语的中小学人数的不断增加，地处云南省民族地区高校面向东南亚的汉语国际教育专业建设必然将有更深、更广的发展。为此，各院校在培养面向泰国、老挝、越南等东南亚国家的汉语教学师资时，应根据这些国家的语言和文化特点、民族特点，确定区域化人才培养目标和培养方案（课程设置），提高毕业生从事汉语教学的竞争力。其次，云南各地州院校应充分利用与本校有合作关系的东南亚国家汉语实习基地，将实习生送到这些学校实习。以楚雄师范学院为例，在目前已有的泰国中小学实习基地的基础上，应该扩展国外实习基地，增加与东南亚其他更多国家的交流合作，建立更多国家的实习基地。这样将更有利于汉语国际教育专业本科生在不同国家的实习中，实践提高自己的职业技能。

2020 年 1 月以来，新冠疫情突如其来，中断了传统课堂教学，汉语国际教育专业毕业生的海外实习也中断了，顺应互联网时代教育的发展，线下线上混合式教学将成为常态化模式。线上教学的发展，更加需要大批量掌握网络教学理论与实践的教师。为此，各院校应积极应对挑战，与东南亚国家联合开发相应的线上汉语教学。楚雄师范学院承办了缅甸、马来西亚华文教师的培训项目，主要由学院的老师承担授课任务。这些项目中参加培训的人员多（如马来西亚华文教师参与了 400 余人），学校可以把受培人员分成不同的班级，设计、指定某些课程给国际教育专业本科生承担，并安排老师课前指导以保证线上教学质量。线上教学实习不仅使汉语国际教育本科生完成了实习任务，更重要的是推动了线上汉语教学人才的培养。实习生通过线上实习，锻炼了线上教学技能、线上课堂管理能力、现代教育技术能力、跨文化交际能力，有助于培养、提高他们的职业技能。

## 参考文献

［1］安然．对外汉语教师语法教学信念初探［D］．北京：北京外国语大学，2015．

［2］巴丹，等．"汉语国际教育线上教学模式与方法"大家谈［J］．语言教学与研究，2021（2）．

［3］曹群．对外汉语教师跨文化交际能力提升策略研究［J］．佳木斯大学社会科学学报，2020，38（4）．

［4］曹贤文．对外汉语教师与欧美留学生对"有效教师行为"的评价［J］．语言教学与研究，2010（6）：16—23．

［5］戴桂英．学生心目中的期望值与对外汉语教师的素质［J］．汉语学习，1992（3）：40—43．

［6］高桂芳．国际汉语教师在海外教学中的跨文化交际［J］．河北广播电视大学学报，2021，26（6）．

［7］高霞．云南民族地区院校汉语国际教育专业学生整合连贯教育教学能力的建构：以楚雄师范学院为例［J］．民族高等教育研究，2016，4（4）．

［8］何干俊．新时代推动汉语国际传播能力建设的路径［J］．中南民族大学学报（人文社会科学版），2022，42（7）．

［9］黄启庆，刘娟娟，杨春雍．外国留学生对汉语教师期望要素的初步调查［J］．云南师范大学学报（对外汉语教学与研究版），2013（2）：15—24．

［10］黄启庆．国际汉语教师研究三十年回顾与展望［J］．云南师范大学学报（对外汉语教学与研究版），2017，15（2）．

［11］黄媛，李明晶．赴泰职前汉语教师教学信念变化初探［J］．海外华文教育，2020（3）．

［12］汲传波．职前国际汉语教师语言教学信念发展研究［J］．华文教学与研究，2016（3）．

［13］李凌艳．汉语国际推广背景下海外汉语教学师资问题的分析与思考［J］．语言文字应用，2006（1）：75—81．

［14］李泉，丁安琪．专业素养：汉语教师教育的起点与常态——"素养-能力-知识"新模式［J］．云南师范大学学报（对外汉语教学与研究版），2020

（5）.

［15］李泉.2020：国际中文教育转型之元年［J］.海外华文教育,2020（3）.

［16］李泉.优秀汉语教师：知识、能力和素养及其维度与权重［J］.对外汉语研究,2017（2）.

［17］罗荣华."汉语+"线上汉语教学的实践与探索［J］.现代教育科学,2019（9）.

［18］米艾莉（Miranda Miskowiec）.汉语国际教师跨文化交际能力的培养措施研究［D］.南京：东南大学,2018.

［19］潘素英.泰国中小学汉语课程大纲研究［D］.北京：中央民族大学,2011.

［20］潘先军.国际汉语教师心理素质的构成与培养［J］.内蒙古师范大学学报（教育科学版）,2017（4）.

［21］潘玉华,吴应辉.国际比较视野下的汉语教师标准及素质研究［J］.语言文字应用,2016（2）.

［22］钱一华.泰国职前汉语教师语法教学信念研究［D］.北京：北京外国语大学,2017.

［23］王添淼.成为反思性实践者：由《国际汉语教师标准》引发的思考［J］.语言教学与研究,2010（2）.

［24］王学松.来华美国留学生对汉语教师的评价标准：以 PiB"教学评价"为例［J］.东北师大学报（哲学社会科学版）,2008（2）：158—160.

［25］肖锐.后疫情时代线上汉语教学有效互动实现路径研究［J］.国际汉语教学研究,2021（3）.

［26］叶军.国际汉语教师教育的发展轨迹［J］.国际汉语教育（中英文）,2018（4）.

［27］张和生.对外汉语教师素质与培训研究的回顾与展望［J］.北京师范大学学报（社会科学版）,2006（3）：108—113.

［28］张娜.国际汉语教师线上教学能力标准构建探索［D］.南宁：广西大学,2021.

［29］张英.二语教学目标与中文教师的文化意识［J］.云南师范大学学报（对外汉语教学与研究版）,2016（2）.

［30］周士宏.汉语国际传播师资问题初论［J］.暨南学报（哲学社会科学版）,2009（1）：62—65.

［31］周媛媛. 汉语国际教育专业本科毕业生就业去向调查及人才培养策略探析［D］. 昆明：云南师范大学，2021.

# 构建云南省民办高校汉教专业"中文+职业技能"教育体系初探①

林 轲　赵 迪（云南大学滇池学院中文系）②

【摘　要】国际中文教育与职业教育要携手出海，融合发展，需要构建高质量、多层次、各方参与的"中文+职业技能"教育体系。云南高校占据地利之便，具备在澜湄地区开展"中文+职业教育"的天然优势，很多地方高校积极探索、大胆实践，取得显著成效。但云南民办高校汉语国际教育专业在澜湄合作框架下，参与教育合作的质和量还有待提高，需要创建合理制度、寻找合适抓手，发挥自身务实、灵活的长处，构建适合民办高校汉教专业办学实际的"中文+职业技能"教育体系。

【关键词】"中文+职业技能"教育；云南民办高校；汉语国际教育

## On the Construction of the "Chinese + Vocational Skills" Education System for the Chinese Education Major in Yunnan Private Colleges and Universities

**Abstract:** For international Chinese education and vocational education to join hands and develop together, it is necessary to build a high-quality, multi-level, and all-involved "Chinese + vocational skills" education system. Yunnan colleges and universities occupy a convenient location and have the natural advantage to carry out "Chinese + vocational education" in the Lancang-Mekong region. Many local colleges and universities actively explore and practice boldly, and have achieved remarkable results. However, under the framework of Lancang-Mekong

① 基金项目：本文系滇池学院 2023 年校级教育教学改革研究项目"云南省民办高校汉教专业面向澜湄地区中国文化传播能力培养研究"（2023XJJG06）阶段性研究成果。

② 作者简介：林轲，1977 年生，女，四川南充人，云南大学滇池学院中文系教师，硕士，副教授，研究方向为汉语国际教育、双语教学。赵迪，1993 年生，女，湖北荆门人，云南大学滇池学院中文系教师，硕士，主要从事词汇学研究。

cooperation, the quality and quantity of relevant major (Teaching Chinese to Speakers of Other Languages) in private colleges in Yunnan still need to be strengthened. It is necessary to create a reasonable system, find a suitable starting point, give full play to its practical and flexible strengths, and build a suitable "Chinese + Vocational Skills" education system conforming to the actual situation in private colleges of Yunnan province.

**Keywords:** "Chinese + vocational skills" education system; Private colleges in Yunnan; Teaching Chinese to Speakers of Other Languages

2019 年 12 月，孙春兰副总理在国际中文教育大会上强调，要在语言教学中融入适应合作需求的特色课程，积极推进"中文+职业技能"项目，帮助更多的人掌握技能、学习中文。[①] 教育部等九部门印发的《职业教育提质培优行动计划（2020—2023 年）》中明确提出"推进'中文+职业技能'项目，助力中国职业教育走出去，提升国际影响力"[②]。由此，推动国际中文教育与职业教育"走出去"协同发展，构建面向新时代的国际中文教育与职业教育高质量发展新体系，成为"十四五"时期我国教育领域改革创新发展的重要任务[③]。

澜沧江-湄公河合作启动 6 年来，云南与湄公河流域国家携手同心，克服百年变局和世纪疫情影响，坚定推动互利合作。尤其自 2021 年开启澜湄合作新的"金色 5 年"，云南与各方积极向着构建澜湄国家命运共同体迈出坚实步伐。据统计，云南累计在湄公河流域 5 国开设境外办学机构 12 个，湄公河流域 5 国在云南高校留学生在册人数 4340 人；"澜湄职业教育联盟""澜湄职业教育基地"等合作品牌持续叫响。[④] 其中，绝大部分合作办学项目由公办院校牵头，民办高校涉入不多，尤其在"中文+职业教育"的教育体系构建中，没有充分发挥民办高校务实、灵活的办学特点。本文将立足云南省民办高校办学

---

① 孙春兰出席国际中文教育大会并发表主旨演讲［EB/OL］.中国政府网.（2019-12-09）［2022-10-19］. http://www.gov.cn/guowuyuan/2019-12/09/content_5459817.htm.

② 教育部等九部门关于印发《职业教育提质培优行动计划（2020—2023 年）》的通知［EB/OL］.中华人民共和国教育部网站.（2020-09-30）［2022-10-19］. http://www.moe.gov.cn/jyb_xwfb/s5147/202009/t20200930_492576.html.

③ 教育项目研究组.构建"中文+职业技能"教育高质量发展新体系［J］.中国职业技术教育，2021（12）：119—123.

④ 云南携手各方推动澜湄合作开创新局面［EB/OL］.人民网.（2022-04-09）［2022-10-02］. http://yn.people.com.cn/n2/2022/0409/c378439-35214821.html.

实际，探讨发挥自身优势，构建"汉语+职业技能"教育体系的路径和办法。

## 一、"汉语+职业技能教育"的教学内容

吴应辉、刘帅奇（2020）界定了"汉语+"和"+汉语"的本质区别在于添加性能力为职业技能还是汉语能力。"汉语+"是在学生具有一定汉语能力的基础上，借助汉语进行其他专业的教学，主观上把汉语能力作为首要能力来培养。"+汉语"则是基于不同行业对汉语的需求，将汉语能力作为添加性能力，以便服务于存在汉语需求的各行各业。[①]

卢旺达大学孔子学院曾广煜（2022）将"中文+职业技能"的结合形式总结为四种模式：加合模式、结合模式、整合模式和融合模式。他认为融合模式是"中文+职业技能"教育未来发展的方向。即除了以职业院校为主体的发展类型，未来也会有以中文教育机构为主体的发展类型，比如在职业院校内建立"中文工坊"，或者以建成中国特色的海外国际学校为发展目标的孔子学院、华文学校等中文教育机构[②]。这种模式下的教学内容是职业技能，但教学媒介语言、教材语言等都是中文，学生习得职业技能的同时也习得了中文和中国文化；教师则是既懂职业教育又懂中文教育的双师型人才；培养的人才则同时精通中文和某一方面职业技能。

由此可见，中文与职业技能教育排列的前后问题间接体现了二者融合的过程中何为主何为辅的关系。我们认为，站在汉语国际教育专业的办学角度来解读二者关系，将语言教学摆在职业技能教育之前是应有之义。中文作为定量，+后的职业技能内容为变量，根据合作对象特点和具体项目形成进行个性化、差异化的融合方式。

## 二、国内高校澜湄地区职业教育合作现状

### （一）以项目为中心合作模式

在第 17 次中国-东盟（10+1）领导人会议上，时任中国国务院总理李克强在提出澜湄合作倡议时强调，要将中国部分优质产能转移到包括中南半岛五

① 吴应辉，刘帅奇. 孔子学院发展中的"汉语+"和"+汉语"［J］. 国际汉语教学研究，2020（1）：34—37，62.

② 曾广煜. 卢旺达"中文+职业技能"教育实践与理论探索［J］. 中国投资（中英文），2022（Z4）：48—51.

国在内的东盟国家。<sup>①</sup>在澜湄合作框架下，中国要进一步帮助湄公河国家进行产业升级、加强建设基础设施等经济领域的合作。这些战略性长期合作，建设维护周期可能长达数年，客观上形成了"中文+职业教育"作为国家公共产品输出的持续性需求，形成在澜湄地区进行长期"汉语+职业技能"教育的土壤。

根据 2019 年全球"中文+"特色课程调研结果显示，已为全球数十万名中文学习者开设了各类"中文+"特色课程。这些课程往往以"中文+特定项目"的形式服务当地。如遍布泰国、马来西亚、柬埔寨、老挝等国的"汉语+高铁""汉语+光伏发电""汉语+航海技术""汉语+空中乘务"等特色化办学项目不断涌现，为我国的教育援助注入了新的时代内涵和现实意义。<sup>②</sup>项目的具体内容因地制宜、与时俱进。如 2022 年 3 月 18 日，中泰合作"中文+电子商务技能"项目精英培训班中，清迈大学孔子学院精选了"泰北产品"实际案例，通过对实际产品案例的全方面分析，分析中国市场，设计符合产品的市场计划和预算。按产品 4 大类别进行了分组，并由 8 位中泰双语能力的助教带领各小组进行探究学习。<sup>③</sup>

由此可见，"中文+具体项目"的方式往往由外派孔子学院领头展开。驻外的孔子学院对于当地情况非常了解，对相关产业或项目对于汉语教学的需求能够第一时间跟进，甚至提前布局，全程参与。因此，"得地利"是这一合作方式的重要特点。

## （二）以平台为中心合作模式

泰国清迈大学孔子学院在项目合作基础之上，开辟了针对不同平台展开语言职业教育的新道路。开拓并深化了孔子学院与政府、孔子学院与高校、孔子学院与企业的三个平台的合作关系，铺设对公、对教和对企三条线路，开展"中文+职业技术教育"固定或不固定培训项目，将平台稳定性和项目灵活性

---

① 李克强：中国愿意把优质过剩产能转移到东盟国家［EB/OL］．中国政府网．（2015-11-24）［2022-10-11］．http://www.gov.cn/zhengce/2015-11/24/content_5016028.htm．

② 曾云，吴坚．教育援助视域下东南亚"汉语+职业技能"教育的逻辑理路与实践路径［J］．黑龙江高教研究，2022，40（2）：1—6．

③ 中泰合作"中文+电子商务技能"项目培训班闭幕［EB/OL］．人民网．（2022-03-19）［2022-10-21］．https://world.people.com.cn/n1/2022/0319/c1002-32378984.html．

很好地结合起来。[①]

合作能水到渠成，需要驻外孔子学院在当地持续深耕，在相关平台积累深厚的资源，促进长期项目有序健康运行。"顺人脉"是这一合作方式最重要的特点。

## （三）以"基地"为中心运作模式

以云南民族大学为例，2017 年 11 月，云南民族大学成立了澜沧江–湄公河国际职业学院，提出"打造国际化应用型职业教育新品牌、新模式"在中缅、中越、中老边境口岸设立了 8 个培训基地、境外开设 2 个培训基地和 1 个分院，同时在中国（云南）自由贸易试验区设立培训基地。这一合作模式的特点在于"以点带面""连线成片"，将境内、口岸和境外三地连接起来，将人才需求、人才培养、人才输送的链条全部打通，人尽其才、物尽其用。"基地"建设通过巩固的三角框架形式，互为支撑，更能在疫情情况下保持合作，守望相助。

## （四）赛事共建模式

国内高校与澜湄地区高校通过赛事共建模式进行合作的成功范例，当属澜沧江–湄公河流域治理与发展青年创新设计大赛（Youth Innovation Competition on Lancang-Mekong Region's Governance and Development，YICMG）。该赛事由复旦大学和上海市对外文化交流协会等单位共同举办的响应中国外交战略和布局、对接"一带一路"倡议、引领湄公河五国高校和社会机构服务澜湄合作、东盟合作的青年活动项目。6 年来，赛事依托澜湄青年交流，聚焦澜湄流域的普遍需求和特殊问题，发掘青年创新创业项目，共同促进澜湄流域高等教育发展。[②]

YICMG 赛事依托华东的政经文化优势，对澜湄地区高校具有很大的吸引力，其影响半径也主要局限在这两地，没有吸引更多高校积极加入。但这种以赛事为契机，将教育与创新创业及地区治理相结合的方式，为我们加强"中文

---

① 许喻虹. 泰国孔子学院"中文+职业教育"项目实施情况调查研究［D］. 昆明：云南师范大学，2021.

② 澜湄情，青年志！第六届澜沧江–湄公河流域治理与发展青年创新设计大赛开幕［EB/OL］. 复旦大学网站.（2022-08-16）［2022-10-08］. https://www.jfdaily.com/sgh/detail?id=827177.

+职业技能"教育合作提供了新的思路。

## 三、民办高校汉教专业提升澜湄地区职教合作建议

### （一）民办高校澜湄地区合作现状

云南高校与澜湄地区各类学校合作办学历史由来已久，但民办高校总体起步较晚，合作深度和广度比起公办院校仍有差距。从整体办学情况来讲，民办院校的学生培养人数多，毕业生也需要更多的机会学以致用。"中文+职业技能"教育的培养方式，既能解决澜湄地区缺乏汉教专业教师授课的"专业对口"问题，又能解决当地就业及民生问题。但云南民办高校在澜湄地区职业教育合作中总体参与度不高，其汉教专业办学主要存在以下一些问题：

**1. 守成居多，开拓不足**

受疫情影响，云南民办高校国际汉语教育专业的澜湄地区教学课程大多从线下改为线上，但只是简单地转移了教学平台，对教学内容的更新、教学方式的优化、职业元素的导入、教育与项目的结合等方面没能够顺势而为，因时而变。

**2. 单打独斗，没有形成合力**

**（1）跨系部合作不够，缺乏内部合力**

云南公办高校汉教专业善于结合学校本身的特点借力打力。如农业类院校选择了"汉语+农林产品"的方向；有丰富旅游资源的院校走了"汉语+旅游推广"的路子。相较而言，民办高校的汉教专业对于拓宽"中文+"建设路径总体缺乏前瞻性，与学校内部其他专业的相关建设、校企合作、海外项目不太了解，闭门造车，很难发现并开拓语言教育可介入的职业教育市场。

**（2）跨学校合作不够，缺乏外部合力**

从与公办院校合作的情况来看，云南各高校汉语国际教育专业的合作和交流由来已久。以云南师范大学为代表的公办院校对于其他院校的汉教专业建设帮助良多。但云南一地将澜湄地区集中整合，联合各校共同研究"汉语+职教"的机制还未形成。省外高校在这一点已经做了相应的布局。如中山大学已与包括湄公河五国在内的近 40 个国家和地区的逾 200 所院校签署了校际合作协议，设立了专门面向东盟十国包括湄公河五国的"中山大学'一带一路'奖

学金",并组建了校级智库和跨学科科研平台——"一带一路"研究院,加强与东南亚国家,包括湄公河五国之间的科研合作与交流。[①]以院校联盟的方式形成合力,进行澜湄地区"中文+"合作的研究与合作,或可成为云南高校下一步教研合作的方向。

从与其他民办高校合作的情况来看,2018、2019 澜湄合作民办高校校长研讨会举办,商讨与会民办高校缔结澜湄区域民办高校合作联盟。商定定期召开会议、组织开展活动,进一步推进建立澜湄区域民办高校教学、研究等长效合作机制及互动运行平台,共同推进合作办学、师生交换交流、学生海外学习等富有成效的合作项目实施。但由于疫情影响,项目落实度不高,许多合作愿景并没有落地,也缺乏制度性、持续性的项目推进。民办高校参与推进澜湄项目积极性不高,且各个学校办学方向不同,"中文+"之后添加的具体内容也各有侧重,需要对合作机制进一步优化。

### (3)跨行业合作不够,缺乏主动意识

从跨行业合作情况来看,民办高校汉教专业总体较为被动,抱着项目成形落地再适时介入的心态,缺乏提前布局,培育项目的意识。应当加强对云南省整体与澜湄地区合作的信息调查,以澜湄合作机制为锚,多接触行业、跟进国家战略安排。如在澜湄合作专项基金的支持下,中国已先后与柬埔寨、老挝、缅甸、泰国分别签署了两轮项目协议,截至 2019 年 3 月已为百余个中小型项目提供资金支持。[②]这些项目落地之处,有可能成为语言职业教育需求激增的市场,需要我们提前熟悉相关政策、了解当地情况、进行"中文+职业技能"教育前期准备工作。

## (二)民办高校"中文+职业教育"建设思路

### 1. 机制创建

云南高校进行以澜湄地区为重点的"中文+"建设,可以借鉴澜湄合作政府间合作框架的经验。澜湄合作在"领导人引领、全方位覆盖、各部门参与"

---

① 澜湄周 | 深化澜湄合作研讨会在广州召开——让珠江水为澜湄合作注入新活力 [EB/OL].澜湄合作政府网站.[2022-10-08].http://www.lmcchina.org/2022-04/13/content_41939727.htm.

② 李巍,罗仪馥.中国周边外交中的澜湄合作机制分析 [J].现代国际关系,2019(5):17—25.

的架构下，按照政府引导、多方参与、项目为本的模式运作。2017 年陆续成立国内秘书处或协调机构。澜湄地区"中文+职业教育"合作框架也可依此创建。以省教育厅作为政府代表牵头、国家语合中心支持，云南各类高校、企业单位、澜湄地区相关部门积极参与、以"中文+职业教育"项目为本的运作方式。

民办高校积极加入澜湄合作，要借鉴公办院校宝贵经验，也要结合民办高校本身的实际情况。如前文提到的结合项目、依托平台、建立基地三种方式，都需要扎实的前期工作，开疆拓土、持续深耕。疫情期间，单凭民办高校自身能力打通这三条线路，短期内难有大成。而作为高校的一分子，融入澜湄地区中文职业教育的其中一环，协同全局更为实际。为了更好地融入这一体系，把云南高校的区位优势和国家的汉语推广政策相结合，我们要大力加强和国家语合中心的合作。后者在这一方面已经做出了有益的探索。2020 年 12 月，语合中心与泰国教育部职业教育委员会签署《关于开展"中文+职业技能"合作的谅解备忘录》，启动建设全球第一所语言与职业教育学院，"将协同中方职业院校、行业培训评价组织、走出去中资企业等参与学院建设，中泰双方共同在专业师资培养、教学资源开发、考试认证推广、1+X 证书试点、实训基地建设及促进学生就业等方面开展合作，有效衔接中外职业教育办学标准、课程标准、教育标准和技术产业标准，并以此为基础设计课程、组织培训、开展考评。"[①]民办高校积极加入这一体制，能获得更多制度支持和方向引领。为了加强省内各高校在这一机制下的合作，我们可以尝试背靠以云南高校专业评估形成的研讨及合作模式，各个高校各展其长，集思广益，共同创建国家语言推广战略的云南模式。

## 2. 赛事助力

从公办院校海外推广"中文+职业技能"的成功经验中，我们可以借鉴如澜湄地区"铁路""空乘"等语言培训项目以技能培养为本、清迈大学的以行业为纲的思路。在实际操作过程中，寻找什么样的项目、切入什么样的行业，还需要一个契机和抓手，将中文职业教育和澜湄合作连通。复旦大学举办 YICMG 赛事的经验，为我们提供了一个思路：以赛为媒，打开局面。

---

① 教育项目研究组. 构建"中文+职业技能"教育高质量发展新体系［J］. 中国职业技术教育，2021（12）：119—123.

**（1）一般性赛事项目**

云南省政府在《云南省进一步支持大学生创新创业若干措施》的文件中专门提到："推进与南亚东南亚国家大学在创新创业教育和实践领域的交流合作。"同时强调，要"整合各类高水平大学生创新创业赛事，建立健全云南省创新创业大赛与中国国际'互联网+'大学生创新创业大赛、'挑战杯'全国大学生创业计划竞赛等高水平赛事联动机制。"[①] 大赛的理念聚焦创新、协调、绿色、开放、共享五大方向，涵盖科技创新和未来产业、乡村振兴和脱贫攻坚、城市治理和社会服务、生态环保和可持续发展、文化创意和区域合作等五个方面。这些赛事比 YICMG 比赛涉及面更广，吸引的关注更多，牵动的资源更足。云南省民办高校在以往的赛事中成绩不俗，在此赛事中引入澜湄元素，由汉语国际教育专业的同学联合澜湄地区合作院校参赛，全程参与项目设想、规划、调整、成形、落地各环节，将"汉语+职业技能"融入比赛的整个流程，并在项目后续落地过程中，持续跟进"汉语+职业技能"教育合作。

**（2）专业类赛事项目**

除组队参加一般性赛事项目之外，民办高校汉语国际教育专业还可联合澜湄地区高校，秉承"新文科"建设思路，融通本专业和其他文科专业（如广告学专业）参加以创意为底、凭语言添彩的专业类赛事项目：全国大学生广告艺术大赛（大广赛）。这是迄今为止全国规模大、覆盖高等院校广、参与师生人数多、作品水准高的全国性高校文科竞赛。通过与澜湄国家尤其是泰国相关院校合作参加这类赛事，将语言和文创结合在一起，拓宽"中文+职业教育"的职业内涵，打破以往澜湄教育合作的单向思路，吸收澜湄地区职业教育值得我们学习的长处。如泰国广告行业通过发挥泰式幽默、平民化和巧妙融合抒情性和故事化的强项，在业界被公认为拥有高水平广告创意的国家，[②] 是我们学习的榜样。立足国际汉教语言教育的专业背景、加上文科专业的语言功底、辅以传播学的相关知识，通过联合泰国广告专业联合参赛，我们的学生得到向海外一流选手学习的机会，拓展了专业半径，也锻炼了外方选手的中文水平，增强了大广赛的国际影响力。这样有来有往、互利互惠，合作多赢，才能打造长期

---

① 云南省人民政府办公厅关于印发云南省进一步支持大学生创新创业若干措施的通知［EB/OL］.云南省人民政府办公厅网站.（2022-03-30）［2022-10-26］. http://www.yn.gov.cn/zwgk/zcwj/yzfb/202203/t20220330_239897.html.

② 郑晓君.泰国广告业异军突起的原因［J］.新闻实践，2012（2）：73—74.

可持续的建设性伙伴关系。

## 四、结语

"一带一路"同气连枝，澜湄合作依水相亲。水既是水域，又是道路，是实现澜湄合作的"硬联通""软联通""心联通"的基础。[①]"中文+职业技能"教育正是为了服务这三联通，应运而生。云南民办高校办学方式灵活、注重职业能力培养，非常契合"中文+职业教育"的办学精神；每年培养的毕业生人数较公办院校更多，更能解决澜湄地区缺乏专业对口汉语教学人才的问题，理应更加积极加入到澜湄合作的事业当中来。通过以制度创建为基础、以对口赛事为抓手，云南民办高校汉教专业可以更好地融入澜湄合作框架，逐步优化"中文+职业技能"教育体系。

---

① 澜湄合作：打造区域合作的"金色样板"［EB/OL］. 中国贸易新闻网 .（2022-07-12）［2022-10-27］. https://www.chinatradenews.com.cn/content/202207/12/c147717.html .

# 面向南亚东南亚辐射中心建设视域下的"中文+职业技能"人才需求调查①

彭建玲　钱仕盈　陈春丽　杨　春（昆明理工大学国际学院）②

【摘　要】随着云南面向南亚东南亚辐射中心建设的进一步深入，云南在经贸、服务和制造业等领域与周边国家的合作也不断增多，相关职业领域的技能型人才的需求也进一步加大。虽然近年来云南许多周边国家的孔子学院已相继开发了"汉语+高铁""汉语+空乘"等职业技能培训班，解决了部分订单式的需求，但仍未能解决更多领域和更大范围的需求。为更深入地了解南亚东南亚国家对"中文+职业技能"的需求程度，本研究选取了昆明理工大学留学生和曾参加昆明"南亚东南亚国家大学生文化体育昆明交流周活动暨澜沧江—湄公河大学生友好运动会"的部分学生及带队老师进行问卷调查，同时对云南驻南亚东南亚国家部分企业的高层管理人员以及相关院校的从事该领域工作人员进行访谈，旨在深入了解南亚东南亚国家对"中文+职业技能"人才各领域的需求现状，并提出相关的建议。

【关键词】中文+职业技能；南亚东南亚；辐射中心；需求

## A Research on Demand of "Chinese + Vocational Skills" from the Perspective of South Asia and Southeast Asia Radiation Center Construction

**Abstract:** With the further deepening of The construction of Yunnan as a radiation center to South And Southeast Asia, the cooperation between Yunnan and

① 基金项目：昆明理工大学国际学院学科团队建设项目；昆明理工大学 2019 年度"中华才艺"慕课建设项目。

② 作者简介：彭建玲，昆明理工大学国际学院教授，硕士生导师。钱仕盈，昆明理工大学国际学院讲师，学工办主任。陈春丽、杨春，昆明理工大学国际学院 2020 级汉语国际教育硕士研究生，昆明理工大学老挝苏发努冯大学孔子学院志愿者，目前在老挝孔院承担教学工作。

neighboring countries in the fields of economy and trade, service and engineering construction is also increasing, The demand for skilled talents in related professional fields is also further increasing. In recent years, the Confucius institute in many Yunnan's neighboring countries has developed Vocational skills training courses like "Chinese + high speed rail" and "Chinese + flight attendant" which have solved the partial ordering of the demand, but have failed to help resolve the more and more wide range of requirements. To further understand the south Asian association of southeast Asian nations' demand for "Chinese + professional skills", this study selected some international students in Kunming University of Science and Technology and students and teachers who participated in the "Kunming Exchange Week of Culture and Sports for College Students from South and Southeast Asian Countries and Lancang-Mekong River Friendship Games for College Students" in Kunming before the epidemic and conducted a questionnaire survey, At the same time, we interviewed senior managers of some enterprises in South and Southeast Asian countries from Yunnan. It aimed to have an in-depth understanding of the demand for "Chinese + vocational skills" talents in various fields in South and Southeast Asian countries and put forward relevant suggestions.

**Keywords:** Chinese + vocational skills; South Asia Southeast Asia; Radiation Center to South and Southeast Asia; Demand

## 一、引言

随着"一带一路"的推进，国际中文教育与职业教育"走出去"融合发展已势在必行，教育部等九部门联合颁布的《职业教育提质培优行动计划（2020—2023 年）》（以下简称《行动计划》），是指导推进全国职业教育高质量发展的纲领性文件，在开展职教国际交流合作育人方面，文件指出：推进"中文+职业技能"项目，助力中国职业教育走出去，提升国际影响力。促进中国与沿线国家的合作与交流，贡献中国经验与中国智慧，展示当代中国的良好形象。孙春兰副总理于 2019 年 12 月在国际中文教育大会指出："要在语言教学中融入适应合作需求的特色课程，积极推进'中文+职业技能'项目，帮助更多的人掌握技能、学习中文。"2020 年 6 月，教育部等八部门正式印发《关于加快和扩大新时代教育对外开放的意见》指出，教育对外开放是教育现代化的鲜明特征和重要推动力，要坚持教育对外开放不动摇，主动加强同世界各国的互鉴、互容、互通，形成更全方位、更宽领域、更多层次、更加主动的教育对外开放局面。国际中文教育和职业教育是我国教育领域对外开放的重要内容。因此，加快推进国际中文教育和职业教育"走出去"融合发展，实施"中文+职业技能"教育，是我国教育对外开放的重要任务，也是提升我国教育国际影响力、打造教育国际品牌的重要实践。

## 二、云南实施"中文+职业技能"教育的背景和动因

### （一）国家层面

2019 年习近平总书记在第二届"一带一路"国际合作高峰论坛开幕式上的主旨演讲中提到要积极架设不同文明互学互鉴的桥梁，深入开展教育、科学、文化、体育、旅游、卫生、考古等各领域人文合作，形成多元互动的人文交流格局。中国将采取一系列重大改革开放举措，加强制度性结构性安排，促进更高水平对外开放。国家"十四五"规划"实施高水平对外开放，开拓合作共赢新局面"中提到要"坚持实施更大范围、更宽领域、更深层次对外开放，依托我国超大规模市场优势，促进国际合作，实施互利共赢，推动共建'一带一路'行稳致远，推动构建人类命运共同体"。中共中央办公厅、国务院办公厅印发的《关于做好新时期教育对外开放工作的若干意见》提出，要大力提升教育对外开放治理水平。一是完善教育对外开放布局。加强与大国、周边国家、发展中国家、多边组织的务实合作，充分发挥教育在"一带一路"建设中的重要作用，形成重点推进、合作共赢的教育对外开放局面。紧密对接《中国制造 2025》，开发与国际先进标准相对接的职业教育课程体系，积极参与制定职业教育国际标准，因此，"一带一路"的行稳致远需要职业教育的参与。

### （二）云南层面

习近平总书记 2015 年 1 月 19 日至 21 日在云南考察时指出："把云南建设成为我国面向南亚东南亚辐射中心"，这是习近平总书记考察云南时提出的重大战略构想，可以看出建设我国面向南亚东南亚辐射中心，是以习近平同志为核心的党中央赋予云南的历史使命和政治责任，也是云南省推动高质量跨越式发展的重大机遇和重要平台，是加快形成我国全方位对外开放新格局、深入推进"一带一路"建设的重大战略举措，也是党中央国务院赋予云南的重大战略任务。

在"十三五"期间，随着云南面向南亚东南亚辐射中心建设和"一带一路"倡议的实施，云南在经贸、能源、交通、通信、基础设施建设等领域均有一些大项目落地，取得了丰硕的成果。在航空交通方面，云南开通了到仰光、曼德勒、达卡、加尔各达等地的航线，昆明长水国际机场已成为中国面向东南亚、南亚和连接欧亚的国家门户枢纽机场。在陆路交通方面，全方位开放交通建设领域，打通出境出省动脉，形成了连接周边国家的高等级公路网。在基础设施建设方面，南方电网云南国际公司通过输电线路，与越南、缅甸、老挝电网互联，加快推进与周边国家高等级电力等互联互通通道建设，全力推进与周边国家的电力互联项目。

云南"十四五"规划《云南省国民经济和社会发展第十四个五年规划和2035 年远景目标纲要》提出开创面向南亚东南亚辐射中心建设新局面，加快推进与周边国家互联互通，高质量构建开放合作新平台。《云南第十四个五年规划和二〇三五年远景目标的建议》也指出，云南将坚持内外统筹、双向开放，把深度融入新发展格局同融入"一带一路"建设和长江经济带发展等国家重大发展战略有机衔接起来，坚持实施更大范围、更宽领域、更深层次开放，构筑对外开放新高地。2021 年 12 月 3 日中老昆万铁路（简称"中老铁路"）的全线通车运营标志着云南在基础设施建设方面又向东南亚迈进了一大步。因此，无论是从国家层面或是云南层面，无论是"一带一路"的推进或是云南面向南亚东南亚辐射中心的建设，都向我们提出了一个关键性的问题，那就是"人才"的问题。

## （三）职业技能人才稀缺

语言交流是新形势下有效开展国际合作不可或缺的重要基础和载体。在我国企业加快"走出去"的过程中，由于缺少语言支持，海外市场面临懂中文的复合型技能人才和管理人才缺乏的窘境。2019 年 11 月全国工商联"一带一路"建设推进会暨国际合作工作会议上发布的《"一带一路"沿线中国民营企业现状调查研究报告》结果显示，人才瓶颈已成为制约"一带一路"沿线中资企业发展不可忽视的短板，造成该短板出现的一个重要原因是当地员工中文水平的沟通能力不过关。笔者曾到访云南大学孟加拉南北大学孔院，近年来由于云南赴南亚地区的中资企业较多，"中文+职业技能"需求量较大，该孔院除完成正常的孔院学生的教学任务外，周末还承担帮助当地中资企业培养熟悉中文的当地员工的任务，每年培训人数达 2000 余人次。近年来，云南许多周边国家如泰国、老挝、马来西亚、尼泊尔等地的孔子学院已相继开发了"汉语+高铁""汉语+空乘""汉语+金贸""汉语+旅游""汉语+汽修"等职业技能培训班，解决了部分订单式的需求，但各国"汉语+职业技能"人才培训的需求量仍然很大。

## 三、实施"中文+职业技能"教育的必要性

### （一）是贯彻国家职业教育大政方针的必然要求

职业教育国际化，作为现代职业教育的重要方面，越来越受到国家和各级政府的重视。国家的顶层设计层面已出台了很多相关的支持政策，《高等职业教育创新发展行动计划（2015—2018 年）》提出，配合国家"一带一路"倡议，助力优质产能走出去，扩大与"一带一路"沿线国家的职业教育合作，希望能够建立与中国企业和产品"走出去"相配套的职业教育发展模式；《现代职业教育体系建设规划（2014—2020 年）》鼓励骨干职业院校走出去，服务国家对外开放战略，培育一批具有国际竞争力的职业院校。《职业教育提质培优行动计划（2020—2023 年）》明确提出"推进'中文+职业技能'项目，助力中国职业教育走出去，提升国际影响力"。孙春兰副总理于 2019 年 12 月在国际中文教育大会指出"要在语言教学中融入适应合作需求的特色课程，积极推进'中文+职业技能'项目，帮助更多的人掌握技能、学习中文"。这些教育决策均为高职教育国际化发展提供了行动指南。

### （二）是保持与邻国经济文化交流的重要通道

由于独特的地理位置优势，云南与周边国家的交流和往来历史悠久。其中，东盟和南亚是云南最为重要的贸易伙伴。在经济合作方面，东盟国家是云南重要的海外承包工程市场和劳务合作市场，双方在基础设施建设、农业、加工业、制造业、服务业等诸多领域开展了广泛合作。云南接待的海外游客中，一半以上来自东盟国家，东盟已成为云南省最主要的游客来源地之一。印度也是世界上仅次于中国人口第二多的国家，其经济总量位居世界前十，经济增长迅速，全球影响力不断抬升。东盟十国经济总量和印度相当，越南等经济规模也迅速提升。经济的快速发展和对外交流的持续稳定，既对职业教育的国际化发展提出了要求，又为职业教育的国际化发展提供必要的支持和平台，使云南职业教育的国际化发展成为云南的必然趋势。

### （三）是深化辐射中心建设和推动云南产业发展的重要因素

经济基础决定上层建筑，在经济全球化的基础之上，教育也面临着国际化的命题。在教育体系中，职业教育又是作为技术性人才的培养主体，能够最直接地提升劳动力素质，因此职业教育的国际化又是整个教育国际化中很重要的部分。发展云南的职业教育国际化，并以国际化为推手，带动整个职业教育水平，将对云南的产业发展产生不可估量的推动作用。实施"中文+职业技能"教育可以促进产业结构调整，服务辐射中心建设，为中国制造提供人力资源支持。

云南是"一带一路"倡议的关键节点，是湄公河次区域经济合作新高地，也是面向南亚、东南亚的辐射中心，服务辐射中心建设是云南职业教育的基本原则。辐射中心建设目前还有相当的缺口，不仅缺少懂外语，又比较熟悉当地法律和项目管理的技术技能人才，更缺少工长一类的生产一线指挥人才以及能够承担对当地员工进行培训和指导的工程技术人才，迫切需要与职业院校建立起紧密的合作关系，共同培养实施辐射中心建设所需要的市场人才。

因此，实施"中文+职业技能"教育在新时代有着极其重要的意义，它是我国教育对外开放理念的重要实践；是提升我国职业教育全球适应性的客观需要；是推动国际中文教育和职业教育融合发展的重要举措；是促进中外民心相通的重要推动力（马箭飞，2021）。

## 四、研究现状

我国职业教育国际化的发展可以追溯到 20 世纪初，北京大学和清华大学掀起学习西方高等教育热潮，从而促进了高等院校的国际交流，到改革开放后，国家提出"教育要面向现代化，面向世界，面向未来"，高等教育国际化带动了职业教育国际化。以中文应用型人才职业技能为主题的研究在 21 世纪初开始出现。同时，在全球化背景下，中国企业不断加大海外投资，扩大国际经营。随着"一带一路"倡议的提出和推进，以及中国企业"走出去"日益加快的步伐，人才短缺的问题也逐渐突出，成为制约其发展的重要因素。对此，国家高度重视，2018 年第十三届孔子学院大会为了满足"一带一路"所在国中资企业的需求，提出了"汉语+"的概念，并且要求各个地区和国家的孔子学院开设特色中文课程。以此为开端，开始了汉语学习与专业技能和职业教育相连接的研究，详见图 1、图 2。2019 年，"国际中文教育大会"也专门设立了"中文+职业技能"专题论坛，提出了中文一定要和就业与创业联系起来，使中文教学更好地服务经济社会发展。有关该调查的学术研究便相继开始，因为开始时间较短，所以相关研究的成果并不丰硕，但也有了一定的积累。通过中国知网平台搜索主题为"中文+职业教育"的期刊文章，共计 41 篇，笔者将以此为主题的研究分为高职院校实施情况与策略和"中文+职业技能"自身发展来论述。

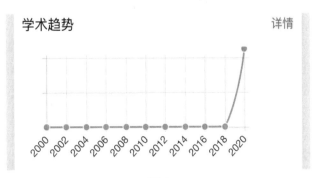

图 1

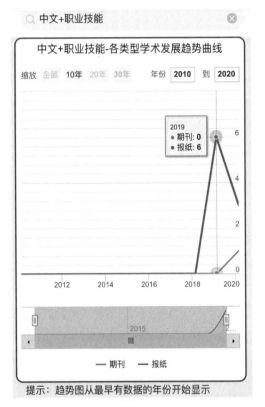

图 2

## （一）高职院校实施策略

刘必旺、谈颖（2022）从高职院校境外办学面临的挑战和意义出发提出了高职院校"中文+职业技能"境外办学的路径探析，提出多所高职院校共建协同平台，根据境外企业需求和各个院校的特长和教学资源来开发符合经济社会发展需要的"中文+职业技能"具体实施模式，打造"线上线下"教学资源体系和"双师双语"师资团队。温秋敏（2021）从区域全面经济伙伴关系协定（RCEP）的签署出发，探讨了我国在泰国职业院校应提供怎样的汉语服务和人才支持，以促进国际人才流动和贸易往来。基于泰国"中文+职业技能"的实际需求，温秋敏提出应进行交际需求处理器（CSP）课程改革，培养既具备专业职场技能和汉语表达能力的复合型人才。

## （二）"中文+职业技能"自身发展

李炜（2021）以职业教育"走出去"为背景，研究"中文+职业技能"教材——《工业汉语·启航篇》，文章指出此教材的特点是"基于业务知识的汉语教学"，实用性强并且紧扣业务场景，特别设计入门准备板块，缩短学习者初期语言基础的时间，为"中文+职业技能"教材的研发做出有益的探索。尤咏（2021）以跨文化为背景，探讨了"中文+职业技能"国际推广基地的发展策略，文章指出应积极推行"1+X"证书体系，建立教学标准，打造本土人力资源管理体系，建设高水平培训基地并培训海外本土教师，建设线上学习平台和实习就业基地。耿虎、马晨（2021）指出在"一带一路"和孔子学院可持续发展的基础上，"中文+职业教育"的推进应该重视"中文+教育/翻译"人才的培养、推进"中文+职业技能"培训、落实"中文+实习/就业"保障和教育市场化。

赵丽霞、黄路路和刘建国（2021）以"中文+职业技能"为目标导向研究了汉语能力等级体系的构建。针对《国际汉语能力标准》存在的不足，作者指出应以"培养通汉语、精技能的海外本土人才为目标，建立描述语指标库，构建汉语能力等级标准框架体系。赵丹、陈曼倩、赵丽霞（2021）探讨了"中文+职业技能"目标导向下机电类领域职业汉语水平等级标准，指出以"4+5（'4'指言语交际能力、言语产出能力、话题任务内容、语言量化指标；'5'指听、说、读、写、译五项基本语言技能）""中文+职业"的新模式构建机电类领域职业汉语水平等级描述。

综上所述，尽管"中文+职业技能"的相关研究起步较晚，但在国家大政策方针和"一带一路"走出去企业需求的背景下，相关研究越来越受到学界的关注，也越来越呈上升的趋势。

## 五、本研究的路径

### （一）问卷调查

为调研云南省周边国家对教育国际化以及"中文+职业技能"本国对相关专业技术人才的需求，本课题组对昆明理工大学留学生以及曾到昆明理工大学参加"南亚东南亚国家大学生文化体育昆明交流周活动"暨"澜沧江–湄公河大学生友好运动会"的部分学生和带队老师进行了问卷调查，调研对象涉及泰国、越南、老挝、缅甸、柬埔寨、印度、孟加拉国、巴基斯坦、新加坡、马来西亚、马里、乌克兰、苏丹、塔吉克斯坦等 14 个国家的 130 名学生及少部分老师。课题组共发放问卷 130 份，收回问卷 130 份，其中空白卷 4 份，有效问卷 126 份，有效率 96.9%，详见下图 3。

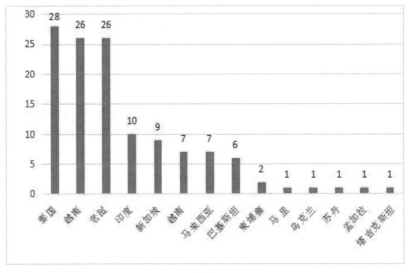

图 3

调研对象所学专业覆盖工商管理、经济、建筑、地质、医学等二十几个专业，详见下图 4。

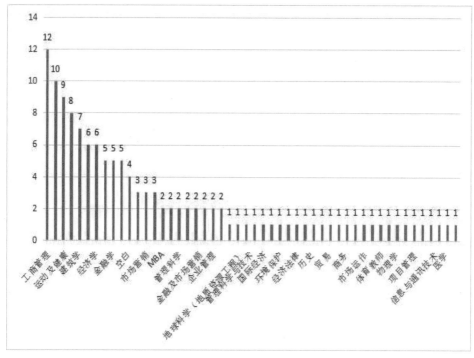

图 4

## （二）调研访谈

本课题组的访谈对象就是来自以下三方面：（1）云南驻南亚东南亚国家部分企业的高层管理人员；（2）原昆明理工大学老挝孔院中方院长；（3）云南西双版纳职业技术学院主管教学副校长、国际交流学院院长及对外交流合作处的相关领导及教师。

## 六、调查结果

### （一）问卷调查结果

调研发现多数到昆明理工大学留学的南亚东南亚学生选择工商管理、经济学、金融学、市场营销、建筑学的偏多。学习地质学科的主要是巴基斯坦的学生。在回答问题 5 "你所学专业是否与未来职业规划对口？" 99 名调研对象选的都是 A 完全吻合或是 B 比较相关，占 78.6%，27 名学生选择的是 C 毫无关系，占比 21.4%。

在对留学生本国所需专业的调查中多数南亚东南亚学生认为，自己国家

"中文+金融、教育、经济、医学、市场营销"等学科和技能人才需求量比较大，其他也涉及到医学语言学等一些学科，详见下图 5。在回答问卷问题 7 "您的国家的热门职业/紧缺人才？"多数越南学生选择的是 A 医疗类、C 建筑类、D 社会工作类和 E 金融类；印度学生选择 B 教育类 F 电子行业类的偏多；泰国学生选择 D 社会工作类和 E 金融类的偏多；老挝学生选择 A 医疗类、B 教育类和 C 建筑类的偏多。

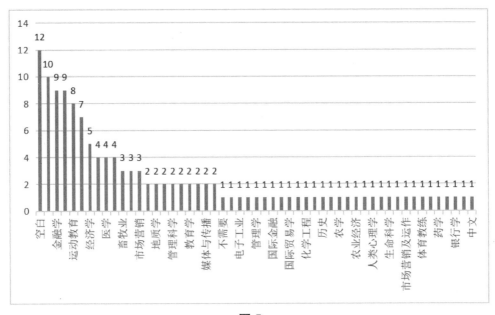

图 5

## (二) 访谈结果

在与云南驻南亚东南亚国家部分企业的高层管理人员访谈中得知，多数国企缺乏驻海外企业的中国大学毕业的小语种人才，而在国外无论是洽谈业务还是开展工作，同样难寻既懂中文又精通相关业务的当地本土人才，即"中文+职业技能"的相关人才。同时，住国外的这些中资企业在招聘当地员工的条件中，也特别强调需要懂中文的相关职业技术人才。

从与原昆明理工大学老挝孔院中方院长（2018—2021）的访谈中得知，自昆明理工大学在老挝苏发努冯大学成立孔院以来，受老挝军工厂的委托，一直为老挝军工厂培训机械工程人才，由于难以找到相关的师资，因此昆明理工大学从本校机电学院派出一名专业教师从 2019 年到 2021 年赴老挝苏发努冯大学孔院为该项目服务。另外，受老挝电建的委托，苏发努冯大学孔院还与云南电建和老电建合作，签署了为老挝培养电网人才的协议。

调研访谈和问卷发现，云南周边国家对中国教育国际化非常渴求，相关专业和专业技术人才的需求量都很大。

本项目组曾亲自赴云南景洪西双版纳职业技术学院进行过调研，昆明理工大学曾与该校合作，为老挝定向培养"中文+护士"的专业技术人才。该校具有区域国际化的地缘优势，其国际化办学理念是"立足西双版纳，面向东南亚，辐射省内外"。该校的国际化教育非常有特色，一直负责"中老缅泰湄公河联合执法"老缅泰执法人员的汉语培训工作。"中老缅泰湄公河联合执法"是湄公河"10·5"中国货船遇袭事件发生后，按照中央决策部署，公安部和国家有关部委、云南省等共同努力下，根据中老缅泰四国联合声明，在四国安全合作机制框架下于 2011 年 12 月 9 日筹备组建的第一支承担国际河流联合、共同开展湄公河联合巡逻执法、以确保湄公河航运安全、共同防范、打击和制止湄公河流域违法犯罪、共同应对突发事件、维护航运安全的队伍。该机构每年选派 15 人左右的老缅泰执法人员到该校进行汉语培训。调研发现，尽管如此重要的培训已成为该校常态，由于该校汉语师资十分紧缺，培训期间每位老师每周上课均是 16 节以上，有时甚至每周 20 多节，从早上到晚，很难保证教学的质量，访谈中任课教师提到，他们急需一本合适的教材，但因上课的强度和教师本身的水平，自己很难编出一本合适的教材。由于西双版纳职业技术学院是属于地州管辖的大学，当地政府在资金投入、师资配备等方面都有一定的局限性。

在中文已经作为"中老缅泰湄公河联合执法"四国通用语言的今天，此类培训不仅关乎国家的边境安全、区域和平，更关乎东南亚国家命运共同体的构建，这不仅仅是某个学校的使命，更是云南省和国家的使命。

## 七、研究启示与结论

### （一）有关师资培养方面的思考

以新需求创新人才培养理念。首先，新时代国际中文教育的人才（师资）的培养应该更注重区域性特征，向灵活性、开放性方向发展。各地方院校的人才培养模式应追求个性化、本土化、特色化，以适应区域经济不断发展的需要，为解决"走出去"中国企业提供所在国需要的本土技术技能型人才师资。其次，应加快学科专业交叉融合的汉语国际教育人才培养：由过去单一的语言生向"中文+"复合型人才转变。再者，与走出去企业进行校企业合作，"通过转型发展实现海外市场'需求侧'与国际中文教育人才培养'供给侧'的有效对接，为促进各国共同发展提供人才智力支持"（李宝贵、刘家宁，2021）。另外，还需关注来华留学生群体，注重培养这一群体的职业规划意识，促进来华留学生向"中文+职业技能"本土化师资的转化。

### （二）有关教学资源开发的思考

借助澜湄中文教育共同体平台，统筹研发适应本土的"中文+职业技能"教材和课程资源，例如，目前国家开放大学出版社已开发了一套"中文+职业技能"系列教材，其中涉及到《工业汉语—电气自动化技术（基础篇）》《工业汉语—工业传动与控制技术（基础篇）》《工业汉语—机电一体化技术（基础篇）》《工业汉语—机械加工技术（基础篇）》《工业汉语—焊机技术及自动化（基础篇）》等，为我们提供了良好的示范。

同时，也可以借助"校校（普通高校与职业院校）合作"和"产教融合""校企合作"等平台，共同研发"中文+职业技能"校本教材和课程资源，同时，加快数字化"中文+职业技能"教材和课程资源的开发和利用。

### （三）有关教学方面的思考

在教学方面，应该考虑由单一中文语言教学向多元化"中文+"教学转变以及线上与线下混合式"中文+职业技能"教学，构建智能化的中文教学环境，推出在线"中文+职业技能"教学课堂，实现智慧化教学。构建立体化交互模式，充分利用智能手机、平板电脑、云服务平台等智能终端的无缝对接，增进师生全时空、无障碍的交流互动，实现教学模式的变革，促进学习效率的提升。

总之，面向南亚东南亚辐射中心建设视域下的云南国际汉语教育在新的历史背景下，应把握好机遇，应时代之需，利用好云南与南亚东南亚接壤的地缘优势，并且有效借助澜湄中文教育共同体平台，为"一带一路"走出去企业服务，更好地传播中国声音，培养出更多的倾听中国声音，领悟中国文化，熟悉中国标准的"中文+职业技能"人才。

# 参考文献

［1］教育部等九部门关于印发《职业教育提质培优行动计划》（2020—2023 年）的通知［EB/OL］.（2020-09-30）［2021-07-24］. http://www.moe.gov.cn/jyb_xw_zt24n/2020_zt24/mtbd/202009/t20200930_492576.html.

［2］孙春兰出席国际中文教育大会并发表主旨演讲［EB/OL］.（2019-12-09）. http://www.gov.cn/guowuyuan/2019-12/09/content_5459817.html.

［3］中华人民共和国国民经济和社会发展第十四个五年规划和 2035 年远景目标纲要［EB/OL］.（2021-03-13）［2021-07-06］. http://www.xinhuanet.com/politics/2-211h/2021-03/13/c_1127205564_5.htm.

［4］耿虎，马晨."一带一路""中文+"教育发展探析［J］. 闽南师范大学学报（哲学社会科学版），2021（1）：117—124.

［5］李宝贵，刘家宁. 新时代国际中文教育的转型向度、现实挑战及因应对策［J］. 世界汉语教学，2021（1）：7.

［6］李炜. 职业教育"走出去"背景下的"中文+职业技能"教材探索：《工业汉语·启航篇》的研发［J］. 国际汉语，2021（0）：130—135，144.

［7］刘必旺，谈颖. 高职院校"中文+职业技能"境外办学实施路径研究［J］. 职业技术，2022，21（2）：1—5.

［8］马箭飞. 构建"中文+职业技能"教育高质量发展新体系［J］. 中国职业技术教育，2021（12）：120.

［9］温秋敏. 基于泰国"中文+职业技术"需求的应对策略研究［J］. 教育观察，2021，10（42）：66—68.

［10］尤咏. 跨文化背景下"中文+职业技能"国际推广基地的发展策略研究［J］. 职业技术教育，2021（32）：77—80.

［11］赵丹，陈曼倩，赵丽霞. 机电类领域职业汉语水平等级标准探讨［J］. 造纸装备及材料，2021（11）：163—165.

［12］赵丽霞，黄路路，刘建国. 汉语能力等级标准框架体系构建研究：基于"中文+职业技能"目标导向［J］. 现代交际，2021（24）：69—71.

# 新时代国际中文教育师资培养的路径探索

范金梅（昆明文理学院人文学院）

**【摘　要】**为增强中华文明传播影响力，讲好中国故事，推动中华文化更好走向世界。根据新时代国际中文教育师资培养存在的问题，即当前国际中文教师流动性强、师资水平参差不齐、培训进修机会少和师资派出畅达度低，提出应大力培育新型本土教师、建立多渠道培养模式、完善教师考核评价激励机制和数字技术应用能力等路径。

**【关键词】**新时代；国际中文教育；师资培养；问题；路径

## 引言

2022 年 8 月 26 日，世界汉语教学学会发布《国际中文教师专业能力标准》（T/ISCLT 001-2022）（以下简称《标准》)，该《标准》以国际中文教师胜任力模型为基础，共设 5 个一级指标（专业理念、专业知识、专业技能、专业实践和专业发展）和 16 个二级指标，将国际中文教师应具备的知识、技能、态度以及专业发展等能力划分为初级、中级、高级三个水平，《标准》制定的主要目的是对国际中文教师专业能力认定与评估、国际中文教育培训等提供依据和规范，更为国际中文教师专业发展、职业生涯规划提供依据，还可为中外各类学校、教育机构和企事业单位、不同层次的国际中文教育、"中文+职业"和"职业+中文"人才培养、课程设置、教育实践、招聘选拔等提供参考。

汉语国际教育的核心问题是"三教"，即教师、教材和教学法。"三教"问题的核心是教师。[1]本文拟从高质量培养的必要性和当前师资培养存在的问题入手，着力探索新时代国际中文师资培养路径。

## 一、新时代国际中文教育师资高质量培养的必要性

"三教"中，教材是基础，教法是途径，教师是根本。教师被认为是国际

中文教育中"三教"问题的关键所在，是国际中文教育事业的基础保障。在全球化的大背景下，教师身份已不再是之前单一、简单、固定的传授者，而更多地呈现出作为多元、复杂、动态的引导者的特征。[2] 国际中文教师作为特殊的教师群体，不仅是语言文化传播使者，更是促进国际理解和增进民族情感的纽带。

## （一）需求持续升温

随着中国实力进一步增强，全球"中国热""中文热"持续升温。中国改革开放四十年来的伟大脱贫实践和习近平生态文明思想为世界有关国家和地区的脱贫工作、生态环境治理工作提供了中国方案，贡献了中国智慧和力量。中国作为汉语母语国有责任和义务帮助一切有汉语需求的国家和地区学习汉语，帮助他们减贫脱贫、共同构建人类命运共同体。截至 2020 年 10 月 29 日，全球已有 162 个国家（地区）设立了 541 所孔子学院和 1170 个孔子课堂。[3]

自 2004 年第一所孔子学院设立以来，高涨的学习热情促使孔子学院和课堂在全球各地生根发芽，下图为 2004 年至 2020 年孔子学院（课堂）数量情况，数据来源王立（2022）[4]。

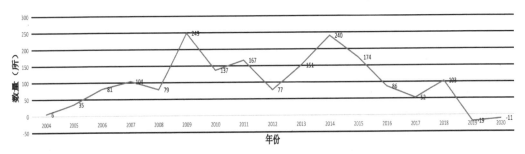

图 1　孔子学院（课堂）年度增长趋势

由于中美关系及美国对中国外交政策影响，2019 和 2020 年美国孔子学院（课堂）减少，但全球汉语学习者学习势头仍然强劲，这充分说明语言学习是民间行为，更体现出世界各国的中文教育正进入升级转型关键期，由原先注重量的发展正逐步过渡到质的提升。

## （二）不同层次人才培养需求

中国"一带一路"倡议推动沿线国家和地区全方位合作，促进了沿线国家经济发展和人文交流，中文赋能提升了职业的附加值，"中文+职业"在海外已然受到民众的追捧和喜爱。很多国家也已将中文纳入其国民教育体系，不同国家、不同层次、不同需求学习者对师资要求各不相同且对教师要求越来越高。

教学水平和研究水平的高低，归根到底是由教师的水平所决定的。[5]教师是最重要的教学资源，它可以弥补教材之不足，是可塑性最强的教学资源。国际中文教育应根据国家、层次和需求的特点与实际，制定最优教育模式，为"一带一路"建设提供全方位的语言服务和跨文化交际人才支撑。

## 二、当前国际中文教育师资培养存在的问题

"师者，传道授业解惑也"，国际中文教师担负起国际中文教育事业的重任，其重要性不言而喻，但国际中文教师在培养方面却存在一些亟须解决的问题。

### （一）教师流动性强

当前公派教师服务年限一般为 2 年，志愿者为 1 年。1 到 2 年的时间对赴任老师来说基本刚适应某个教学点教学工作，任期就到了。任期结束，老师大多选择回国，长期留在同一个教学点工作属实不多，出现这种情况主要有以下原因。一是赴任教学点基本为海外，长期在岗执教从情感因素来说不切实际；二是国内工作稳定、生活条件优渥，去海外教学就是一种短暂人生体验；三是即使有教师愿意长期在海外执教，但能否长期留在心仪的国家和地区教学没有可靠的保障，一旦错过择业黄金期，回国重新择业将面临诸多问题；四是教师群体中已婚教师拖家带口去海外教学不现实，未婚教师又面临择偶、结婚、生子、育儿等人生重要任务。

教师流动性强造成教学衔接缺乏，很难在教材、教学内容上保持一致性。频繁更换教师，师生之间难以建立持久联系，因教师个人魅力形成的中文学习热情需要重新点燃。

### （二）师资水平不齐

赴任的志愿者教师很多为硕士研究生，他们缺乏工作经验，师资水平参差不齐。赴任的公派教师既有中小学教师也有高职院校教师，虽然有一定的教学

历练，但是分赴海外各教学点，大多存在一定时期的不适应。这种不适应不仅有文化上的不适应，更有国外教授学生对象和自己国内教授对象层次差异较大上的不适应，如国内高校教师去海外教授幼儿汉语，其教学和管理方式就让高校老师一筹莫展。

当然硕士博士成为师资主要力量无可厚非，但国内硕博去海外教低龄学生，一定程度上造成高能低效。国内本科院校培养的众多汉语国际教育专业的本科生因各种原因无缘海外教学，造成人才培养极大浪费。

## （三）后续培训针对性不强

外派教师岗前培训内容充实且实用性强，从人身安全到中华才艺都进行了培训，但是这种短时间的集中培训对外派教师来说却远远不够。赴任国家不同、学校性质不同、学生层次不同及汉语在赴任国的地位直接影响教学质量，即使同一个国家这些因素也会影响教师教学。

"国际中文教师证书"有效期为五年，五年内持证教师需要完成相应的继续教育课程重新进行注册。继续教育分线上和线下，但整体进修培训内容缺乏国别性考虑。建议可以给予持有"国际中文教师证书"的老师针对性培训，并将这部分老师作为未来外派的中坚力量，给予一定的上升通道，以便保证这部分师资的稳定性。

## （四）师资派出问题

2019 年年末，新冠肺炎席卷全球，它不仅改变了国与国深层关系，也给全球汉语教学带来了史无前例的挑战。海外各国疫情一度失控，师生线下面对面教学变得异常艰难，正常教学活动无法开展，教师外派受到极大影响。

当前公派教师的选拔主要面向"具有 2 学年及以上教龄的国内大、中、小学校及相关教育机构教师"，年龄要求"一般在 25—55 周岁"，而在目前国内大中小学教师编制趋严趋紧的大背景下，各单位的人事定编定人定岗已成常态，孔子学院教师的选派与现有体制存在冲突，客观上形成了孔子学院师资派出的困难（徐丽华、包亮，2019[6]）。

此外，随着海外汉语需求的多样化，外派师资考核更加严格，选拔到最终是否能够派出中间存在许多不确定因素，时间成本较高。原先回国的汉语志愿者教师和公派教师虽然拥有丰富的经验，但是选择继续赴任或续任的比例不高，一定程度上造成了资源浪费。当前外派教师待遇执行标准是《〈国家公派出国教师生活待遇管理规定〉的通知》（财教〔2011〕194 号），这份待遇执行标准制定时间较早，和当今中国社会收入差距较大，而同等职称国内工资正在稳步提升，外派待遇不再具有竞争力。

## 三、国际中文师资培养的路径

发现问题，解决问题是我们的一贯做法。根据国际中文师资培养中出现的问题，相关机构是否可以尝试以下一些做法，以便国际中文教育事业真正实现"功在当代，利在千秋"，为人类命运共同体构建发挥基础性作用。

### （一）大力培育新型本土教师

赵杨在 2019 年孔子学院奖学金论坛上发表的《海外汉语师资培养中的输血与造血》一文指出："外派教师和志愿者只能是一定时期内的临时做法，不可持续。有两个操作层面的原因，一是外派教师难度增加，特别是一线城市和重点院校；二是国外汉语教学的多样性与差异性使得外派教师与当地需求常出现不匹配现象。如果把外派教师和志愿者比喻为输血，那么培养本土教师就是造血，临时输血必须以实现长久的造血功能为目标，这样机体才能健康运转，否则不仅不会解决供血问题，还有可能形成机体对输血的依赖，影响造血功能的形成。因此，一个靠中方派出教师支撑的教学系统缺乏根基，实现由输血向造血转变，培养本土师资，是汉语国际教育实现可持续发展的关键。"[7]徐笑一、李宝贵（2018）《海外华文本土教师培养的新模式探索》一文中指出通过开设汉语国际教育学历班培养华文本土师资。[8]

当前某些西方国家的偏见造成外派教师签证存在一定问题，加之疫情等不可控因素，教师派出受到不小影响，而外派教师本身具有流动性强、文化休克等特点，外派作为海外师资的主要方式自然是不可取的。笔者建议应大力培养新型本土教师。本文提出的新型本土教师指长期在海外生活的中国人，持有国内教师资格证且喜欢国际中文教育，对所在国文化和中国文化非常熟悉。将这个群体作为海外本土师资培育对象，不仅可以节约培养成本，而且能克服外派教师流动性等带来的不利影响。

### （二）建立多渠道培养模式

2022 年版《国际中文教师专业能力标准》适应新时代国际中文教育发展

新趋势新要求，它突出师德为先、素养为基、学习者为本、跨文化能力为重等国际中文教师发展理念，以中文作为第二语言教学、教师专业发展、教师评价等理论为基础。外派教师基本业务能力是有过硬的汉语专业知识，打牢专业知识同时应提升外语水平，增强学生跨文化能力。

对于一般本科院校，应尽力开设小语种，为学生就业竞争力的提升提供支撑。另外，各院校丰富选修课尤其是才艺课，才艺是对外汉语课堂教学的有机组成部分，可活跃课堂，增强汉语学习趣味性。理论和实践紧密结合，学校应拓展学生实习、实践渠道，增加海外汉语教学实习机会，以便更好地帮助学生理解消化书本上的理论知识。鉴于此，学校可探索"3+1""2+1"培养模式——本科 4 年，学生前 3 年在国内完成本科通识课和专业课的学习，第 4 年去国外参加教育实践。研究生 3 年，最后 1 年在国外参加教学实践活动。

2019 年，"全球孔子学院大会"在长沙开幕。会上孙春兰强调，新时代的国际中文教育要聚焦语言主业，融入本土，积极推进中外项目合作建设，为各类学校、培训机构和企业开展中文教育提供支持。对于高职院校，应以企业需求为导向，推进"中文+职业""职业+中文"教育，盯准市场需求，积极培养复合型人才。我们不仅要培养复合型人才，国际中文教师也应努力成为"双师型"教师，在培养过程中，国别差异性也应是关注的重点。

### （三）完善教师考核评价激励机制

海外汉语教学环境复杂，考察教师教学效果维度不应单一。学生的HSK、YCT 等考试通过率、外方教学机构评价、学生的满意度等是否都可以纳入评价指标。对于优秀教师，应给予上升通道，相关激励方案应以制度形式固定下来。

徐丽华、包亮（2019）指出应加强孔子学院专职师资队伍建设，保障其职业发展。一要开展校聘孔子学院专职教师队伍建设工作。二要为校聘孔子学院专职教师创造职业发展空间。笔者认为具体措施可以包括以下内容：一是提高外派教师待遇，不但要提高外派教师经济收入，更要提高外派教师职业自豪感；二是提升晋升通道，外派教师身居海外，在职称评定、深造方面予以倾斜照顾；三是提供职业内发展机会，给予免费职业培训、海外学历提升机会；四是其他福利，比如海外教师探亲不限于配偶之外的家庭成员和休假权益等。

### （四）数字技术应用能力

后疫情时代，传统的教学模式和教学方法已经很难适应当今时代的发展。线下面对面对教学变得异常艰难，这对教师熟练掌握教育技术提出了更高要求，鉴于海外学生对线上教学的普遍接受，中文教师应充分利用新兴网络技术和人工智能。2022 年版《国际中文教师专业能力标准》强调教师终身发展，突出教师数字技术应用能力。李宝贵、庄瑶瑶（2021）在《后疫情时代国际中文教师信息素养提升路径探析》中指出"提高教师的信息素养是实现国际中文教师综合素质提升的重要内核，也是后疫情时代国际中文教育健康持续发展的重要保障"。[9]

将信息素养纳入专业培养培训体系，提升国际中文教育从业者的信息能力和信息意识是时代的必然。刘玉屏、李晓东、郝佳昕（2021）在《国际中文教师数字能力现状与影响因素研究》一文中，指出"树立正确的数字技术观、构建国际中文教师数字能力标准和评价体系、加强在职中文教师数字能力培训、研发数字能力相关的教师教育课程"。[10]

## 结语

国际中文教育是中国向全球提供的重要语言文化公共产品，作为汉语母语国，中国有责任和义务为世界所有喜爱中文的学习者提供教学资源，提供教学资源最关键的步骤是培养一批稳定的、具有开放包容精神、能满足外国学习者多样化需求的国际中文教师。

国际中文教师是外国学生认识了解中国的一扇窗，他们必须树立"国际话语权"意识，拥有选择和设置话题的能力、对所设置的话题有自己独到的、令人信服的见解。他们要能坚守中华文化立场，讲好中国故事、传播好中国声音，展现可信、可爱、可敬的中国形象，推动中华文化更好地走向世界。

### 参考文献

［1］崔希亮．汉语国际教育三教问题的核心与基础［J］．世界汉语教学，2010（1）．

［2］田梦，冯建新．我国教师身份认同研究述评［J］．教师教育论坛，2015，28（1）．

［3］张东辉，郑佳．孔子学院海内外镜像之比较：基于 2015—2020 年间

的孔子学院中英文文献述评［J］. 中国人民大学教育学刊，2021（1）.

［4］王立. 全球孔子学院（课堂）布局及发展研究：基于文化地理学视角［J］. 河北广播电视大学学报，2022，27（1）.

［5］吕必松. 第一届国际汉语教学讨论会开幕词和闭幕词［C］// 第一届国际汉语教学讨论会组织委员会. 第一届国际汉语教学讨论会论文选. 北京：北京语言学院出版社，1985.

［6］徐丽华，包亮. 孔子学院师资供给：现状、困境与改革［J］. 浙江师范大学学报（社会科学版），2019（3）.

［7］赵杨. 海外汉语师资培养中的输血与造血［R］. 孔子学院奖学金论坛，北京，2019-11-08.

［8］徐笑一，李宝贵. 海外华文本土教师培养的新模式探索［J］. 新疆师范大学学报（哲学社会科学版），2018，39（1）.

［9］李宝贵，庄瑶瑶. 后疫情时代国际中文教师信息素养提升路径探析［J］. 语言教学与研究，2021（4）.

［10］刘玉屏，李晓东，郝佳昕. 国际中文教师数字能力现状与影响因素研究［J］. 民族教育研究，2021，32（3）.

# 基于国家标准的汉语国际教育国家一流专业人才培养目标剖析

李顺琴　彭凌波　左文涛　熊利青（云南农业大学国际学院）[①]

【摘　要】国家级一流本科专业建设是提升汉语国际教育人才培养质量，推动国际中文教育事业快速发展的重要途径。本文从 38 个国家级一流本科专业建设点中收集 22 份有效样本，参照国家本科专业人才培养质量标准，从人才培养类型、方向与定位、规范与特色等角度对人才培养目标进行剖析，探求异同，分析原因，发现特色，找出不足，提出建议，为汉语国际教育专业建设整体质量提升提供参考。

【关键词】汉语国际教育；本科；国家一流；人才培养目标；国家标准

## Analysis of Talent Cultivation Goals to National First-class TCSOL Undergraduate Program Based on National Quality Standards

Li Shunqin, Peng Lingbo, Zuo Wentao, Xiong Liqing

**Abstract:** The national first-class undergraduate program will promote the high-quality development of   the talents majored Teaching Chinese to Speakers of Other Languages (TCSOL), which will promote the career rapidly. 22 effective samples were collected from 38 national first-class universities to analyze the talent cultivation goals from the perspectives of the talent cultivation type, direction and orientation, norms, and characteristics with reference to the national quality standards for cultivating undergraduate students. And the similarities and differences are compared, the reasons are explored, the characteristic feature or weakness are found out, and suggestion are given, which will provide a reference for the overall

---

① 作者简介：李顺琴，云南农业大学国际学院教师；彭凌波、左文涛、熊利青，云南农业大学国际学院汉语国际教育专业学生。

promotion and development of TCSOL undergraduate program to a higher quality.

**Keywords:** TCSOL; Undergraduate program; National first-class; Talent cultivation goals; National quality standards

《中华人民共和国国民经济和社会发展第十四个五年规划和 2035 年远景目标纲要》提出"要提升中华文化影响力"[1]，《中国共产党二十大报告》（以下简称《报告》）[2]强调要"推进文化自信自强"，并对"增强中华文明传播力影响力，坚守中华文化立场，讲好中国故事、传播好中国声音，……，推动中华文化更好走向世界"提出了要求，《报告》论述了教育和人才在全面建设社会主义现代化国家中的"基础性、战略性支撑"地位，推进文化自信，人才是关键，汉语国际教育专业人才培养是国家推进文化自信，推进构建人类命运体的要求，也是高等院校"深入实施人才强国战略""全面提高人才自主培养质量"的要求。

综合考虑国家对高校专业的认可度、高校对行业发展的价值以及社会的期望值，本文选取代表专业最高水平的汉语国际教育国家级一流专业，对其本科人才培养方案的目标进行深入分析，结合《普通高等学校本科专业类教学质量国家标准人才培养质量国家标准》[3]以及各院校的特色与专业优势，分析其人才培养目标异同及其原因，发现特色，找出不足，提出建议，为汉语国际教育专业本科人才培养提供参考和借鉴。

## 一、数据来源及研究方法

通过对微信公众号"语言政策研究"[4]和"汉府中文"[5]收集整理的信息进行核对与整合，确定了汉语国际教育专业国家一流高等院校 38 所，国家一流汉语国际教育专业建设点的区域分布主要集中在华东（42%），其次为华北（27%）、华中（13%）地区，西南、华南、东北均为 5%，西北 3%。从学校类别看，省属重点院校约占一半，985、211 院校约占 34%，市属重点院校约占 13%（直辖市居多），其他院校有教育部直属和私立院校。学校所在区域及类别分布如下图 1 A、B：

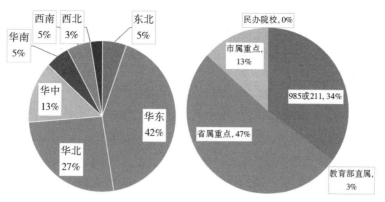

A 国家一流汉教专业区域占比分布图          B 国家一流汉教专业高校类别占比分布图

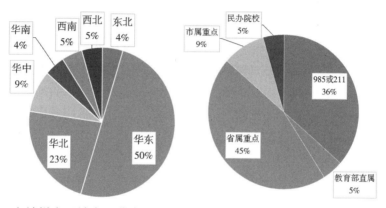

C 有效样本区域占比分布图          D 有效样本高校类别占比分布图

**图 1　学校所在区域及类别分布**

本研究通过其官方网站及业内同行提供的内部资料，共收集 2018—2022 年汉语国际教育本科专业人才培养方案 18 个，另有 3 个官网公布的简要人才培养介绍和 1 个招生简章，有效样本共计 22 个，样本在区域分布比例和高校类别（见图 1 C、D）上看，其比例与一流院校基本一致，本研究的数据能代表近年来全国汉语国际教育本科专业的一流水平，整理分析真实有效的数据信息，对全国汉语国际教育专业本科人才培养具有一定的参考价值。

## 二、国家标准对专业人才培养目标的要求

《普通高等学校本科专业类教学质量国家标准》[3] 85-89（简称《国标》）为汉语国际教育本科专业的人才培养目标提供了指导性意见，汉语国际教育本科专业学科归属于中国语言文学类，思想政治教育作为首要目标，在语言文字与

文学、外语、计算机、人际沟通等方面提出了要求，并对本科人才的就业或发展指导了方向：

中国语言文学类专业教育教学应坚持以马克思主义为指导，培养学生具有坚定正确的政治方向、扎实的中国语言文字基础和较高的文学修养，系统掌握中国语言文学的基础知识，具有较强的文学感悟能力、文献典籍阅读能力、审美凭借能力和运用母语进行书面口语表达的能力，掌握一门以上外语，有计算机文字信息处理能力和人际沟通交往能力。学生毕业后能够以专业优势在实际工作中发挥所长，可继续攻读研究生，也可在行政机关以及文化、教育、传媒机构、对外交流等各类企事业单位工作。

《国标》指出在参照该培养目标的同时，不同类型高校的中国语言文学类本科专业具有一定的灵活性与创造性，即在准确把握学科内涵的前提下，结合自身实际、基础学科特点与社会人才需求，制定具体的培养目标和培养方案，建立人才培养类型结构调整的新机制。各高校在《国标》指导下结合自身特色设置的人才培养目标求大同存小异，一流本科专业建设点的人才培养目标代表了目标国内该专业发展的一流水平，对其研究和分析，将对专业人才培养方向具有指向性，对行业发展具有很大的促进作用。

## 三、人才培养类型分析

高等学校人才培养的类型通常为学术型、应用型、创新型和复合型四种。邵波[6]、孟庆研[7]、修朋月[8]、张宝歌、张兄武[9]等分别介绍和总结了人才的定义和特点，如表1：

### 表1　高等学校人才培养的类型和特点

| 人才类型 | 定义 | 特点 |
|---|---|---|
| 学术型 | 以研究客观规律或发现、阐释科学原理为己任的人才，常与科学研究和知识创新相联 | 理论性、非功利性 |
| 应用型 | 培养一切从事非学术研究性工作的实际操作者，把科学原理应用到社会实践，以创造直接的经济利益和物质财富 | 实践性、功利性 |
| 创新型 | 培养具有创新精神和创新能力的、在其所在行业的领军人士 | 突出创造性思维、注重个性发展、注重启发诱导、重视非智力因素、强调实践训练、强调知识、能力、 |

（续表）

| 人才类型 | 定义 | 特点 |
|---|---|---|
| | | 素质的辩证统一 |
| 复合型 | 培养在各个方面都有一定能力、在某一个具体方面出类拔萃的人才 | 一专多能、基础扎实、知识面宽、知识运用能力强、有科学创新精神 |

22 所院校的人才培养方案类型，主要集中在应用型和复合型两种类型（如图 2）：

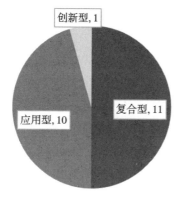
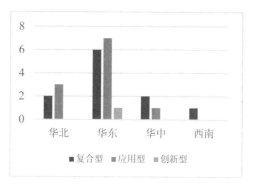

图 2　汉语国际教育专业的类型　　图 3　各区域高校对人才培养类型的定位

除 6 所未明确人才培养类型的高校外，其他高校在人才培养类型上基本达成共识：复合型占 50%，应用型占 45%。其中综合两种以上类型的高校 4 所：苏州大学三种（唯一将创新型作为人才培养目标的高校）；北京语言大学、上海师范大学和南京工业大学综合了复合型和应用型两种类型。没有高校类型定位为学术型。（尽管中央民族大学和江苏师范大学培养"继续深造人才"或"学术英才"，根据其人才培养目标的多方向性可判断其为高校为学生未来进一步学术提升及发展上提出的学术研究人才培养方向，并非定位为学术型人才。）

## 四、人才培养方向定位分析

人才培养的方向定位，包括培养人才的层次、类别、就业范围以及对该专业标志性特色的把握。

### 1. 培养层次

人才培养层次上强调高素质、高层次人才的高校 6 所（27.3%）。《中华人民共和国高等教育法》[10]规定了"高等教育的任务是培养具有社会责任感、创新精神和实践能力的高级专门人才"，左萍解读了《高等教育法》，从高等教育的主要功能、发展趋势和我国的实际出发，通过立法强化了高素质人才培养目标[11]，对高等院校高素质、高层次人才的培养是国家的要求，也是各高校人才培养的默认目标，即便其他院校未直接呈现，但在人才培养目标的要求上，已包含了高素质、高层次人才的默认要求。

### 2. 培养类别

从人才培养类别上看，5 所（22.7%）高校强调了语言文字类人才培养，3 所（13.6%）高校提出了双语人才培养或从事翻译工作；21 所（95.4%）高校强调了教育工作者和中外文化交流工作，也有 1 所高校提出培养"胜任相关领域的人才"，表述比较模糊。其他院校的人才培养类别没有明确提出，但在人才培养范围中进行了规划。

### 3. 就业范围

整体上看，汉语国际教育专业的就业范围比较广，21 所（95.4%）院校明确了将汉语国际教育工作（或对外汉语教学）作为就业方向，17 所（77.3%）强调毕业生科从事中外文化交流工作，8 所（36.4%）院校将从事管理类（突出文化管理）工作，6 所（27.3%）高校提出可从事新闻出版相关工作，5 所（22.7%）高校突出了教学研究工作，3 所（13.6%）院校强调翻译工作，1 所（4.5%）高校将商贸工作纳入到本专业的就业范围。

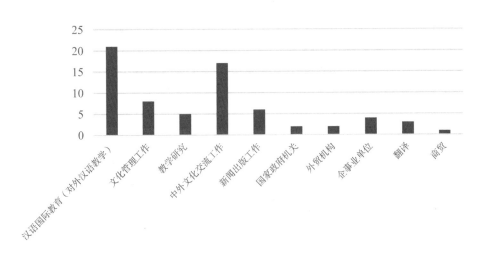

**图 4　样本呈现的就业范围**

吴应辉[12]、严伟剑[13]、施家炜[14]和檀晶晶[15]的研究概括了汉语国际教育专业在就业上面临的困境，对口就业率低是普遍状况，汉语国际教育人才培养，在很长一段时间面临比较尴尬的局面：一方面，全球范围内汉语国际教育事业的发展，需要大量的汉语国际教师；另一方面，国内培养的汉语国际教育专业人才没有选择专业对口的职业，就业导向使得人才培养目标模糊化或向宽口径寻求突破。造成这种状况的原因复杂，需要政策制定者深入调查，在政策上给予支持，鼓励汉语国际教育专业的学生对口择业。

汉语国际教育在专业人才培养上，是否应考虑区别于汉语言文字类其他专业，如何在其优势、特色上发掘专业潜力，培养国际社会需要的专业人才，是专业和行业发展的一个重要议题。

### 4. 标志性特色

汉语国际教育，从其专业名称上看，区别于国内中小学汉语（语文）教育的显著特征在于"国际"，针对的是汉语作为第二语言的学习者，教学或服务对象具有国际化特征，因此，对汉语国际教育储备人才的需求，显然具有"国际化"期待，对外国语言的熟练度和跨文化交际等方面都有较高要求。

数据显示，8 所（36.4%）高校强调了国际化（型）人才培养。《国家中长期教育改革和发展规划纲要（2010—2020 年）》[16]中对高校肩负的国际化人才培养进行了较为明确的界定和具体的要求："要开展多层次、宽领域的教育与合作，提高我国教育国际化水平"，"借鉴国际上先进的教育理念和教育经验，适应国家经济社会对外开放的要求，培养大批具有国际视野、通晓国际规则、能够参与国际事务和国际竞争的国际化人才"[14]。汉语国际教育专业人才培养，应该凸显学生的国际视野、掌握一定的国际规则、具备跨文化交际能力、具备高水平的汉语教学技能以提升汉语作为第二语言教学中的国际竞争力，在人才培养规格上应高于国内中小学语文教师的人才培养。除突出强调国际化的8 所院校外，还有 6 所高校具备其中某些国际化要素：强调国际视野或突出跨文化交际能力；也有学校从语言能力上有侧重。汉语国际教育专业的国际化特色在一流院校的人才培养目标中并未突出呈现，有待进一步加强。

## 五、人才培养规范与特色

### （一）人才培养目标规范

#### 1. 思政目标

《国标》将思想政治要求放在首位，明确为社会主义培养人才的方向和指针：16 所高校（约 73%）的人才培养方案明确了思政要求，6 所高校的人才培养目标中没有显性的思政要求。

16 所高校都从宏观层面强调了政治方向与核心价值要求，其中 10 所亦从微观角度提出了职业道德素养或实现核心价值的具体要求，如安徽大学将思政教育与校训精神结合；如华北理工大学的"立德树人"教育理念与"师风师德"的职业操守。

习近平总书记在全国教育大会上强调了思政教育的重要性："要把立德树人融入思想道德教育、文化知识教育、社会实践教育各环节，贯穿基础教育、职业教育、高等教育各领域"[17]，在中国共产党第二十次全国代表大会发言报告（《二十大报告》）[2]中阐明"坚持为党育人、为国育才"的人才培养方向，对肩负着语言与文化传播重大使命的汉语国际教育专业人才的思政要求应更高，高校在设定人才培养目标时，有必要将思想政治教育放在人才培养目标的重要位置。

#### 2. 语言、文学、文化目标要求

汉语国际教育属于汉语言文学类学科，从知识体系上看，偏重于语言学科，因此在语言、文学和文化三者间偏重语言，文学和文化主要支撑人文素养，此处的文化重点强调中国文化，涉及到其他文化和跨文化问题，在交流交际与跨文化交际中论述。（如图 5）

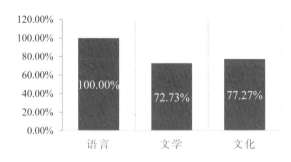

图 5　语言、文学与文化目标的呈现

《国标》在专业概述开篇就定下了"中国语言文学类"本科专业的文化基调：植根于中华优秀传统文化，是以中华母语及母语文学为基本内涵、具有深厚人文底蕴的基础学科，并在培养目标中明确了其本科专业在语言、文学上的基本要求。所有高校都将语言、文学与文化在《国标》要求的框架下设计，100%的高校都重点强调了语言基础，77.27%的高校对文化目标提出了要求，72.73%的高校对文学目标提出了要求：总体上看，语言及语言学知识要求扎实、系统、全面，文学文化方面要求具有较高素养。如北京语言大学强调了全面、扎实的"普通语言学和汉语言文字学基础"以及"文学文化素养"，暨南大学要求"具备汉语言文学的系统知识和专业技能"，山东大学细化了口头、书面汉语言表达，华中科技大学和郑州大学注重新文科背景下的语言文化与自然科学的学科交叉，华东师范大学强调了中外语言对比与中外文化素养的双语言、双文化的培养目标。

### 3. 外语能力要求

《国标》要求"掌握一门以上的外语"，汉语国际教育"国际化"特征决定了该专业人才培养中外语能力不可小觑，关系到海外的基本生存、教学和文化交流活动的顺利、有效开展，在国家标准之上理应有更高的要求。

研究表明，22 份样本中 20 所高校（90.9%）强调了培养学生的外语能力，其中有 5 所（22.7%）高校要求学生掌握英语的同时掌握一门小语种，如暨南大学要求掌握西班牙语或其他语种达到中级水平，南京工业大学要求掌握西班牙语或法语。同时，各个高校对于外语水平掌握的层次也各不相同，对语言技能有要求的高校通常强调听说读写，有 9 所高校（约 41%）明确提出增加翻译技能，如上海外国语大学、苏州大学、安徽大学、南京工业大学、华中科技大学等；部分高校通过语言考试证书检测外语水平，以确定是否达到培养要求：5 所高校要求英语水平应该达到大学英语六级或专业英语四级，有的高校甚至提出了英语专业八级的水平，如暨南大学采用的英语专业四级+其他语种中级或者英语专业八级；也有高校将少数民族语言以及使用其开展双语教学作为培养目标，如西北师范大学。

暨南大学和南京工业大学对小语种的要求与其在海外的合作孔子学院有直接关系，因此西班牙语和法语也成为了汉语国际教育专业人才培养的目标之一；西北大学有省级少数民族师资培训中心平台，这为西北大学汉语国际教师面向少数民族开展汉语教学提供了条件，因此将少数民族语言的双语教学作为语言培养目标之一。

#### 4. 计算机信息处理能力目标

《国标》要求该专业人才培养"有计算机文字信息处理能力"，11 所（50%）高校对计算机信息文字处理能力进行了要求，在等级层次和功能目标上各有不同：

##### （1）等级层次

事实上，《国标》对计算机文字信息处理能力没有等级层次的要求，有的高校与之完全一致，如闽江学院；有的高校要求"**熟悉现代教学技术**"，如云南师范大学。理工类大学对计算机信息处理的要求更高，如华中科技大学、南京工业大学和华北理工大学，要求有**良好**的计算机应用素质，能**熟练**地运用计算机进行信息处理；或要求具备**较强**的计算机能力。

##### （2）功能目标

在使用计算机实现的功能目标上，其指向主要集中在汉语教学、文献检索、资料查询三大基本功能：黄山学院要求掌握计算机基础知识，能熟练运用办公软件，掌握文献检索、资料查询及运用现代信息技术获取相关信息的基本方法，能熟练运用现代教育技术辅助教学；浙江越秀外国语学院要求熟练的"线上线下教学技能"；苏州大学要求"具备开展网络远程课程教学的基本能力"，将后疫情时代网络教学体现在培养目标中；暨南大学要求"具备利用现代科技进行汉语教学、数字化汉语教学技术开发和教学资源制作的能力"。

#### 5. 沟通能力、跨文化交际能力目标

《国标》对"人际沟通、交往能力"提出了要求，由于汉语国际教育的"国际化"特征，"人际沟通、交往能力"除了同文化环境中沟通交际能力的培养，还有更大的挑战：跨文化交际能力。22 份样本中，19 所高校（86.36%）要求跨文化交际能力，其中有 4 所表述的"外事活动能力"与跨文化交际能力是包含与被包含的关系，因此也纳入到统计范围。对跨文化交际能力的水平层次上，高校表述也有不同，如北京师范大学、江苏师范大学要求良好的跨文化交际能力，上海外国语大学、浙江越秀外国语学院、闽江学院、山东师范大学要求较强的跨文化交际能力，山东大学要求一定的跨文化能力，河北大学要求基本的跨文化交际能力，能用双语进行跨文化交流。也有高校对跨文化交际进行细化，如苏州大学要求具有系统的跨文化交际的理论和能力，具体表现为文化认同，能从事文化交流与传播，能用双语进行跨文化交际；黄山学院要求掌

握跨文化交际的基本知识和技能，具体表现为具有多元文化意识，能有效解决跨文化交际中遇到的问题，具有良好的文化适应能力。

### 6. 教育类目标

《国标》对于培养学生汉语作为第二语言教学能力部分没有明确的标准。但汉语作为第二语言教学对于本专业如此重要，关系到对外汉语教学是否可以顺利进行、教师教授的知识方法是否科学、对学生学情分析是否准确、是否可以满足学生的学习需求、教学效果是否可以达到预期[18]等，简而言之，直接关系未来针对汉语作为第二语言学习者的教育教学质量，这也是专业特色。因此，高校多对该目标进行了要求：

22 份样本中，明确提出培养学生汉语作为第二语言教学能力的高校有 19 所（86.4%）；但各个高校各有侧重：6 所（27.3%）高校强调汉语作为第二语言教学的相关理论知识，如河北大学、辽宁师范大学、闽江学院等；4 所（18.2%）高校强调汉语作为第二语言教学的技能，如华北理工大学、苏州大学、山东大学等；7 所（31.8%）高校强调了基础知识与教学技能结合并运用在教学实践中的能力提升，如云南师范大学、华中科技大学、郑州大学、山东师范大学等；还有 2 所高校（北京语言大学、江苏师范大学）强调了汉语作为第二语言教学研究能力的培养。暨南大学对第二语言教学目标的达成，还体现在鼓励获得各类教师资格证，包括"国际汉语教师资格证""美国州级教师资格证""国际学校教师资格证""中小学教师资格证"，在教育教学方向上具有引领作用。

## （二）人才培养特色化发展

在对人才培养方案的规范性内容进行梳理后发现，在《国标》框架体系下，部分高校体现出特色与创新：

### 1. "国际化"特色弱现

汉语国际教育专业人才具有国际化特色，在各高校人才培养方案和人才培养细节上有所体现，但整体呈现较弱，表现在显著呈现的国际化特色的院校少，提出了国际化视野的更少，有些高校通过外语能力和跨文化交际能力要求表现出一定的国际化特点，期待未来呈现明显的、直接的特色。

## 2. 发掘区域优势

在区域优势的发掘上，云南师范大学做出了改革创新，充分利用云南的区域优势，面向澜湄国家培养汉语国际教育人才，在小语种的培养上，熟练掌握一门澜湄国家语言（泰语、越南语、缅甸语、老挝语、柬埔寨语）显出鲜明的特色，并明确提出"本专业学生在毕业后 5 年左右预期能够成为专业基础知识更为扎实、教学能力更强、能够熟练运用一门澜湄国家语言和英语进行有效跨文化交际的国际中文教师"，充分发挥区域优势和潜力，为澜湄区域培养汉语国际教师的"小口径，专而精"的人才培养目标的设定，在汉语国际教育专业对口就业率比较低的情况下，体现出守正创新的格局与风范。北京语言大学作为最早开始留学生教学的业内优秀的汉语国际教育专业人才培养院校，所在地为国家的文化与政治中心，守正为本，强调汉语语言与文化知识的掌握与能力培养，同时提升汉语作为第二语言教学的能力培养，在此基础上培养学生的核心竞争力：较强的创新意识与协作精神和独立获取新知识的能力。

## 3. 充分利用学校优势与平台

汉语国际教育本科人才培养与国际学生的培养是紧密结合的两个部分，有些高校充分利用学校平台尤其是海外孔子学院平台，培养汉语国际教育专业本科人才，如华北理工大学依托学校外国语学院语言资源丰富的优势，依托其匈牙利佩奇中医特色孔子学院，着重为匈牙利、美国、日本、俄罗斯、法国等国家的孔子学院、孔子课堂、中小学和幼儿园培养汉语教师，将此作为汉语国际教育专业本科人才培养的目标和人才就业的渠道。

# 六、结论与建议

## 1. 国家标准的守正与创新

本文按照国家标准作为"尺子"规范和衡量汉语国际教育专业的人才培养目标。然而，该专业的学科归属决定了人才培养上强调汉语语言、文学以及文化的部分，忽略了教育教学方面的衡量标准，汉语国际教育专业作为一门应用型交叉学科，二者应兼顾，因此，国家标准也存在守正创新的问题，期待国家标准根据社会需要进行修订，做得更专更细，对专业发展具有更明确的指导作用和意义，高校在更精准培养框架的指导下开拓创新该专业人才的培养。

### 2．"国际化"特色有待提升

汉语国际教育专业区别于其他汉语言文学专业，在于其"国际化"特色，国际化视野、国际化认知、国际化核心竞争力，在该专业人才培养过程中有待加强和提升，包括在人才入口的选择上也应把好关，为未来培养的出口奠定基础。对该专业"国际化"特色人才的研究和培养，还有很大的提升空间。

### 3．区域特色与学校优势有待深入发掘

国家发展对不同区域经济发展有不同的布局，汉语国际教育专业人才培养为国家经济发展服务，为构建人类命运体服务，因此，各高校有必要组织研究团队进行专项研究，将区域特色与专业发展结合起来，同时充分利用各高校的平台优势，发掘专业的特色发展之路，内涵发展之路，同时也因专业的发展给学校发展提供更大、更宽的发展可能，为促进区域经济发展做出贡献，实现汉语国际教育专业更大的经济价值与精神价值。

### 4．人才培养目标与培养体系一脉相承

人才培养有其科学性和系统性，人才培养目标确定人才培养类型、方向、规范与特色，人才培养方案要始终围绕人才培养目标展开，在人才培养体系上也应与其一脉相承，所有要素和内容都应该支撑人才培养目标的实现与达成。

## 参考文献

［1］中华人民共和国中国政府网．中华人民共和国国民经济和社会发展十四个五年规划和 2035 年远景目标纲要［EB/OL］.（2021-03-13）［2022-10-23］. http://www.gov.cn/xinwen/202103/13/content_5592681.htm．

［2］新华社．习近平同志向二十大所作报告摘登［EB/OL］．江苏社科规划网．（2022-10-17）［2022-10-23］. jschina.com.cn．

［3］教育部．普通高等学校本科专业类教学质量国家标准人才培养质量国家标准［EB/OL］.（2018-01-30）［2022-10-23］. bjwlxy.cn．

［4］语言政策研究．语国际教育本科专业一流建设点名单（2019-2021）［EB/OL］.（2022-09-11）［2022-10-23］. https://mp.weixin.qq.com/s?__biz=MzAwMDI2NTA4NA==&mid=2651755480&idx=1&sn=c5b31c50edf0461b7da564ae3fcad725&chksm=8111adcbb66624dd198f96e6cc04e08025dc3dc3b5d15bb5eacf3f7d40d5558a44f4f9f720bd&scene=27．

［5］汉府中文．新增 25 所国家级高校汉语国际教育专业入选"国家一流本科"专业［EB/OL］．（2022-07-29）［2022-10-23］．https://mp.weixin.qq.com/s?__biz=MzAwNzUzMTI3Mg==&mid=2650548712&idx=1&sn=d3cdf7e205593df46f79d22e99532059&chksm=8374378fb403be99751e97130697eeb7a18f0390a37450e7d05053c8355b468e08da93b19681&scene=27．

［6］邵波．论应用型本科人才［J］．中国大学教学，2014（5）：30—33．

［7］孟庆研．高校复合型人才培养的思考［J］．长春理工大学学报（高教版），2010，5（1）：60—61．

［8］修朋月，张宝歌．新世纪高等院校人才培养模式研究与实践［J］．黑龙江高教研究，2003（4）：138—142．

［9］张兄武．应用型人才培养体系构建研究：基于专业人才分类的视角［J］．高等农业教育，2015（9）：52—55．

［10］中国人大网．中华人民共和国高等教育法［EB/OL］．（2019-01-07）［2022-10-23］．www.npc.gov.cn．

［11］左萍．《高等教育法》培养高素质人才意义阐释［J］．陕西师范大学继续教育学报，2002，19（4）：81—82．

［12］吴应辉．汉语国际教育面临的若干理论与实践问题［J］．云南师范大学学报（哲学社会科学版），2016（1）：38—46．

［13］严伟剑．新文科背景下汉语国际教育本科人才培养的现实困境与路径探索［J］．教育观察，2021，10（17）：1—4．

［14］施家炜．汉语国际教育专业人才培养的现状、问题和发展方向［J］．国际汉语教育（中英文），2016，1（1）：13—17．

［15］檀晶晶．基于就业现状的汉语国际教育专业人才培养模式的再探讨：以黑龙江东方学院为例［J］．黑龙江教育学院学报，2014，33（4）：31—32．

［16］新华社．国家中长期教育改革和发展规划纲要（2010—2020 年）［EB/OL］．（2010-07-29）［2022-10-23］．https://www.gov.cn．

［17］人民网–人民日报．习近平全国教育大会发言［EB/OL］．（2018-09-11）［2022-10-23］．www.people.com.cn．

［18］王丹．基于汉语作为第二语言教学方法的探讨［J］．读与写（下旬），2022（12）：7—9．

语言学研究

# 以同登镇为例看中越边境越南民众语言能力
# 与经济收入的关系[①]

吕　峡（广西大学国际学院）

黄氏兰英（越南同登光英手机零配件批发公司）

【摘　要】越南同登镇是距离中国最近的边境镇，随着中国倡议的"一带一路"经济带建设的快速推进，同登与中国广西凭祥市的贸易往来逐年增加。为调查同登居民语言能力与其经济收入的关系，本文调查了同登镇主要街道常住居民，了解到他们越南语、侬话（Nong）、岱话（Tay）、壮话、汉语、英语等多种语言的使用情况，重点研究了他们的外语能力和多语能力。

经过多角度相关分析，发现同登居民的外语能力和多语能力是影响到其经济收入的重要因素。其中，汉语能力强弱对经济收入有明显正相关。同登政府对于民众语言能力的提升和培训极为不足，建议重视语言培训机构的建立和中小学校汉语作为第二语言的课程。

【关键词】语言能力；经济收入；关系

同登镇是越南东北部中越边境城镇，属越南谅山省东部高禄县所辖，面积约 7 平方千米，现有人口约 2 万人。同登镇又是越南距离中国最近的小镇，约 3 千米处就是中国凭祥市的友谊关口岸。因中越两国边贸发展迅猛，同登镇成为一个边贸大市场，人员来往繁杂，通行多种语言，包括越南语、侬话（Nong）、岱话（Tay）、壮话、汉语、英语等。卞成林（2019）运用语言经济学理论和数据分析方法发现，多语能力能够增强居民自身的就业能力，获得更多的就业机会和稳定的收入来源。本文以同登镇越南居民为调查对象，着重研究其外语能力、多语能力与经济收入的关系，以求对中越边贸的进一步发展与外语及多语能力相关做出实证。

① 基金项目：本文为 2022 年国际中文教育研究重点课题"GMS 五国中文教育市场供给效能实证分析与优化策略研究"（22YH34B）研究的一部分。

## 一、同登镇居民的语言使用情况及外语能力

本文开展调查的对象范围为越南同登镇主要街道的土著居民。首先，我们进行了居民的语言能力调查分析，包括其语言使用情况、外语能力（主要是汉语和英语能力）。

### （一）居民语言使用情况调查分析

我们调查发现，同登镇居民主要使用的语言有以下几种：越南语、侬话、岱话、壮话、汉语和英语。母语为越南语的居民人数最多，占 80.55%；母语为侬话的占 16.67%；母语为汉语和壮话的各有 1 人，没有居民的母语为岱话或英语。调查中所有居民都使用至少 2 种的语言，使用多语的居民占比 93%，其中会 3 种语言的人数最多，占比达到 43.05%；会 4 种语言的有 23.61%；会 5 种语言的有 9.72%；6 门语言都会的有 3.8%。分析可知：

第一，越南语是越南全国通用的语言，是 85% 越南人的母语，也是越南少数民族的第二语言。因此，越南语自然是同登镇居民主要使用的语言。

第二，侬话、岱话分别是同登镇侬族和岱族的母语，分布在越南的山区，侬族、岱族在同登 2 万人口中占 80% 以上[①]，是他们同族人交流时使用的语言，如今仅有部分老人才会说，年轻人大多不会说。年轻人自小学习越南语，只有偶尔家族聚会才会用上本民族的语言。

第三，英语和汉语是同登镇居民掌握的两种外语，因同登镇与广西凭祥市毗邻，在边民互市的交流下，同登镇很多边境居民也会说汉语，而同登的基础教育普遍教授英语。因越南教育政策原因，中小学校没有开设汉语课，只开设英语课，并作为主要课程。

第四，壮话是中国壮族的语言，是同登镇小部分居民会说的语言，之所以会出现这样的情况，一是边境地区交流密切，两地因交流的需要相互学习对方语言。二是从历史上讲，越南的侬族、岱族与中国的壮族有很深的历史渊源，壮族、侬族、岱族三族有着密切的亲缘关系[②]。

---

① 见华人百科网站关于同登的介绍，网址 https://www.itsfun.com.tw/%E5%90%8C%E7%99%BB/wiki-21428201-6005399。

② 见百度百科介绍，网址 https://baike.baidu.com/item/%E4%BE%AC%E6%97%8F/7817174?fr=aladdin。

## （二）居民外语能力情况调查分析

我们发现从掌握汉语、英语两门外语的情况看，只会汉语一门外语的占0.05%，只会英语一门外语的占 19.4%，同时会汉、英两门外语的占 51.4%。

我们进一步对会英、汉语的同登居民掌握这两门外语的熟练程度划分为熟练、一般、略懂 3 个等级，调查发现：

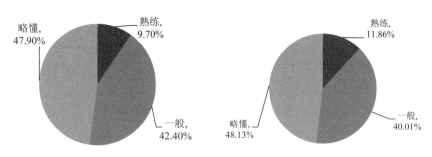

图 1　同登居民英语能力情况　　　　图 2　同登居民汉语能力情况

如上图 1、2 可知：同登居民掌握汉语和英语的熟练程度基本一致。

### 1. 英语能力情况

从英语能力看，在所调查的同登镇居民中，熟练等级占比 6.94%，一般等级占比30.56%，表示略懂的也有34.72%，也有27.78%的居民表示不会英语。整体来看，大部分居民是多多少少会英语的。

### 2. 汉语能力情况

同登镇与中国凭祥市相接，因而很多居民也会汉语。掌握汉语有利于两国边境居民的交流与交往。在所调查的同登镇居民中，对汉语熟练的占比6.94%，掌握一般的占比 23.61%，表示略懂的占比 29.17%，也有 40.28% 的居民表示不会汉语。整体来看，大部分居民是拥有一定的汉语能力的。

## 二、同登居民职业及收入情况调查分析

根据同登镇居民就业情况与收入水平的实际特点，本文将调查职业分为 7大类：务工、务农、经商、公职人员、有兼职的大中专学生、其他工作、无固定职业者。根据 2022 年越南全国人均 GDP 达到约 28000 元人民币，将年均收入水平分为 5 级：0—15000 元、15001—28000 元、28001—42000 元、42001—

72000 元、72001 元及以上[①]。

## （一）同登居民职业分布及收入情况

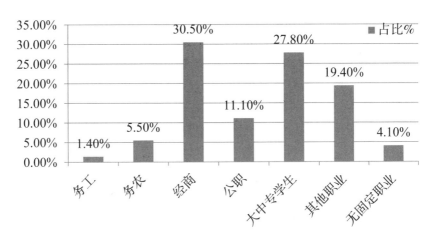

图 3　同登居民职业分布图

　　如下图 4 所示，年收入水平在 0—15000 元的占比 43.05%，年收入水平在 15001—28000 元和 28001—42000 元分别占比 13.89% 和 16.67%，年均收入达到 72001 元及以上水平的仅占比 13.89%，可见，同登镇大部分居民收入水平较低。

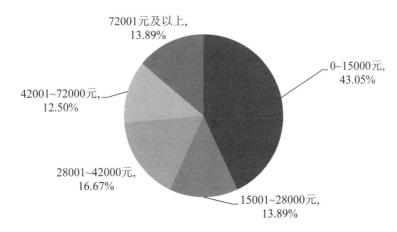

图 4　同登镇边境居民收入情况

---

① 为行文方便，本文中收入统一为人民币，根据近期汇率 1 人民币 ≈3,412 越南盾。

## （二）同登居民多语使用情况与就业匹配情况

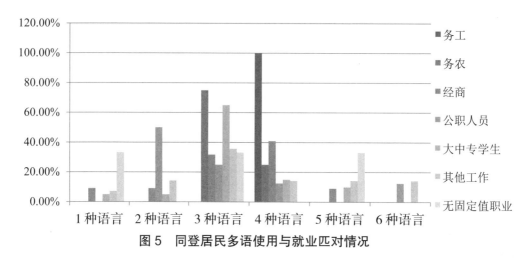

图 5　同登居民多语使用与就业匹对情况

从这个比例可以看出，作为受高等教育的群体，大中专学生掌握多语的情况还是比较理想的。本文所调查的边境学生群体，他们的收入主要来自社会的兼职工作，例如翻译、导游等工作，而掌握多语的能力也有助于他们开展这类兼职工作。从从事其他工作的居民与使用多语的情况看，仅 7.15% 的居民只掌握 1 种语言，35.71% 的居民掌握 3 种语言，其余掌握 2 种、4 种、5 种、6 种语言的均占 14.29%。

## 三、同登居民外语能力与收入相关性分析

### （一）同登居民外语能力与职业匹配情况

从英语能力与职业匹配情况看，略懂英语的居民所覆盖的职业领域最全。

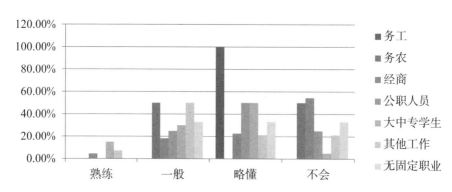

图 6　同登镇边境居民英语能力与职业匹配情况

从汉语能力与职业匹配情况看，务工人员表示不会汉语，掌握情况在一般等级和不会的务农人员各占 50%，只有小部分经商人员和公职人员会汉语，两者相比之下，经商人员对汉语相对熟练，大部分大中专学生是会汉语的，比例达到 85%，具体如下图 7 所示。

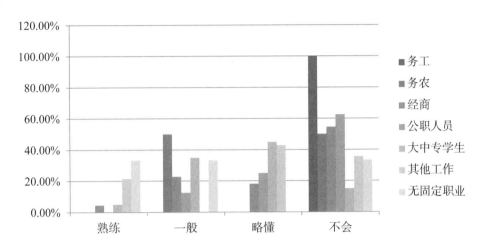

图 7　同登镇边境居民汉语能力与职业匹配情况

## （二）同登居民汉语使用能力与年收入的相关性分析

从下图可知，掌握汉语能力越高，收入越高。特别是汉语熟练的居民中，没有低收入者。

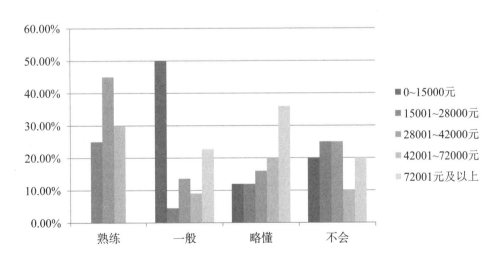

图 8　同登镇居民汉语能力与年收入情况

从前文的调查分析中还能知道，在所调查的居民中，大中专学生拥有汉语能力的比例最大（85%），由于大部分学生属于非全职工作人群，他们的年收入仅为寒暑假等节假日的兼职收入，因而可以预计，他们在正式就业后，收入还会超过目前兼职收入。

### （三）同登居民英语能力与年收入的相关性分析

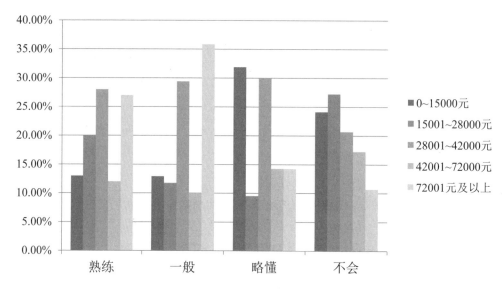

图 9　同登镇边境居民英语能力与年均收入情况

结合前文的调查分析可知，拥有英语能力的居民以大中专学生和其他工作人员为主，尤其是学生，掌握英语的比例达到 95%。英语能力与年收入呈正相关，同登居民掌握英语程度不同人群的年收入分布比较均匀。

## 四、同登居民多语能力和收入之相关性分析

为了更清晰地表现掌握语言与收入之间的关系，笔者将同登居民的收入分为三个层次，0—20000 元为低收入层次，20001—42000 元为中等收入层次，42001—72000 元及以上为高收入层次。本次多语能力和收入之相关性的分析结果为：

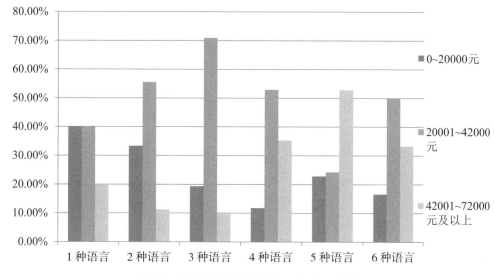

图 10　同登居民多语能力与年收入情况

由上图，基本可以窥见同登居民具有多语能力与年收入成正比，掌握 4 种以上的语言，年收入更容易处在中到高等层次。由于掌握多语的居民中也存在相当部分短期兼职的大中专学生，因此可以想见，这个相关度实际上会更高。

## 五、结论

本文得出的结论为：

第一，从同登镇居民掌握多语的种类看，会 2 种或以上语言的人数比例达到 93%，会 3 种或以上的比例为 80.56%。从中可以推测，同登镇居民多语言能力较好。

第二，从不同职业人群掌握多语的数据看，除了同登镇边境居民主要使用的语言——越南语为大部分人熟练掌握外，务农和务工人员多掌握侬话和岱话，经商人员多掌握侬话、岱话、英语和汉语，学生、公务员和其他工作人员多掌握汉语和英语，仅少部分居民掌握壮话。从中可以推测，因职业和受教育程度的差异，不同人群掌握着不一样的多语能力。

第三，从同登镇边境居民的收入层级看，年收入水平在 0—15000 元的占比 43.05%，年收入水平在 15001—28000 元和 28001—42000 元分别占比 13.89% 和 16.67%，年均收入达到 72001 元及以上水平的仅占比 13.89%，可以推测，同登镇边境居民的收入水平普遍偏低。

第四，熟练掌握外语与年收入明显相关，由于中国经济的高速发展，同登与广西的贸易发展迅速，无论是进出口贸易、劳务输入、旅游贸易等，都与中国密切相关。因而从这个角度上来说，随着"一带一路"建设的推进，未来熟练掌握汉语的同登居民有机会能够大幅度提升收入水平。

第五，从多语能力和收入之相关性的分析结果看，掌握 2 种语言的边境居民，其年均收入在 42001 元及以上的比例比掌握 1 种语言的多 15.55 个百分点；掌握 5 种语言的边境居民，其年均收入在 42001 元及以上的比例比掌握 4 种语言的多 7.55 个百分点，因此基本可以推测，同登镇边境居民的多语能力及其年均收入之间整体上有明显的正相关关系。

第六，推广外语学习，培养多语能力，应成为同登相关部门推进居民经济收入的有效举措。从调查中发现，80.56% 的同登镇居民表示想过为了提高家庭收入再去学习一门语言，同时对于自己已经掌握的第二种或以上语言，31.94% 是自学成才，27.78% 是参加学校学习，两者占比高达 59.72%，在社会上参加语言培训班的占比 11.11%，经其他渠道掌握的占比 29.17%，没有一人是参加政府组织的语言培训项目而习得的。说明同登镇相关部门推广语言学习机构或语言培训项目的力度尚不够，应加强推广，明确汉语作为外语在中小学校基础课程中的一席之地。而同登公职人员的外语能力从调查情况看，不很乐观。因此，大力发展语言培训特别是汉语培训，迫在眉睫，也能为同登镇加快中越边境往来和健康发展提供重要的语言支撑。

## 参考文献

［1］卞成林，刘金林，阳柳艳. 中越边境居民语言能力与经济收入关系研究：以广西东兴市为例［J］. 语言战略研究，2019，4（1）：58—68.

［2］王海兰. 国内经济学视角语言与贫困研究的现状与思考［J］. 语言战略研究，2019，4（1）：36—45.

［3］张津琛，储宁，孙东宁. 教育、健康、语言水平对个人收入的影响［J］. 当代经济，2019（6）.

［4］刘泉. 外语能力与收入：来自中国城市劳动力市场的证据［J］. 南开经济研究，2014（3）.

［5］张卫国. 语言的经济学分析：一个综述［J］. 经济评论，2011（4）：140—149.

［6］赫琳，张丽娟. 语言经济功能再认识［J］. 武汉大学学报（人文科学版），2017（6）：106—111.

［7］赵颖. 语言能力对劳动者收入贡献的测度分析［J］. 经济学动态，2016（1）.

［8］李宇明. 语言也是"硬实力"［J］. 华中师范大学学报（人文社会科学版），2011（9）.

［9］王小军. 语言资本效应的影响因素［J］. 开封教育学院学报，2015（3）：297—298.

［10］Leslie, Derek, and Joanne Lindley. The Impact of Language Ability on Employment and Earnings of Britain's Ethnic Communities [J]. Economica, 2001, 68 (272): 587-606.

# 汉语五种颜色双音节词的造词理据
# 及其在对外汉语教学中的应用

阮氏玉华（河内国家大学下属人文与社会科学大学东方学系）[①]

【摘　要】汉语词汇研究与教学一直以来受到汉语言文字学者的重视，其研究硕果累累。然而汉语词汇研究之成果仍偏向于事实的描写和阐述，较少针对词语造词理据进行深层次的思考与探讨。词语的理据是促动或激发语言存在、变异和发展的"动因"。研究汉语词语的理据不仅能对词语的意义、结构和用法进行准确的阐述，而且还能解释它的存在、变异和发展的动因。这有利于语言规范、词典编纂、汉文化和汉民俗研究以及对外汉语教学等方面。由于汉语颜色词汇系统庞大，在本文的有限篇幅中仅能筛选黑、白、红、黄、青五种颜色词根的双音节词作为研究对象，利用颜色三属性和客观因素对其进行理据分析及其内部结构分析。研究结果将对汉语教学提供一定的参考价值与启发意义。

【关键词】汉语颜色词；颜色；造词理据；结构；对外汉语词汇教学

## 一、汉语词语之造词理据

　　一个民族语言的词汇现象是极为复杂的。一般来说，从事词汇研究的学者一直专注于对词语的含义及其用法准确地加以阐述。而从事词汇教学的工作者则在前人的研究成果基础上将词汇的含义与用法传授给学习者。就此看来，词汇研究的工作十分重要，同时尤为艰难。很多学者一直努力去回答一个问题：一个词为何采取这一说法？这个问题简直就像小孩子常问大人："为什么我们把猫咪叫作猫咪？"实际上，有些词语形成的原因很容易解释，但很大部分则非常困难。如能对词语为何采取这一说法的原因加以解释，那么我们对词汇的

---

　　① 作者简介：阮氏玉华，1975 年生，河内国家大学下属人文与社会科学大学东方学系中国学专业主任，研究方向为对外汉语教学、汉文佛典语言、汉越语对比。

研究将会获得突破性的进展。

王艾录、司富珍等认为词的理据（Motivation），是词语发生、变异和发展的动因。简单地理解，词的理据是用某个词称呼某种事物的理由和依据。在理据学的角度下，词语同时具有理性意义（叫作"词义"）和背后支持它的理据。

汉语词汇的产生和发展大致经历过原生、派生和句段三个阶段。这三个阶段造出的词分别叫作原生词、派生词和句段词（合成词）。原生词的发生和发展早在人类的原始社会出现，其年代遥远，词的起源不易探索。派生词有两个含义：一是由旧词产生出新词（旧词是原生词，新词是派生词）；另一种是由词根和词缀构成附加式的合成词。句段词（合成词）在人类对客观事物的认识越来越精细时产生。人们就利用有限量的单音词（原生词和派生词），组成构造更为复杂的词组来表示新的概念[1]。合成词是汉语造词的一种重要手段。本文以五种基本颜色词为例，着重阐述汉语的颜色词中的合成词及其造词理据。

## 二、汉语颜色词

### （一）汉语颜色词

颜色是人们对客观世界的一种感知。人们自古对客观事物的颜色观察得非常精细，从而形成形容颜色的词语——颜色词。颜色词是任何一种语言词汇系统中的核心词，通过颜色词，一方面可以了解它的内部结构、造词理据，另一方面可显示出该民族对其所赋予的文化色彩。

汉语表示颜色的形容词很多，如：黑、红、白、黄、绿、青、蓝、棕、黛、绯、赤、朱、丹、灰、彤、碧等。根据我们的考察，由黑、白、红、黄、青等五种基本色所造出的词语相当丰富。例如有黑字的词语共有663个词，白字的有1519个词，黄字的有1391个词，青字的有1291个词，红字的有801个词[2]。颜色词所造出来大量的复合词、四字格、成语等，是丰富的语料，我们以此作为研究范围，颜色词的造词理据为研究对象。

汉语颜色词也是汉语词汇系统中的一种文化词，它们不仅仅表示某一种颜色，而且还包含着汉民族的文化底蕴。颜色与中国的阴阳五行、节俗、人生礼俗等具有紧密的联系，通过研究颜色词，我们也可以了解汉族人民丰富多彩的文化。

### （二）汉语颜色词的本义

汉典[3]指出五种基本颜色词的本义：

（1）黑色的本义是：火所熏之色也。

（2）白色的本义是：象日光上下射之形，太阳之明为白，从"白"的字多与光亮、白色有关。本义：白颜色。

（3）红色的本义是："从糸，表示与线丝有关，工声。本义：粉红色"。后泛指各种红颜色。

（4）黄色的本义是："金文象蝗虫形。当是'蝗'的本字。本义：蝗虫"。后指黄色。

（5）青色的本义是：蓝色、蓝色矿石或草木的颜色。后延伸到绿色、黑色。因此，青色可表示青、蓝、绿三个颜色。

上述五种基本颜色词是汉语词汇中的核心词，现在我们常用的意义是现代汉语颜色词的基本意义。

《应用汉语词典》[4]对上述颜色词解释其基本意义：

（1）黑：像煤或墨的颜色（跟"白"相对）。

（2）白：像霜雪一样的颜色（跟"黑"相对）。

（3）红：像血的颜色。

（4）黄：像黄金或向日葵花的颜色。

（5）青：1. 绿色或蓝色。2. 黑色。（"绿"：草和树叶茂盛的颜色；"蓝"：像晴空的颜色。）

从上面的解释来看，普通汉语词典常用某种最有代表性的事物所呈现的颜色来解释该颜色的基本意义，即"像……的颜色"。由于自然界的事物繁多，其颜色十分复杂，如何运用语言文字确定它们的颜色，这是不仅仅汉族人，而且还有很多其他民族在表达颜色时的共同追求。

## 三、汉语颜色词的造词理据及其内部结构

汉族人民对客观事物的颜色观察得十分精细，颜色词的数量十分丰富。在基本颜色确立之后，更复杂的颜色也随之而出现。汉语基本颜色的造词理据是以彩色系中颜色的三个基本特征（也称色彩的三个属性）为主，即色相、纯度与明度（亮度）。此外，一些颜色合成词在某些客观因素的刺激或作用下呈现出来。这也算是颜色词的造词理据。

色彩三个属性的造词理据：

## （一）理据一：色相

色相是颜色的最大特征。所谓"色相"是指能够比较确切地表示某种颜色色别的名称。简单地说色相是各类色彩的相貌称谓。色相也就是由原色、间色和复色构成的。人的眼睛可以分辨出大约 180 种不同色相的颜色，因此人类需要用语言文字表达颜色，其方式是用客观事物的名称及其所具有的颜色再加上某种基本颜色。按照这种理据，我们将语料库中的颜色词分为以下几类：

1. 动植物之色：

——植物之色：葱白、茶白、藕白、橙红、橘红、梅红、榴红、桃红、石榴红、杏红、枣红、橙黄、葱黄、橘黄、姜黄、柳黄、松花黄、杏黄、栀黄、葱青、草绿、葱绿、豆绿、橄榄绿、果绿等；

——动物之色：猩红、鱼尾红、鹊黑、鹅黄、蛾黄、鱼肚白、鹁鸽青、蟹青、鸭蛋青等；

2. 天象之色：皑白、雪白、霜白、昏黄、傍黑、侵黑等；

3. 矿物质之色：铁黑、炭黑、土黄、金黄、石青、铁青、银白；

4. 人之色：

——血液之色：血红；

——须发之色：黪黑；

——皮肤之色：肉红。

这类的结构标为 BA 式。BA 式的理据结构为后中心结构，即喻体+本体。A 是本体，即基本颜色，B 是喻体，即事物所具有或呈现的颜色。

## （二）理据二：纯度（彩度、饱和度）

1. 色彩的纯度是指色彩的纯净程度，它表示颜色中所含有色成分的比例。含有色彩成分的比例越大，则色彩的纯度越高。这是汉语中正色、纯色的造词理据。例如：

（1）正黑、真红、官黄、正青；

这类的结构标为 CA 式。CA 式的理据结构为后中心结构，即前缀语素+本体。前缀语素一般具有正统、纯粹等义的语素，例如：正、真、官、素等。

2. 与正色相反，含有色成分的比例越小，则色彩的纯度也越低。两种颜色搭配，前者是辅助色，后者是主要颜色。这是汉语中复色的造词理据。

（1）粉红、朱红、紫红、棕红、丹红、黑红；

（2）乌青、黑青、黛青；

（3）赤黄、苍黄、丹黄、青黄、棕黄。

这类的结构标为 A'A 式。A'A 式的理据结构为后中心结构。即前缀语素+本体，其中 A' 也是颜色词，在结构中仅仅是辅佐，A 是基本词，是结构中心的主色。A' 又可分成两类，一类是与 A 属于同类色。"同类色"是指色相性质相同，但色度有深浅之分。如粉、朱、赤、丹、绯等属于同类色或乌、黑、黛、黎等属于同类色；另一类 A' 是别于 A 色，即不属同一类颜色。我们可以称之为杂色或复色。这也是复色造词主要方式。

### （三）理据三：明度或亮度

明度是指色彩的明亮程度。各种有色物体由于它们的反射光量的区别而产生颜色的明暗强弱。色彩的明度有两种情况：

1. 同一色相不同明度。如同一颜色在强光照射下显得明亮，弱光照射下显得较灰暗。光的强弱取决于以下几种条件：

（1）光线的强弱度。阳光照射的强弱具有昼夜之分，与时间有关。白天阳光强，夜晚阳光或月光弱。颜色明度的变化受阳光照射强度的影响。用这个原理造出来的颜色词，结构为后中心结构，即前缀语素+本体，标为 DA 式。D 是表示强的明度或亮度，与时间有关的语素，标记为 D（一般是明、皓、皎、皭等语素）。例如：明黄、皓白、皎白、皭白等；明度或亮度低，标记为 D'，包括：暗、黢、阴、月、黵、昏、冥、幽等语素。例如：暗黑、黢黑、月黑、冥黑、暗红、昏黄、阴黄、暗白等。

（2）水的深浅度。简单地说，水的颜色程度随深度增加而增加。因此，颜色造词理据也利用此原理。理据结构为后中心结构，即前缀语素+语体，标为 EA 式。前缀语素可分为两种，一种表示深度的语素，标记为 E；一种表示浅度的语素，标记为 E'。前者通常是：深、渊、测等语素。例如：深红、渊黑、测黑、沈红、渊碧等。后者通常是浅、窃（"窃"通"浅"）、浮等语素。例如：浅白、浮碧、窃黄、窃红。

（3）颜色的明度与光源距离的远近。形容当我们走进山洞里，越走离洞口越远（洞口是光源），这时洞里无法吸收和反射光线，光线越弱，洞里的颜色越深。一般来说地下的自然颜色是土色、灰色或黑色，因此离开光源越远，颜色渐渐变成黑色。按照这一原理，这类词的造词理据标为 FA 式，即结构为前缀语素+本体。前缀语素一般是表示洞穴等处所意义的语素，如：洞、突、窃等。本体仅有黑色，没有其他颜色。例如：洞黑、突黑、窈黑。

2. 同一颜色加黑或白以后能产生各种不同的明暗层次。

（1）某种颜色加上白色会产生出浅颜色。复合词中的两个颜色，前者为基本色，后者是白色，调出来是浅颜色、淡色。这类的结构为 A+白式，理据结构为前中心结构，即本体+白。例如：

颜色+白（A白），表示浅的颜色：赤白、灰白、黄白、青白。

（2）某种颜色加上黑色会产生出深颜色。复合词中的两个颜色，前者为基本色，后者是黑色，调出来是深颜色、暗色。这类结构为 A 黑式，理据结构为前中心结构，即"本体+黑"。例如：

颜色+黑，表示深的颜色：苍黑、赤黑、青黑、棕黑。

## （四）理据四：客观因素的刺激或作用

客观因素刺激对某些人和物产生一些作用过程中，使其表层或皮肤出现某种颜色。通过对语料库中的颜色词考察，发现有以下几种客观因素：

（1）因饮酒、醉酒：酒精使人的皮肤呈现某种颜色。医学证明，人喝酒后，酒精在人体内对血液的正常代谢产生影响。脸上的反应便会呈现出暗淡、发青、发黑、发白及发红。在颜色词群中，我们仅发现因喝酒而发红的例子。酣红（因酒醉而脸上呈现的红色）、酒红、酡红、醉红等。

（2）因烧焦。焦的本义是物体经火烧变色并发硬、发脆。例如：焦黑（物体燃烧后呈现的黑色）、焦黄、逼红等。

（3）因潮热、霜等的作用下产生颜色的变化：霉黑（物体受潮湿而发霉变青黑）、黣黑（同霉黑）、郁黑（因湿热郁积而变黑）、霜红（指经霜后变成红色）等。

（4）因外界因素对心理的刺激，使脸部、皮肤颜色的变化。主要有恐惧和害羞两种心理：煞白（因恐惧、愤怒或疾病等而致脸色无血色）、赧红（因害羞而脸色发红）、羞红、涨红等。

这类词的结构为 FA 式，是因果结构，F 是指客观的起因，A 是由客观起因所产生的颜色变化（果），其理据结构为"因+本体"。

## （五）理据五：生物的生长特点

从理据一（色相）来看，很多颜色都用生物（动植物）的颜色作为喻体，即"像某种动植物的颜色"。从这一理据衍生出来，颜色也可以利用生物的生长过程所呈现的某些特点，作为形成理据。植物生长过程，主要经过发芽、生根、长叶、成熟、开花、结果、熟烂。相应的特征是植物娇嫩、柔嫩、熟、烂等。利用植物生长过程的特征创造颜色词。例如：嫩鹅黄、嫩红、嫩黄、嫩绿、柔黄、蔫红、熟红、烂红。动物的生长过程是出生、生长发育、繁殖、衰老。相应的特点是娇、衰等语素。例如：娇红、娇黄、娇绿、嫣红、衰白、衰黄。这类词的结构标为 GA 式，理据结构为后中心结构，即前缀语素+本体。前缀语素一般是动植物生长过程中所具有的特征。

汉语颜色词是汉语词汇系统中的核心词，汉族人民在最基本颜色词的基础上又创造出更多的双音节和三音节颜色词。它们不仅体现汉族人民对客观事物的精细观察和精确的描述，而且还能够证明汉族人民在颜色词的造词方面具有很强的逻辑性和科学性。从汉语双音节颜色词的造词理据来看，我们不仅利用彩色三个属性以及外部客观因素，将这一词群的内部结构进行详细的分析，而且还能够解释这一词群的形成脉络。分析结果将运用于对外汉语教学中的汉语词汇教学。

## 四、对外汉语词汇教学中造词理据的运用

词语的造词理据原本是本体研究，但其研究成果完全可以在对外汉语词汇教学方面得到运用。汉语词汇教学是汉语言教学中的重要板块，词语的意义、结构和用法是词汇教学的重中之重。词语的理据在实践教学中对词语的意义、结构和用法起到一定的作用。在目前的情况来看则应该采用多元的教学模式。需要根据汉语生不同的阶段、不同的课程、不同的教学条件、不同的目的而制定不同的教学模式。

### （一）有助于对外汉语词汇教学词语意义的解释及结构的分析

对外汉语教学中词汇教学可采用两种方式：一种是普通式词汇教学，另一种是专题式词汇教学。普通式的词汇教学是指汉语课程中的词汇教学部分。汉语课程在初、中、高级三个阶段与综合课、口语课、听力课、阅读课和写作课等汉语技能课程紧密结合。词汇教学对这些课程的教学起到十分重要的作用。词汇教学注重于讲解词语的意义（包括基本意义、引申意义、派生意义、文化意义和色彩意义）以及词语的结构。在词汇意义和结构教学过程中，我们可以适当地利用词语的理据进行讲解，这样有助于学生对词语的意义和结构的了解与记忆。但是这种普通式的词汇教学仅仅单一针对某一个词，而不可能将某一

词群的理据性、整体性、逻辑性、关联性一次性地讲解清楚。因此，对低年级的汉语生，不建议老师使用这种办法。在中级汉语和高级汉语阶段，我们完全可以采用专题式的词汇教学模式。这种教学方法是针对中、高年级汉语生开设的主题讲座。汉语词汇专题式的讲座，既有利于有系统地深入讲解词语的意义、结构及其用法，也能传授相关的知识（如汉族人民在造词的思维、民族心理、民族习惯或汉文化知识）。众所周知，汉语词汇并非孤立存在，汉语词群一般还承载着汉民族深厚的文化内涵，也叫作"文化词"。词汇教学也是文化教学，词汇学习也是文化学习。理论和实践都证明，这种教学方式将汉语词汇教学中通常强调的针对性、科学性、趣味性、启发性等因素结合在一起，教学效果显然比普通式的词汇教学更为突出一些。学生对专题式的汉语词汇教学更感兴趣。

## （二）有助于汉语词汇用法的教学

了解和掌握汉语词汇的意义及其结构只是学习汉语词汇的基本层面，如何将学过的词语准确、灵活、巧妙地运用于交际中（口头交际与文献交际）或中文文献阅读、文学作品欣赏等才是最终的目标。而恰恰在这个环节上，学生们的运用能力却显得薄弱些。首先，学生在口头表达或写作时倾向于选择使用一些较为简单的词语。例如，在口头描述或描写人物、景物等的时候，学生们一般习惯用单音节颜色词或者颜色词的重叠式双音节词。其原因之一是只熟悉单音节颜色和重叠式双音节颜色词。其次不太熟悉其他形式的颜色词（如本文中提出几种类型的颜色词、XYY 式叠韵颜色词等），因此在使用的时候产生"避开"的心理，减少语法和表达上的错误。稍微复杂的颜色词一般不常出现在基础汉语教材中，中级和高级汉语教材的课文和阅读部分偶尔出现，但也不列在生词部分，因此不能够引起老师们和学生们的注意，很容易错过。我们对中级汉语生和高级汉语生（共 82 名）进行讲座前和讲座后的一项调查发现，通过汉语颜色词专题式的教学模式，情况有些好转。具体如下：

| | 掌握的难度 | | | 感兴趣的程度 | | |
|---|---|---|---|---|---|---|
| | 意义 | 结构 | 用法 | 不感兴趣 | 一般 | 很感兴趣 |
| 讲座前 | 60% | 85% | 89% | 49% | 38% | 13% |
| 讲座后 | 36% | 43% | 72% | 27% | 31% | 42% |

从上表可以看出，在专题式的讲座前，同学们对此类颜色词的掌握难度偏高（其中词语的结构和用法掌握难度相当高，词语意义可以按照词语的字面意义进行猜测）。讲座后，学生们对此类词语的掌握难度减少了许多，而且对此类词语的兴趣增加了不少。通过我们在语料库中搜索出来的例子，同学们更容易掌握词语的用法并可以模仿造句，不过他们真正运用的时候情况如何，还需要跟踪观察和进一步评估。

词语的造词理据研究实际上是一项艰难的工作，但其研究成果意义重大。如何对汉语词语的理据进行深入的研究，将研究成果运用于教学方面是研究工作者和教育工作者的重要任务。目前对外汉语词汇教学工作中，教师们也在努力尝试着不同的教学方法，摸索着有效的教学模式，积累更多的经验。本文的研究成果已在小范围内进行教学尝试，效果比普通式词汇教学更为客观，为对外汉语词汇教学提供一个范例。

## 五、结论

汉语词汇非常丰富，颜色词是汉语核心词。人类对事物的观察和认识越精细，颜色词也就越丰富，越复杂。通过对汉语颜色词的考察和其造词理据的分析，我们认为汉语颜色词数量众多，其结构与造词理据相对具有系统性，内部结构精细，造词理据丰富，既是对外汉语教学的重要内容，也是提高对外汉语教学质量的重要途径。

## 参考文献

［1］王艾录，司富珍. 汉语的语词理据［M］. 北京：商务印书馆，2007.

［2］http://www.esk365.com/hycd/（汉语词典.在线查词）

［3］https://www.zdic.net/（汉典在线查词）

［4］商务印书馆辞书研究中心编. 应用汉语词典［M］. 北京：商务印书馆，2000.

# 汉泰外来词构词特点的比较研究

潘 洁　杨 艳　曾 乐（昆明文理学院人文学院）①

【摘　要】泰国是"一带一路"沿线国家，也是"澜湄五国"之一。本文以比较语言学和国别化中文教学理论为基础，采用对比的方法研究汉泰语言中外来词构词特点的异同，目的在于帮助学习汉语的泰国学生和学习泰语的中国学生辨别所学语言中的原生词与外来词，并通过与自己母语中外来词的对比，更容易地掌握并准确使用外来语，接纳但不滥用外来语，同时对"澜湄五国"国别化中文教学及翻译工作者带来一定的启示作用。

【关键词】澜湄五国；汉泰；外来词；构词特点；对比

2015 年，习近平主席推进澜湄合作的讲话中用了一个新的外交词——澜湄合作（LMC），即中国与柬埔寨、老挝、缅甸、泰国、越南 5 国围绕澜沧江–湄公河流域实施可持续开发和开展互惠务实的对话合作机制[1]。"澜湄五国"同属于中南半岛，受汉文化圈的影响较大，而且互为邻国，同属佛教国家，文化交流较为频繁，云南省又较为临近"澜湄五国"，因此我们可以把云南与"澜湄五国"的国际中文教育事业，作为一个整体来单独研究，特别是国际中文教育渗入较早和发展较好的泰国，可以通过语言对比的方式，特别是对比母语和目的语的异同之后来指导国际中文教学。词汇是语言的重要组成部分，相对于语音、语法，它自成一个开放的、能动的系统，不断地和其他民族的语言进行交流。任何一种语言都把吸收外来词作为丰富自己词汇的一个重要手段，汉语和泰语也不例外。对比汉泰外来词种类、构词特点、分布和用法的异同，让大家清晰地了解两种外来词的差别，为这方面的进一步研究提供参考，更重要的是可以运用对比的成果为国别化中文教学提供可借鉴之处，降低汉语入门时的难度，更好地激发泰国学生学习汉语的兴趣，利用汉泰外来词的

---

① 第一作者简介：潘洁，女，1983 年生，籍贯云南昆明，硕士学位，副教授，昆明文理学院（原云南师范大学文理学院）教师，研究方向为比较语言学、国际中文教育等。

异同引导学生进行正迁移，减少负迁移，为国别化中文教学提供更多的针对性建议，希望对国际中文教育事业的发展有所帮助，从而培养更多有助于云南同"澜湄五国"发展的人才。本研究是云南省教育厅科学研究基金项目"基于汉泰外来词对比下的国别化中文教学研究"的基础研究，即汉泰外来词构词特点比较研究。

## 一、汉语外来词的构词特点

从汉泰外来词的种类我们可以看出，外来词的引入方式大多与音译、意译或两者融合相关，就算是借形词，引入后跟原词也会有语音和词义上的差异，因此分析外来词的构词特点时我们也应该从语音和词义两方面来着手。

### （一）语音方面的构词特点

第一点是汉语改变了外来词的声调及音节结构形式。因为汉语是音形分离的语言，同时又有音调，但外来词大部分没有音调，被引入并记录为某些汉字后就改变了原来的发音规则，拥有了自己的音调。总的来说，所有带有音译成分的外来词均被安上了声调，而且多无任何规律可循。例如："Clone"一词被记录为"克隆"，读作"kèlóng"，进入汉语系统后按照汉语的语音特点摇身一变成了一个有声调的双音节词语。

第二点是音节中部分音素的改变。外来词的某些音素是汉语语音系统所没有的，于是音译时只能用汉语中音色比较接近的音素去对译。例如：汉语中没有音素/r/（舌尖前浊闪音），也没有/m/（收尾的鼻音母），所以引入外来词时，若碰到/r/就用/l/替换，碰到/m/就用/n/、/ng/代替。例如："Rebecca"，lìbèikà，丽贝卡，"r"音即用声母"l"进行了替换。

第三点是音节的增减。上文提到，汉语的双音节词占优势，但外来词原本不一定是双音节，原词为单音节的就在单音节的基础上增加一个音节成为双音节外来词，原词为多音节的就减音以适应汉语音节规律。例如：

| | | | |
|---|---|---|---|
| Fils | fil-s | 费尔 | （1音节→2音节） |
| Cigarette | ci-gar | 雪茄 | （3音节→2音节） |
| Romantic | rom-an | 浪漫 | （3音节→2音节） |
| Bodhisattva | bod-sa | 菩萨 | （4音节→2音节） |
| Aluminum | al | 铝 | （4音节→1音节） |

## （二）词义方面的构词特点

第一点是添加形旁表示外来词的意义类属。由于汉字形旁的特点，人们在选取外来词用字时，既要注意语音上的接近，也习惯于把作为音译符号的字加上形旁（意义符号）以表示其意义的类属。如"榴梿"一词，据说是郑和下西洋时，在南洋群岛发现的。因其口味鲜美，令在海上漂流已久的郑和一行乐不思蜀、流连忘返，因此，郑和为其取名为"留连"，后来植物学家取其谐音，改为"榴梿"。其实"榴梿"一词只是印尼语 Durian 的音译，"木"字旁不过是好事者的刻意所为。从以上两种说法我们可以看出，中国人在创造外来词时总喜欢按照音译结合文字的特点来造词，这样的例子还有很多，如"苜蓿、茉莉、猩猩"等等。

第二点是赋予褒贬色彩体现对外来词的文化心理。词除了具有理性意义之外，有些词还具有感情色彩、语体色彩等附加意义，其中的感情色彩就是通常所说的词义的褒贬。中国人在创造外来词时往往会赋予外来词褒贬色彩，以体现人们对这个词的褒贬态度。例如："奔驰、可口可乐、百事可乐、谷歌"等外来词，字面上都有赞美的含义，"美国、英国、德国、法国"等国名，用以音译的字眼也都是很有美意的，但是"非洲、犹太"等词则明显地体现了引入时人们对这些词语所代表意义的态度。

第三点是词义的扩大、缩小、转移、引申及分化。（1）词义的扩大指的是词义所反映的事物、对象范围的扩大。例如："Sofa"是英语外来词，"沙发"在英语中指"大的、有靠背和扶手的、可供不止一个人坐的坐具"，而在汉语中不仅可以指两人或多人坐的沙发，还可以指单人沙发。（2）词义的缩小指的是词义所反映的事物、对象范围的缩小。例如："道具"这个日语外来词，在日语中原指用处或用具的意思，被汉语吸收进来后，仅代表舞台上所用的器具，比原义范围小了。（3）词义的转移是因为一个词在产生之初意义是简单的，只表示特定的事物和概念，但随着语言或外在事物的发展，这种简单的意义逐渐发生了转化，并派生出新的意义。例如："Poker"是英语外来词，"扑克"在汉语中指的是 52 张一套的纸牌，而英语中却指的是纸牌的一种玩法，即人们为了赢钱而进行的一种卡片游戏。从英语到汉语就经历一个由纸牌游戏转移到纸牌的过程。（4）一个词通常有几个义项，其中由那个基本的、常用的义项经过推演发展而产生的意义就叫作引申义。外来词的本来意义在进入汉语体系后也可能延伸出很多引申义。例如："Huns"源于匈奴语，译为"胡"，本为匈奴人自称，后来在汉语中用来泛指东方非中原的民族，且由于一些认识问题，"胡"产生了一个引申义"蛮不讲理、随性而来"，如"胡扯、胡闹、胡说八道、胡作非为、胡搅蛮缠"等。除了意义的引申外，词性也可引申，例如刚提到的"胡"，它本来是名词，但引入后随着意义的引申，这个词也可以作为副词的词性来使用了。（5）语义的分化即一个外来词进入汉语后产生了多个外来词。例如："Motor"一词借入汉语后分化为"摩托""马达"两个词。

## 二、泰语外来词的构词特点

泰国人在借用外来词时，通常根据泰语的语音特点对其进行删减和改造。泰语外来词与原词词义基本相同，但有一些词义也出现了扩大、缩小、转移以及语体和修辞色彩等方面的变异。

### （一）语音方面的构词特点

第一点是泰语在无形中都为外来词加上了声调。泰语有 5 个声调，但是只有 4 个声调符号（◌̀ ◌̌ ◌̃ ◌̂），因为第一调无声调符号，调号标在辅音上面。泰语的辅音又分为中辅音、高辅音和低辅音，元音分为长元音和短元音，同时有些词语有尾音，尾音又可分为清尾音和浊尾音。当不同的辅音与不同的元音相拼，有些词又加上尾音时，会发生有规律的变调情况。具体规律不做详细介绍，但要表明的是，泰语词汇中，没有调号的词很多，但并不代表这个词就一定是读第一声，也有可能是读第二声、第三声、第四声或第五声，这是辅音、元音及尾音搭配后变调的结果。泰语音译外来词一般不使用调号，但因为音译时是按照泰语发音规律拼合的，所以无形中也都给外来词加上了声调。例如 สูท（适合，suit 的音译词），单看字面上没有调号，但实际上这个词读第二调。音译时如果泰语中有相同的读音情况，为不使产生混淆，有时也可以使用音调。例如：โค้ก（可口可乐，coke 的音译词），"◌̌"是第三调，但实际上这个词在这里也不读第三调，变调后读第四调。另外，泰语的发音方式是强调音节，而西方语言大多强调音节里的重音，因此当泰语中引进欧美词汇时，其发音形式也发生了变化。

第二点是音节中部分音素的改变。这一点和汉语外来词相似，泰语外来词的某些音素是泰语语音系统所不具备的，音译时也只能用泰语中音色比较接近的音素去对译。例如：泰语中没有音素/c'/（舌尖摩擦音），也没/f/（唇齿摩擦音），所以引入外来词时，若碰到/c'/就用/ช/替换，碰到/f/就用/ว/替换，如：กาแฟ（咖啡，coffee 的音译词），里面的 f 音就是用 ว 来替换的。另外，泰国人不发尾辅音，因为在泰语里面尾音都是闭嘴音，不会使尾辅音出气，碰到这种情况时，都用泰语的清尾音或浊尾音来替换，例如：บอล（球，ball 的音译词），里面的第一个尾辅音 l 就是用 ล（相当于国际音标里的 n 音）来替换的。当碰到这些泰语中没有的音素时，除了可以用有的音素替换外，泰语引入外来词时还可以使用省音的办法。省音的办法有两种，直接省去或在本来要发的音上面加上省音符号（ ์ ），例如上面提到的 บอล 这个词，里面的第二个尾辅音 l 就是直接省去了，但很多时候，外来词都要使用省音符号，例如：เซลล์（细胞，cell 的音译词），里面的第二个尾辅音 l（ล）就被用省音符号省去了，还有 ฮอร์น（喇叭，horn 的音译），里面的 r（ร）也省去了。用省音符号的好处就是这个音虽然被省去了，但我们看到后就知道是被省去了哪个音，也可以作为判断外来词的依据之一。

第三点是字母和符号的增加。泰语在借用外来语时，增加了一个不发音符号（ ์ ），上面已经提到，而在早期借用梵巴语词时，就增加了十五个字母（如 ฎ、ฏ 等），以弥补泰语发音的不足，现在这些字母都已经融入到了泰语的语言体系当中，也可以用于泰语自身新词的创造，但从早期进入泰语的外来词中我们还是可以看出外来的痕迹，例如：ปฏิปักษ์（仇敌），里面既出现了 ฏ 字母，又出现了省音符号，这样我们基本可以认定这是一个来自梵巴语的外来词。

第四点就是音节的增减。上面也已提到过泰语的单音节词较多，因此泰语在引入外来词时都会尽量遵循泰国人的认知习惯，所以泰语中出现了很多减音后的单音节外来词。当然，随着词汇的增加与复杂，单靠单音节词是满足不了社会的要求的，因此增音的情况也同样存在，主要是在引入梵语、巴利语和高棉语时出现。例如：

| | | |
|---|---|---|
| อนุช（梵巴语词） | นุช（妹妹） | （2 音节→1 音节） |
| Number（英语词） | เบอร์（数字） | （2 音节→1 音节，只发后面 ber 的音） |
| Double（英语词） | เบิ้ล（双） | （2 音节→1 音节，只发后面 ble 的音） |
| Tutor（英语词） | ติว（辅导） | （2 音节→1 音节，只发前面 tu 的音） |
| Entrance（英语词） | เอ็น（入口） | （3 音节→1 音节，只发前面 en 的音） |
| Champion（英语词） | แชมป์（冠军） | （2 音节→1 音节，只发前面 cham 的音） |
| สตรี（梵语词） | อิสตรี（淑女） | （2 音节→3 音节，增加了前面的 อิ 音） |
| เยาว（梵语词） | เยาวเรศ（年轻的） | （2 音节→3 音节，增加了后面的 เรศ 音） |

### （二）词义方面的构词特点

第一点是借用梵巴语的构词法则。泰语外来词因为借用梵巴语词汇较多，因此在构成新外来词时会遵循梵巴语的构词法则。具体说有"萨玛"和"顺替"两种。"萨玛"是巴利语构词法，即把两个或两个以上语素组合在一起构成新词，类似我们的词根复合法；"顺替"是梵语–巴利语构词法，即把两个单纯词通过语音替代的方式结合成一个复合词，例如：มรรคุเทศก์（导游，梵巴语外来词），是 มรรค（道）+อุเทศก์（解释）=มรรคุเทศก์（ค+อุ 复合，省略了 อ，ค 和元音 ◌ 复合成了 คุ），因为很多外来词在引入泰语时很难用单音节词表述，所以这一引入特点以及上面提到的一些引入方法使泰语多音节外来词出现并不断扩大。

第二点是词义褒贬色彩的转变。跟原词相比，有些泰语外来词在修辞色彩上发生了变化。原词为中性词，引入后却表示贬义或戏谑、调侃之意。例如：แฉ（查，汉语外来词），在潮州话中，这个词指"调查"，是中性词，但在泰语中词义变为贬义色彩的"揭穿"，而泰语本身另有一个中性色彩表示"揭穿"的词。另有 ก๊วน（馆，汉语外来词），潮州话中泛指从事同样嗜好的一群人，一般指华侨为了互助合作、维系华人的感情，通常会在侨居国组织一些同乡会馆之类的民间机构，但泰语引入这个词后泛指从事不良嗜好的人，具有贬义色彩，但现在口语中提到的"馆"也可作为中性词语[2]。

第三点是词义的扩大、缩小、转移、引申及分化。（1）某些外来词进入泰语以后，随着泰国社会发展的需要，扩大了外来词所指客观事物的范围或增加了新的义项，除了表示原词的所指意义以外，还表示跟原词意义有关系但又不相同的事物或概念。例如：วิตถาร 是梵巴语外来词，原意是指"宽广、精细"，引入后除了有宽广、精细之意外，还有"广泛、奇异、令人惊奇的、奇怪的"的意思。（2）跟原词相比，有些外来词在自己的国家有很多词义，但是借入泰语后的义项却减少了。例如：บ่อย，英语 boy 的音译，本义是男孩、男侍者，但泰语中只用"男侍者"之意。ฟรี，英语 free 的音译，本义是自由、公共、方便、没有规则、免费得到，但泰语中只用"免费"之意。（3）外来词被借入泰语后，意义经过演变，与原词的意思已经完全不同。词义转移的过程，一般是先从本义产生了变义，后来变义越来越重要，把本义排挤到附属的地位上去，最后本义完全消失，变义独占了原词的形式。例如：นิสิต，梵语外来词，原指信徒，但引入泰语以后慢慢往"一直学习的人"倾向，最后变义为"大学生"。（4）除了意义可以引申外，词性也会变化。泰语的造词特点是以添加词缀、词根的形式改变词性而创造词汇。例如：ความ+动词→名词、名词+ภาพ→动词等，所以外来词引入后可根据实际的需要改变词性加以使用。（5）词义的分化在泰语外来词中也是同样存在的。例如：也是"Motor"这个词，引入泰语后同样被分化成了 มอร์เตอร์ 和 ยนต์ 两个词。

## 三、汉泰外来词的构词特点的异同分析

汉泰外来词的构词特点在语音和词义方面都有相似之处，在相似之中又有各自的特点，另外也有完全不同的地方，下面就对异同点做一些详细分析：

### （一）汉泰外来词构词特点的相同点分析

第一是汉泰语引入外来词时有形无形中都为外来词加上了调号并相对于西方语言更强调了音节性。虽然两种语言加上声调的方式和体现都不一样，但因为汉语和泰语都是有声调的语言，在引入外来词时也必定要按照这一特点为外来词加上声调。同时，汉泰语的发音方式是强调音节，而西方语言大多强调音节里的重音，因此当两种语言中引进这些词汇时，其发音形式也会发生变化，强调音节性。

第二是汉泰语在引入外来词时都会根据自身语音系统的特点发生部分音素的改变。这一点在上面的阐述中都可以看出，只不过两种语言的语音系统不具备的音素不一样，所以替代的音素也不一样。例如汉语中没有音素/m/，所以碰到/m/就用/n、ng/代替；泰语中没有/f/，所以碰到/f/就用/w/替换。

第三是汉泰语在引入外来词时都会根据国人对音节词的认知习惯增减音节。这是引入外来词时首先要顾及的一个方面，因为只有适合本国语言的发音习惯，这个外来词引入以后才能更快、更容易地被国人接受。当然，随着社会和语言的发展，一定要按照这个规律显然也是不现实的，也需要复合的词汇更正确、更清楚地引入原词的音义，所以现在汉泰语中也出现了很多较长音节的外来词，例如：deoxyribonucleic acid 译为"脱氧核糖核酸"。

第四是汉泰语在引入外来词时都会对部分外来词赋予褒贬色彩以体现对外来词的文化心理。词除了具有理性意义之外，有些词还具有感情色彩，那在创造外来词时，不同国家的人往往会赋予外来词不同的褒贬色彩，以体现人们对这个词的褒贬态度。从上面举的例子中我们就可以看出，中国人对欧美洲的一些事物是持有褒义态度的，而泰国人对中国的一些事物则是持有贬义态度的，当然，这些词随着态度的改变用法上也会慢慢变化。

第五是外来词引入汉泰语后部分词会有词义的扩大、缩小、转移、引申及分化。某些外来词进入新的语言体系以后，随着那个国家社会发展的需要，发生词义上的变化是可以理解的，因为这个词一旦进入另外一种语言体系以后，人们就可以用自己的方式来解读、运用，久而久之，这个词也就完全附加上了本地的理解，原来的意义就不太重要了。

## （二）汉泰外来词构词特点的不同点分析

第一点不同是，汉语在改变外来词的音素时只是用汉语中已有的音素去替换，而泰语专门为外来词增加了十五个字母和一个不发音符号。虽然现在这些字母和不发音符号都已融入到泰语体系中，有时也参与自身新词的构造，但从这一点我们可以看出外来语对泰语的影响深远。

第二点不同是，汉语中双音节词占优势，因此外来词多增减为双音节词；而泰语中单音节词占优势，因此外来词多增减为单音节词。例如：英语"channel"引入到汉语中是双音节词"频道"，而引入到泰语中是单音节词"ช่อง"，又如"beer"引入汉语中为双音节词"啤酒"，而引入泰语中则为单音节词"เบียร์"。

第三点不同是，汉语是音形分离的语言，而汉字又有形旁的特点，因此在选取外来词用字时，人们习惯把作为音译符号的字加上形旁以表示其意义的类属；而这一点是泰语外来词中没有的，因为泰语是音形结合的语言，它最多只能用音义加注的形式来表现外来词的类别，但这跟形旁的表示方法是完全不同的。

第四点不同是，汉语大多是运用词根复合法来构成新的外来词，而泰语因为借用梵巴语词汇较多，因此会遵循梵巴语的构词法则，就是之前提到的"萨玛"和"顺替"两种方法。原因是汉语有比较成熟的词汇和构词法则，借用的外来词一般都是新出现的事物，可以用自己的构词方法来引入；而泰国历史较短，词汇匮乏，受到宗教的影响，很多基本词汇都是随着佛教梵语、巴利语借用而来，一开始就遵循它们的构词法则，而后在外来词引入时也就一直使用下去了。

第五点不同是，汉语外来词引入后，词性可以引申，但词本身的形式已经固定；而泰语在词性方面是以添加词缀、词根的形式改变词性，因此外来词引入后，还可通过添加词缀、词根来改变词性，但意义相似或相同的附加外来词。例如：วิจัย（research，英译外来词，"研究"之意）这个词引入时是动词，但引入后，泰国人按照泰语改变词性的方法在前面加上词缀 การ（การ+动词→名词），การวิจัย 就变成名词性的"研究"了。

## 结语

通过对汉泰外来词构词特点的对比我们可以看出，因为两个国家地理位置、文化的接近，还有两种语言都是孤立语和一些共性，使得两种外来词在构词特点方面有一些共同点：汉泰语引入外来词时都为外来词加上了调号，都会根据自身语音系统的特点发生部分音素的改变，都会根据国人对音节词的认知习惯增减音节，都会对部分外来词赋予褒贬色彩以体现对外来词的文化心理，也都有部分词会有词义的扩大、缩小、转移、引申及分化。当然，因为两国的发展历程、信仰的不同，以及语言本身构词法则和语法规则的不同，也使得它们在构词特点方面有一些差异：汉语在改变外来词的音素时只是用汉语中已有的音素去替换，而泰语专门为外来词增加了十五个字母和一个不发音符号；汉语中双音节词占优势，因此外来词多增减为双音节词，而泰语中单音节词占优势，因此外来词多增减为单音节词；汉语是音形分离的语言，而汉字又多有形旁，因此在选取外来词用字时，人们习惯把作为音译符号的字加上形旁以表示其意义的类属，这一点是泰语外来词中没有的；汉语大多是运用词根复合法来构成新的外来词，而泰语因为借用梵巴语词汇较多，因此会遵循梵巴语的构词法则；汉语外来词引入后，词性可以引申，但词本身的形式已经固定，而泰语在词性方面是以添加词缀、词根的形式改变词性，因此外来词引入后，还可通过添加词缀、词根来引申出词性不同，但意义相似或相同的附加外来词。

结合以上对比研究的结论，我们发现在汉泰语教学的过程当中，如果教师可以了解学习者本族语与所学习语言之间的异同，就可以预测学生在学习过程中可能出现的困难，从而可以更好地把握教学中的难点和重点，进行有效的国别化教学。在对外汉语教学碰到外来词时，可以引导泰国学生根据汉语语音系统的特点自然地进行音素的改变。例如：让学生知道汉语中没有音素/r/，在引入外来词时，若碰到/r/就用/l/替换。例如："Rebecca"，lìbèi kà，丽贝卡，让学生自己考虑里面的"r"音应该用什么声母替换。

最后，希望疫情过去之后，我们的研究团队能真正深入对泰国国别化中文教学的一线进行研究和推广，希望把研究结论真正落到实处。同时，外来词只是词汇当中的一部分，而词汇又是语言的重要组成部分，相对于语音、语法，它自成一个开放的、能动的系统，因此下一步可以考虑对汉泰其他方面的词汇进行对比，进一步指导对泰国国别化中文教学，从多方位、多角度来提高国际中文教学的教学效率和效果，为国别化中文教学研究的深入和"澜湄五国"国际中文教育事业的发展贡献微薄之力。

## 参考文献

［1］史有为. 新华外来词词典［M］. 北京：商务印书馆，2019.

［2］卢晓，余瑾，汪苑菁. 对外汉语教学的国别化思考：以对泰汉语教学为例［J］. 中国电力教育，2011（32）.

［3］วิไลศักดิ์ กิ่งคำ, รศ.ดร. ภาษาต่างประเทศในภาษาไทย[M]. กรุงเทพฯ: สำนักพิมพ์เกษตรศาสตร์ สนพ, พิมพ์เมื่อ: พฤศจิกายน, 2550.

# 云南两所院校缅甸高级汉语学习者学习汉语结构助词"de"的偏误研究

杨红艳（云南民族大学国际学院）　　王忠琴（广东科技学院财经学院）

**【摘　要】**结构助词"de"（"的、地、得"）使用频率较高，是现代汉语的重要内容，由于其自身的复杂性和独特性，对母语为非汉语的来华留学生来说，学习与使用"de"是汉语学习中的一个难点，使用中也会出现一些偏误，近年来出现了大量"de"的使用偏误研究论文，但针对缅甸留学生汉语结构助词"de"偏误的专题研究屈指可数。本文以偏误理论为依据，通过定量和定性相结合的研究方法，以昆明华文学校和云南民族大学两所院校的 108 名缅甸高级汉语水平学习者为调查对象，收集了学习者在汉语作文和课堂测试中使用结构助词"de"的偏误语料，研究语料句中出现的"误代、误加、遗漏、错序"四种偏误类型，对学生进行问卷调查，对教师进行访谈与课堂观察，从主、客观角度分析偏误产生的原因及其教学对策。

**【关键词】**缅甸来华高级汉语学习者；汉语结构助词"的、地、得"；偏误

## 一、引言

云南地处中国西南边陲，与老挝、缅甸、越南接壤，国境线长达 4060 千米，毗邻南亚东南亚，是我国面向南亚东南亚辐射中心。为主动服务和融入国家"一带一路"倡议，云南大力推进与南亚东南亚国家的教育合作和人才培养，2018 年，云南省来华留学生人数为 19311 人，在全国 31 个省市中排名第九。中缅边境线全长 2186 千米，中缅两国友好往来和文化交流日益密切，来滇缅甸留学生日益增多，缅甸学生汉语学习研究成了重要的研究内容之一。

现代汉语结构助词"de"是人们日常使用中出现频率较高的虚词，它们有语法意义，但无词汇意义，读音相同，但书写形式完全不同，中国人在初学时经常出现误用，对于来自不同文化与语言背景的留学生来说也不例外，他们学习与使用"de"也常出现偏误。在《汉语水平词汇与汉字等级大纲》（2001）

里"的、地、得"属于甲级词。在《汉语水平等级标准与语法等级大纲》（1996）里"的、地、得"属于甲级语法。在《对外汉语教学语法大纲》（1995）里"的、地、得"属于初级汉语水平学习者需掌握的词，在对外汉语教学中，结构助词教学既属于语法教学又属于词汇教学，既是重点也是难点，高级汉语水平学习者也会出现许多使用偏误，缅甸留学生也不例外。本研究以偏误理论为依据，以云南民族大学、昆明华文学校 108 名缅甸高级汉语学习者和 15 名汉语教师为研究对象，通过学生作文、课堂测试、问卷调查、访谈、课堂观察等方法，探索缅甸学生在学习汉语结构助词"de"过程中经常出现的偏误类型、成因及教学对策。

## 二、理论依据

偏误指第二语言学习者在学习使用语言时偏离目的语轨道而出现的系统性、规律性的错误（科德，1967）。偏误分析指对学习者在二语习得过程中产生的偏误进行详细、系统的分析，研究其偏误来源，探究学习者的中介语体系，从而了解学习者二语习得的规律（鲁健骥，1992；刘珣，2000；王建勤，2009）。通过偏误分析，可以了解学习者掌握目的语的情况，有助于指导研究者研究学习者如何学习与使用目的语，更有助于学习者在学习过程中使用合适的学习策略。

科德（1967）将偏误分为五类：收集语料、鉴别偏误、偏误分类、解释偏误产生的原因、评估偏误，并认为偏误有显性与隐性之分，显性偏误是指很容易发现的偏误，隐性偏误是指语言符合语法规范但不适合使用于实际情景交际的语句。偏误理论对对外汉语教学有着直接或间接的指导作用（李晓旭，2016；李后荣，2017）。鲁健骥（1994）、刘珣（2000）、周小兵（2007）、王建勤（2009）等学者将偏误分为四种：误代、误加、遗漏、错序。该分类法被普遍借鉴用于汉语偏误研究。学习者出现偏误的原因主要以母语负迁移、目的语语法规则泛化、文化因素负迁移、学习者学习策略、交际策略、学习环境的影响为主。本研究以来华缅甸高级汉语学习者使用结构助词"de"的偏误为语料，研究缅甸高级汉语水平学习者使用"de"的偏误类型及成因，对其学习与使用结构助词"de"的偏误进行分析，有利于提高对外汉语教学效果。

## 三、文献综述

汉语结构助词"de"的研究包括本体研究和其在教学领域的应用研究，本体研究主要探讨"de"的分合问题、语法功能、使用情况。对外汉语教学领域"de"的研究多为偏误研究，主要关注偏误分析、对比分析和现状分析。研究思路基本为先发现偏误问题，再运用理论，对偏误语料进行统计分析，归纳偏误类型，探讨偏误成因并提出对策。研究对象多以欧美国家留学生为主，研究发现学习者学习汉语结构助词产生偏误的主观原因主要来自学习者学习策略的影响，客观原因主要是：学习者的母语环境、目的语规则泛化、教师讲解不到位（高霞，2005；崔澜心，2015）。

针对东南亚、南亚留学生的偏误研究较少，研究成果主要针对泰国、越南、老挝的来华留学生（曾谭金，2013；陈福生，2009；邓甜甜，2012；杨薇，2014；李燕香，2016；齐春红、陈海燕，2011；齐春红、卢文娟，2010；杨建，2017）。这些研究对不同汉语水平阶段的学习者学习汉语结构助词"的"的偏误语料进行定量分析，提出了学习结构助词的难度等级，整理归纳了偏误类型，从母语负迁移、目的语规则泛化、学习者学习策略、教学环境等方面分析偏误产生原因，归纳了学生的学习难点，提出教学对策。也有对汉语结构助词"得"的研究，研究发现与上述相似（曾谭金，2013；张佳丽，2021）。缅甸留学生学习汉语结构助词"de"的偏误研究成果发现，产生偏误的主要原因是：母语的影响、汉语基础知识、目的语语法规则掌握不全面、学习策略、学习环境、学习时间的长短、教材、教师和教学的影响以及学习者个体差异的影响（蓝美英，2011；李菊广，2011；高凯敏，2016；罗莉，2021；周美英，2011）。据北京语言大学 HSK 动态作文语料库的语料统计可知，留学生使用"的"字的次数是所有汉字中最多的，缅甸的汉语学习者较多，这也给我们提供了研究空间。

## 四、研究设计

本文研究缅甸来华高级汉语学习者的汉语结构助词使用偏误、偏误类型及成因。研究设计主要包括：

### （一）研究方法

本研究采用定性定量相结合的方法，通过作文写作、问卷调查、课堂测试、访谈、数据统计等方法，收集缅甸学生在作文、课堂测试试卷中使用结构助词"de"出现的偏误语料，使用 SPSS23.0 对偏误语料进行描述性统计并加以归纳分析。与授课教师进行访谈，对学生进行问卷调查，进一步了解学生学习与使用汉语结构助词的情况和造成偏误的原因。

## （二）研究对象

参与作文写作和课堂测试的 108 名缅甸学生是来自云南民族大学的本科生和昆明华文学校专科 1 班、2 班的学生（见表 1），所有学生来华前已通过了 HSK 六级，并获得了高等"汉语水平证书"。

表 1　测试对象基本信息

| 院校 | 专业 | 就读年级 | 调查对象人数 | 汉语水平 |
|---|---|---|---|---|
| 昆明华文学校 | 汉语言专业 | 2018 级专科 1、2 班 | 97 | HSK 六级 |
| 云南民族大学 | 广播电视学 | 2016 级本科 | 11 | HSK 六级 |

笔者对承担这三个班汉语教学的 15 位中国教师进行访谈，其中 4 名来自云南民族大学，含 3 名教龄 15 年的副教授、1 名教龄 5 年的讲师，另外 11 名来自昆明华文学校，含 2 名教龄在 15 年以上的副教授、9 名教龄 15 年以内的讲师。

## （三）研究工具

### （1）学生测试试卷

本研究通过让学生完成作文和课堂测试卷来收集偏误语料。为保证测试卷的信度，笔者将北京语言大学 BBC 语料库中对汉语结构助词本体研究语料进行了搜集、整理与归纳，在北语的 HSK 动态作文语料库中，利用句篇检索进行"错句检索"，检索条件限定为缅甸国籍，最后检索出了 2436 条记录。再进行二次检索，将句型加以限定，句型限定为："是……的、是字句、语序错误、残缺、多余定语、状语、补语、中心语"，一共检索出了 126 条记录，用该 HSK 动态作文语料库中的缅甸学生结构助词偏误语料句与这 108 名缅甸学生作文中出现的偏误语料相结合，设计了课堂测试卷并对学生进行测试。

测试卷共有四种题型，选择题、判断题是客观题，占 60%，填空题、造句题是主观题，占 40%。测试卷第一、三部分为填空题、选择题，主要考察学生掌握"de"的情况；第二部分为判断题，主要考察学生判断"de"使用正误的能力和针对出错之处进行纠错的能力。第四部分是造句题，主要是让学生用结构助词"de"造四个句子,考察学生正确运用"de"进行书面表达的能力。笔者采用 SPSS23.0 对 34 道测试题做了信度检验,α系数为 0.786,α=0.786>0.5,试卷信度较好(见表 2)。

表 2 测试卷信度检验

| 调查对象人数 | 题目数量 | α系数 |
|---|---|---|
| 108 | 34 | 0.786 |

**(2)调查问卷**

问卷分两部分,包括学习者信息和"de"的学习情况、课堂教学现状及"de"教学对学生的影响。问卷共 23 个题项,通过 SPSS23.0 信度检验,问卷题项的 α 系数分别为 0.706,α=0.706>0.5,问卷信度较好(见表 3)。

表 3 调查问卷信度检验

| 调查对象人数 | 题目数量 | α系数 |
|---|---|---|
| 108 | 23 | 0.706 |

部分题项采用了李克特量表形式,即每个问题陈述中有"非常重要""比较重要""一般""不重要""完全不重要"5 个选项。笔者在两个月的课堂观察期间,先对学习者学习汉语结构助词的情况进行了摸底,设计调查问卷,发放问卷 108 份,回收有效问卷 100 份,有效回收率为 92.6%。

**(3)半结构式访谈**

本研究对 15 名汉语授课教师进行了半结构式访谈,访谈前预设访谈框架和半结构式问题,访谈内容主要涉及缅甸来华高级汉语学习者学习与使用汉语结构助词的情况、采用的课堂教学方法及教学效果等,以便了解汉语课堂中汉语结构助词的教学情况。

## (四)数据收集

笔者于 2018 年 10 月至 11 月在云南民族大学 2016 级广播电视学班、昆明华文学校 2 个师范班进行写作测试、问卷调查以及课堂观察,还在昆明华文学校担任汉语写作教学助教。在此期间,对 15 名教师进行了初步访谈,人均 30—

40 分钟，访谈总时长约 9 个小时。之后修改了访谈提纲，于 2018 年 11 月，通过面对面访谈、语音通话、手机通话等方式对 15 位汉语教师进行深入访谈，人均访谈半小时。

## （五）语料收集

偏误语料主要来自学生汉语写作课的作文，测试试卷作为补充语料。昆明华文学校两个师范班的专业课程中有汉语写作课，一共收集了 6 次作文，每篇作文字数在 800 字左右，1 班有 267 篇作文，2 班共有 291 篇，作文字数约 351,762 字，是主要语料来源。云南民族大学收集的偏误语料主要来自学生作文、平时作业及汉语结构助词的课堂测试试卷，这个班无汉语写作课程，收集语料存在困难，只收集了 33 篇作文，字数约 21,065 字。两校共收集作文 591 篇，字数约有 372,827 字。通过对学生作文、测试卷的分析，整理出了学生在结构助词上的四种偏误，误代、误加较多，遗漏次之，错序较少。综合偏误语料、调查问卷、访谈结果，分析学生在使用汉语结构助词过程中产生偏误的原因，提出可行性教学建议。

表 4　作文偏误语料

| 院校 | 专业 | 语料来源 | 作文篇数 | 作文字数 |
|---|---|---|---|---|
| 昆明华文学校 | 汉语言专业 | 写作课学生作文 | 558 | 351,762 字 |
| 云南民族大学 | 广播电视学 | 学生作文、平时作业、测试卷 | 33 | 21,065 字 |
| 总计 | | | 591 | 372,827 字 |

# 五、数据结果与分析

## （一）作文、测试卷发现

试卷按汉语结构助词"的、地、得"的用法设计为四个部分，分别对试卷的填空、判断、选择、造句题进行统计与分析。统计结果显示，缅甸学生出现的偏误主要是误代、误加偏误，遗漏和错序偏误较少。昆明华文学校学生作文中共有 750 条偏误记录，870 个偏误点。学生作文中误代偏误点 500 个，误加偏误点 212 个，遗漏偏误点 108 个，错序偏误点 50 个。云南民族大学学生作文有 115 条记录，230 个偏误点，其中误代偏误点有 78 个，误加偏误点 105

个，遗漏偏误点 38 个，错序偏误点 9 个（见表 5）。试卷和作文反映出的偏误类型都较明显，误代最多，误加次之，遗漏、错序较少（见表 6）。

表 5　学生作文中的语料偏误类型及数量统计表

| 项目 | 昆明华文学校 | 云南民族大学 |
|---|---|---|
| 偏误记录（条） | 750 | 115 |
| 偏误点（个） | 870 | 230 |
| 误代偏误点 | 500 | 78 |
| 误加偏误点 | 212 | 105 |
| 遗漏偏误点 | 108 | 38 |
| 错序偏误点 | 50 | 9 |

表 6　测试卷四类题型中的汉语结构助词"de"偏误类型及数据统计表

| 题型 | 偏误类型 | | | | | | | | | | | |
|---|---|---|---|---|---|---|---|---|---|---|---|---|
| | 误代（%） | | | 误加（%） | | | 遗漏（%） | | | 错序（%） | | |
| | "的" | "地" | "得" | "的" | "地" | "得" | "的" | "地" | "得" | "的" | "地" | "得" |
| 填空题 | 21.9 | 4.78 | 23.68 | 32.34 | 2.35 | 1.9 | 5.6 | 5.6 | 1.85 | | | |
| 判断题 | 38 | 40.08 | 20 | 10 | 9.2 | | | | | | | |
| 选择题 | 27.98 | 9.95 | 4.28 | 27.46 | 8.8 | 0.9 | 17.83 | 1.9 | 0.9 | | | |
| 造句题 | 23.5 | 18 | 8 | 20.5 | 8.8 | 1.2 | 10.5 | 4 | 1 | 3.5 | 0.5 | 0.5 |

## （二）问卷调查发现

参加问卷调查的 108 名缅甸学生，男女生各占一半。汉族 78 人（72.2%）、果敢族 13 人（12%）、缅族 7 人（6.5%）、傣族 7 人（6.5%）、其他 3 人（2.8%），总体上汉族居多，占 72.2%，其他民族占 27.8%。84.2% 的学生以汉语为第一语言，主要是汉族和果敢族。以缅语为母语的学生只占 8.3%，84.2% 的汉族和果敢族学生从小就接触汉语，在汉语环境中长大。15—18 岁有 45 人（41.7%），19—21 岁有 54 人（50%），22—25 岁有 9 人（8.3%）。母语为汉语的 91 人（84.2%）、缅甸语 9 人（8.3%）、傣语 5 人（4.6%）、其他语言 3 人（2.9%）。第二语言为汉语的 17 人（15.8%）、缅甸语 28 人（25.9%）、傣语 9 人（8.3%）、其他语言 2 人（1.9%）。

学习汉语的时间及学习动机见表 7。

**表 7 学生学习汉语的时间及学习动机情况**

| | | | |
|---|---|---|---|
| 6. 学习汉语的时间 | 从小就学习 | 91 | 84.2 |
| | 5 年以上 | 14 | 13 |
| | 5 年以下 | 3 | 2.8 |
| 8. 学习汉语的目的（多选） | 所学专业与汉语有关 | 108 | 100 |
| | 找工作的需要 | 52 | 48.1 |
| | 喜欢汉语 | 55 | 50.9 |
| | 当汉语教师或者研究汉语 | 79 | 73.1 |
| | 其他（如：父母的期望等）请注明 | 25 | 23.1 |

问卷主体部分共有 15 题（第 9—23 题），涉及学习者学习汉语结构助词的情况和课堂教学对其的影响（见表 8 和表 9）。

**表 8 学习者学习汉语结构助词的情况**

| 问题 | 问题的选项 | 频率 | 回答的百分比（%） |
|---|---|---|---|
| 9. 你有没有注意过汉语中的结构助词？ | 很注意 | 3 | 2.8 |
| | 比较注意 | 23 | 21.3 |
| | 一般 | 58 | 53.7 |
| | 没注意 | 19 | 17.6 |
| | 完全不知道 | 5 | 4.6 |
| 10. 你认为汉语结构助词对你学习汉语重要吗？ | 非常重要 | 28 | 25.9 |
| | 比较重要 | 54 | 50 |

（续表）

| 问题 | 问题的选项 | 频率 | 回答的百分比（%） |
|---|---|---|---|
| | 一般 | 23 | 21.3 |
| | 不重要 | 2 | 1.9 |
| | 完全不重要 | 1 | 0.9 |
| 11. 遇到结构助词"的、得、地"时，如果不会使用，你怎么处理？ | 问老师 | 38 | 35.2 |
| | 查字典 | 13 | 12 |
| | 跳过去 | 40 | 37 |
| | 其他（请注明） | 17 | 15.7 |
| 12. 在汉语课堂上，你的汉语老师对结构助词重点讲练了吗？ | 重点练习了 | 43 | 39.8 |
| | 练了一点 | 54 | 50 |
| | 没练 | 11 | 10.2 |
| 13. 汉语老师讲解结构助词的方式，你比较容易理解？（多选） | 翻译成母语 | 2 | 1.9 |
| | 简要解释，再举例 | 77 | 71.3 |
| | 在课文中讲解 | 25 | 23.1 |
| | 说明结构助词的各种用法 | 60 | 55.6 |
| 14. 在汉语课堂上，老师讲解的结构助词，你能理解吗？ | 完全理解 | 11 | 10.2 |
| | 基本能理解 | 58 | 53.7 |
| | 一般 | 25 | 23.1 |
| | 理解一点 | 13 | 12 |
| | 完全不能 | 1 | 1 |
| 15. 在汉语课堂上练习结构助词，你觉得哪种方式比较好？（多选） | 在文中填空 | 27 | 25 |
| | 模仿造句 | 44 | 40.7 |
| | 选择填空 | 45 | 41.7 |
| | 用"结构助词"完成句子或对话 | 57 | 52.8 |
| 16. 在课堂上，你的汉语 | 经常使用 | 18 | 16.7 |

（续表）

| 问题 | 问题的选项 | 频率 | 回答的百分比（%） |
|---|---|---|---|
| 教师使用结构助词的情况 | 比较常用 | 35 | 32.4 |
| | 偶尔使用 | 50 | 46.3 |
| | 不用 | 3 | 2.7 |
| | 完全不使用 | 2 | 1.9 |
| 17. 在课堂上，你的汉语老师讲哪些内容使用汉语结构助词频率最高？（多选） | 课文 | 29 | 26.9 |
| | 语法 | 70 | 64.8 |
| | 词汇 | 46 | 42.6 |
| | 课后练习和作业 | 13 | 12 |
| | 文化背景 | 8 | 7.4 |
| 18. 在课堂上，你的汉语老师遇到学生使用结构助词有困难时，会（　　）（多选） | 直接用简单的汉语或是使用动作等肢体语言在旁帮助 | 18 | 16.7 |
| | 先讲解汉语结构助词的用法，尽量让学生们能理解 | 76 | 70.4 |
| | 在交际情境中练习结构助词，之后布置"的、地、得"的练习 | 29 | 26.9 |
| | 多次讲解，重点强调 | 40 | 37 |

问题 9 数据表明，108 名学习者中，其中仅有 24.1% 的学生重点关注过结构助词，问题 10 数据显示，75.9% 的学生认为汉语结构助词比较重要。

问题 11 结果表明，47.2% 的学生遇到不会使用时，会通过查字典和向老师请教；37% 的学生会选择回避；15.7% 的学生会利用网络资源（如百度）学习汉语结构助词。问题 12，在汉语课堂上重点练习结构助词占 39.8%，练了一点占 50%，没练习的占 10.2%。

问题 14 结果表明，汉语教师讲解的结构助词，87% 的学生基本理解，13% 的学生不能理解。问题 15 反映了汉语课堂中让学生练习结构助词的方式，学生可以接受的练习类型。问题 16 的数据表明，49.1% 的老师在课堂上会频繁使用结构助词，偶尔使用或者不用的占 50.9%。问题 17 说明了在词汇和语法课上会用到结构助词，少数时候在课文中也会用到。

  问题 18 的数据表明，70.4% 的学生比较希望在课堂上汉语老师能先讲解结构助词的基本用法，理解后再做相应练习。部分同学希望老师可以指导练习题。

### 表9　汉语结构助词教学对学习者的影响

| 问题 | 问题的选项 | 频率 | 回答的百分比（%） |
|---|---|---|---|
| 19. 在汉语课堂上，老师讲解的结构助词，对你学习结构助词有帮助吗？ | 非常有帮助 | 40 | 37 |
| | 比较有帮助 | 43 | 39.8 |
| | 一般 | 23 | 21.3 |
| | 没帮助 | 2 | 1.9 |
| | 完全没帮助 | 0 | 0 |
| 20. 你会经常使用结构助词吗？ | 经常使用 | 70 | 64.8 |
| | 比较常用 | 35 | 32.4 |
| | 一般 | 3 | 2.8 |
| | 不常用 | | |
| | 完全不用 | | |
| 21. 在汉语学习中，如果需要使用这些结构助词，而你又不确定该如何使用时，你会怎么解决这个问题？（多选） | 回避这个话题或放弃表达某个信息 | 9 | 8.3 |
| | 向老师、同学请教 | 71 | 65.7 |
| | 在目的语中夹杂母语 | 10 | 9.3 |
| | 用比较熟悉的同义词作近义表达 | 59 | 54.6 |
| 22. 你会经常复习汉语结构助词吗？ | 经常复习 | 0 | 0 |
| | 会复习，但不是经常做 | 35 | 32.4 |
| | 一般 | 35 | 32.4 |
| | 不常复习 | 30 | 27.8 |
| | 完全不复习 | 8 | 7.4 |
| 23. 你会用什么方式复 | 查词典 | 17 | 15.7 |

（续表）

| 问题 | 问题的选项 | 频率 | 回答的百分比（%） |
|---|---|---|---|
| 习结构助词？<br>（多选） | 做练习 | 40 | 37 |
| | 向老师和同学请教 | 31 | 28.7 |
| | 尽量在说话时使用 | 24 | 22.2 |
| | 利用网络资源学习 | 55 | 50.9 |

问题 19 数据表明，76.8% 的学生认为教师讲解的结构助词对他们学习汉语有帮助。问题 20 说明几乎所有学生都会用到汉语结构助词，汉语结构助词使用频率高。

问题 21 结果表明，65.7% 的学生遇到不会正确使用结构助词时，他们会选择向老师同学请教；54.6% 的学生会用较熟悉的同义词替换，8.3% 的学生会直接"回避"或跳过。9.3% 的学生会在目的语中夹杂着母语去表达结构助词。

问题 22 结果显示，64.8% 的学生会复习但不是经常去复习，27.8% 的学生不经常复习结构助词，完全不复习的学生占 7.4%。问题 23 进一步表明了学生复习结构助词的情况，学生主要是通过网络资源复习。

以上数据结果显示，全体学习者中仅有 24.1% 重点关注过结构助词，75.9% 的学生认为汉语结构助词比较重要。47.2% 的学生遇到不会使用结构助词时，会通过查字典和向老师请教，37% 选择回避；15.7% 利用网络资源（如百度）帮助学习。在汉语课堂上重点练习结构助词的学生占 39.8%，练了一点的占 50%，没练习的占 10.2%。汉语教师讲解的结构助词，87% 的学生基本理解，13% 的学生不能理解。49.1% 的老师在课堂上会频繁使用结构助词，偶尔使用或者不用的占 50.9%。学生在词汇和语法课上会用到结构助词，少数时候在课文中也会用到。70.4% 的学生比较希望在课堂上汉语老师能先讲解结构助词的基本用法，理解后再做相应练习，76.8% 的学生认为教师的讲解对他们学习汉语有帮助。部分同学希望老师可以指导练习题。几乎所有学生都会用到汉语结构助词，使用频率高。65.7% 的学生遇到不会正确使用时，会向老师同学请教；54.6% 的学生会用较熟悉的同义词替换，8.3% 的学生会直接"回避"或跳过。9.3% 的学生会在目的语中夹杂着母语去表达结构助词。64.8% 的学生会复习结构助词但不是经常复习，27.8% 的学生不经常复习，7.4% 的学生完全不复习，主要通过网络资源复习。

## （三）教师访谈结果

访谈中，有 10 位汉语教师提到了结构助词的复杂性特点，学习者较难全面掌握其语法知识。有 12 位访谈教师一般不会讲解结构助词。仅有 3 位汉语教师所授课程涉及到了汉语词汇和语法，会重点讲解结构助词的用法。受访教师 E、F、H、L 提到了学生遇到不会正确使用结构助词时，一般会采用回避、语言转换等交际策略，还会使用迁移、过度泛化和简化等学习策略，认为学生在缅甸所接触的方言和语言环境一定程度上影响了汉语学习，主要表现为口语化语言偏多，学生掌握的结构助词知识不全面。

## （四）结构助词 "de" 的偏误类型及成因

从学生的作文、测试卷的语料分析可知，学习者使用结构助词的偏误率较高，且 "的" 的偏误率最高。昆明华文学校、云南民族大学学生 "的" 偏误点分别有 511、84 个，学习者出现的偏误有误代、误加、遗漏、错序四种类型，"的" 字偏误率较高，其中误代偏误率占 72.81%，误加占 90.3%，遗漏占 33.93%，错序占 3.5%。

### 1. 偏误类型

据偏误数据可知，学习者学习结构助词出现的偏误，有误代、误加、遗漏、错序四种偏误类型。

### （1）误代偏误

主要是指不该用 "地" 或 "得" 却用了 "地" 或 "得" 代替了 "的"。从语料数据可知，学生作文误代 "的" 偏误最多。学生试卷 "的" 误代偏误相比其他三种偏误也是最多的，偏误率 72.87%。

① 五分钟可以让我们快乐地学习。

② 我还是出奇地紧张。

③ 手机的好处也是多得。

病句①、②将 "地" 误代成了 "的"。病句③将 "得" 误用成了 "的"。

### （2）误加偏误

误加也称多余，指在不应该使用 "的" 时却使用了该字。根据作文和试卷统计结果，"的" 偏误率较高。

④ 我的人生的道路很坎坷，遭遇到了很多挫折和困难。

⑤ 一个国家的传统的文化、物质生活是否一致发展，都影响着一个国家的发展。

病句④、⑤中，都是人称代词做定语，放在句子或者更大的组合里，可以不加"的"。

### （3）遗漏偏误

遗漏，别称缺失或缺省，指一组词语或句子中少了本该用的"的"。从偏误语料可知，作文遗漏"的"偏误率 22.7%，试卷遗漏"的"偏误率 33.93%。

⑥ 我觉得太有意思了，看到了各个国家文化，生活等等。

⑦ 不要一味地去学习别人，而丢了自己本身价值与意义。

病句⑥、⑦将"的"遗漏，加上"的"表示领属关系。

### （4）错序偏误

错序主要是指"的"本来应该放的位置没放，却放到了别处。统计数据显示，"的"字错序的偏误在四个偏误类型中所占比例不多，在作文中"的"错序偏误点 55 个，占 9.3%，在试卷中占 3.5%。

⑧ 我想去好多景点昆明的。

⑨ 昆明是云南省的城市省会。

病句⑧、⑨都是"的"字错序。"的"字应放在定语和中心语中间，不应放在中心语之后。

### 2. 偏误成因

偏误的成因包括主、客观原因。客观上看，汉语结构助词"de"有其复杂性，主要体现在：一是隐现规律复杂。"的、地、得"虽是定中、状中、述补结构的书面标记形式，但并不是在所有这几个结构中都出现。二是定中、状中、述补结构难以区分，在相同的词类充当定语、状语、补语的成分时容易出现偏误。三是使用频率不平衡，"的"字偏误率最高，其次是"地"，"得"字偏误率较少，其中误代偏误最多，误加、遗漏和错序偏误较少。四是学习环境的影响。两个师范班 23.72% 的学生主要是傣族、果敢族、景颇族、缅族，他们没有从小接触汉语，但学习汉语的时间都在 5 年以上。在理解结构助词用法上不存在问题，在实际练习中学生会受来华以前语言环境的影响。主观原因主要包括学习者对汉语结构助词"隐现规律"的规则泛化以及学习者学习策略和交际策略的影响。

## 六、结语

本研究以学生的作文、结构助词测试卷收集偏误语料，归纳分析学生的偏误类型及成因，建议教师在对缅汉语教学中，重视汉语结构助词教学，适时重点讲解其基本用法，选用恰当的教学方法，如采用情景教学法、对比教学法进行教学，师生在实际语境中互动练习，教学效果会更好。建议学习者在学习过程中，注重机械识记和实际练习相结合，重点练习难以掌握的用法，通过填空、选择、造句、写作等书面练习的方式逐渐掌握"的、地、得"的基本用法。重点区分定中、状中、中补结构，有针对性地对容易出错的复杂用法进行识记与练习。学习者在学习汉语结构助词过程中，要合理使用有效学习策略，提升学习效果。

## 参考文献

［1］Corder S P. The significance of learners' errors [J]. International Review of Applied Linguistics, 1967, 5 (4): 161-170.

［2］陈福生．越南学生使用结构助词"的"字使用偏误考察［D］．北京：北京语言大学，2009：22—38．

［3］崔澜心．母语为英语者现代汉语结构助词习得研究［D］．郑州：河南大学，2015：15—25．

［4］崔希亮．北京语言大学 HSK 动态作文语料库 2.0［EB/OL］．（2018-04-13）［2018-09-15］．http://202.112.194.56:8088/hsk/login；［2018-09-20］．http://bcc.blcu.edu.cn/．

［5］邓甜甜．汉泰结构助词对比研究［D］．南宁：广西民族大学，2012：1—42．

［6］高凯敏．现代汉缅语法系统对比［D］．仰光：仰光外国语大学，2016：198—240．

［7］高霞．英语国家学生学汉语结构助词"的"的偏误分析［J］．楚雄师范学院学报，2005（2）：110—114．

［8］国家对外汉语教学领导小组办公室汉语水平考试部．汉语水平等级标准与语法等级大纲［M］．北京：高等教育出版社，1996：39．

［9］国家汉语水平考试委员会办公室考试中心．汉语水平词汇与汉字等级

大纲［M］.北京：经济科学出版社，2001：31.

［10］蓝美英.汉缅状语对比研究及偏误分析［D］.北京：北京语言大学，2011：42—54.

［11］李后荣.认知语言学视角下"上、下"类趋向补语的意义分析及对外汉语教学［D］.苏州：苏州大学，2017：4—5.

［12］李菊广.缅甸学生习得汉语补语过程中的难点及偏误分析［D］.北京：中央民族大学，2011：27—40.

［13］李晓旭.由标记性理论看二语教学中母语迁移问题［J］.承德石油高等专科学校学报，2018（6）：78.

［14］李燕香.泰国学生学习结构助词"的"的偏误分析：从佛统飞行中学为例［D］.昆明：云南大学，2016：16—24.

［15］刘珣.对外汉语教育学引论［M］.北京：北京语言大学出版社，2000：191—198.

［16］鲁健骥.偏误分析与对外汉语教学［J］.语言文字应用，1992（1）：60—73.

［17］鲁健骥.外国人学习汉语的语法偏误分析［J］.语言教学与研究，1994（1）：118—125.

［18］罗莉.缅甸华裔小学生结构助词习得偏误分析［D］.昆明：云南师范大学，2021：5—6.

［19］齐春红，陈海燕.老挝留学生汉语结构助词"的"习得考察［J］.云南师范大学学报，2011（2）：71—77.

［20］齐春红，卢文娟.汉语结构助词"的"和泰语结构助词 ti:41 的对比研究［J］.云南民族大学学报（哲学社会科学版）》，2010（4）：140—143.

［21］王还.对外汉语教学语法大纲［M］.北京：北京语言学院，1995：63—65.

［22］王建勤.第二语言习得研究［M］.北京：商务印书馆，2009：37—57.

［23］杨建.老挝预科留学生学习汉语语法偏误研究［D］.贵州：贵州民族大学，2017：12—66.

［24］杨薇.对外汉语中结构助词"的、地、得"偏误分析与教学对策［D］.苏州：苏州大学，2014：34—35.

［25］曾谭金.泰国学生使用汉语结构助词"得"的偏误分析［D］.厦门：厦门大学，2013：1—88.

［26］张佳丽.老挝留学生"得"字补语句的偏误分析［D］.南宁：广西民族大学，2021：1—45.

［27］周美英.关于留学生汉语结构助词"的，地"的习得考察［D］.福州：福建师范大学，2011：4—15.

［28］周小兵.外国人学汉语语法偏误研究［M］.北京：北京语言大学出版社，2007：34—68.

# 商务汉语话题词表增补构建研究

张辰麟（教育部语言文字应用研究所/北京师范大学）

任岩靖（大理大学国际教育学院）

张心怡（云南师范大学国际汉语教育学院）

【摘　要】本文以大规模近期国内财经新闻与专题报道作为语料，运用算法抽取具有较高时效性的 2437 个商务汉语词汇。通过与 BCT 商务汉语大纲词表（2007）进行对比，将其中的 1723 词按词汇的重要程度进行排列，并构建了商务汉语增补词表。经过调查研究，本文选取了 26 个普遍性较高的商务汉语话题，通过计算增补词汇与话题之间的相关性，尝试构建了商务汉语"话题–词汇"体系。本文从定量的角度解决了国际中文教育领域商务汉语大纲的时效性这一前沿问题。

【关键词】商务汉语；BCT 词表；增补词表；"话题–词汇"体系；国际中文教育；专门用途汉语教学；自然语言处理

## A Study on Business Chinese Supplementary Vocabulary and Topic Database

Chenlin Zhang (Ministry of Education Institute of Applied Linguistics / Beijing Normal University, Beijing, China)

Yanjing Ren (Dali University, Dali, China)

Xinyi Zhang (Yunnan Normal University, Kunming, China)

**Abstract:** Based on a large scale of Chinese financial news and reports as the corpus, this paper extracts business Chinese vocabulary, including 2,437 words with high timeliness. By comparison with the BCT vocabulary (2007), a BCT Supplementary Vocabulary (including 1,723 words) is proposed and ranked to show words' importance to Business Chinese Language Education. Moreover, by selecting 26 common business Chinese topics and calculating the relevance of words and topics, this paper attempts to construct a Business Chinese Topic Database based on the "Topic-lexicon" structure. From the perspective of data, this paper solves a cutting-edge issue in the field of International Chinese Language Education.

**Keywords:** Business Chinese; BCT Vocabulary; Supplementary Vocabulary; "Topic-lexicon" Structure; International Chinese Language Education; Chinese for Special Purpose; Natural Language Processing

## INTRODUCTION

The development of International Chinese Language Education (formerly: Teaching of Chinese as a Second Language / Teaching Chinese to Speakers of Other Language) has undergone great changes in recent years, especially after "the Belt and Road" initiative was put forward. With the improvement of China's comprehensive national strength, the status of international Chinese language education has been unprecedentedly improved to cater to the surge of foreign Chinese learners. As a standard to measure the perfection of one foreign language education system, Language for Special Purpose has attracted extensive attention. Business Chinese is an important branch of CSP (Chinese for Special Purpose). As early as 2007, the Ministry of Education of the People's Republic of China formulated the Outline of BCT (Business Chinese Test). Two sets of vocabulary have been developed for BCT, with a total of 2,456 words (Zhou & Gan, 2008). However, with the rapid development of society and the economy, extensive words such as Mobile Payment, Internet of Things and Smart City are emerging. The timeliness of the BCT vocabulary has gradually declined. In the past, the BCT vocabulary was mainly compiled by experts based on experience. Words are often clustered by the "Root Compound Method" (e.g., 牌/~brand, 牌子/brand, or 商店/store, 商品/goods, 商品房/commercial housing). This causes the vocabulary to be relatively subjective and updated slowly. With the rapid development of NLP (natural language processing), some linguists have begun to attempt to handle this issue from the view of "large-scale corpus + statistics" and NLP algorithms (e.g., Jia et al., 2019; Liu, 2018; An et al., 2007; Ji, 2007; Xin, 2007; Hu et al., 2015). Moreover, Business Chinese Education often focuses on topics. However, the BCT vocabulary is not classified by topics. It is inconvenient for teachers and textbook editors to refer to. Therefore, the construction of the Business Chinese Topic

Database has gradually entered the vision of International Chinese Language Education researchers.

The purpose of this paper is to supplement the BCT vocabulary and establish a Business Chinese Topic Database based on the "Topic-lexicon" structure. The BCT Supplementary Vocabulary is generated by taking the Chinese local financial news and reports in recent years as the corpus and combining them with the relevant algorithms of NLP. The Business Chinese Topic Database classifies the BCT Supplementary Vocabulary according to the actual application scenarios of business in China and uses algorithms to match the relevant business Chinese vocabulary for each topic. By combining linguistic knowledge and NLP techniques, research on business Chinese vocabulary could be promoted to keep pace with the times.

## RELATED WORK

The research level of language teaching for special purpose reflects the maturity of a language teaching system (Li, 2011). Business Chinese, as an important part of CSP, has undergone great changes in the past decades especially after "the Belt and Road" initiative was put forward (Zhou, 2021; Yu & Xu, 2019; Mo, 2022). The development of science and technology is changing the field and vocabulary of business communication. It challenges the teaching of business Chinese (Wu, 2022). However, the research on vocabulary supplement and topic database of business Chinese is far from enough. The related works of this paper can be classified into the following three categories:

### Demands & BCT Vocabulary

Early business Chinese research mainly starts with investigating the needs of learners, Zhang (2006) investigates the demands of business Chinese students and points out the relationship between business Chinese communication situations and needs. Ji (2007) and Xin (2007), build textbook vocabularies of business Chinese refer to different difficulty levels of HSK (Hanyu Shuiping Kaoshi, Chinese Proficiency Test) outline. Zhou & Gan (2008) select some business Chinese words from HSK vocabulary according to the recently published 10 business Chinese textbooks. The official BCT vocabulary are proposed from this work to meet the demands of business Chinese textbooks compilation. At that time, The BCT vocabulary has certain timeliness and scientificity.

## Supplementary Vocabulary

Corpus has always been an important basis for constructing domain vocabulary. Before BCT vocabulary raised, Ji (2007) proposes a method to compile a business Chinese learning dictionary by building a corpus of business Chinese textbooks. Since the establishment of BCT vocabulary and outline, some researchers try to use corpus method to supplement or classify BCT vocabulary. An & Shi (2012) take 7 textbooks as corpus and attempt to determine the core vocabulary in BCT vocabulary. With the rise of natural language processing technology, some researchers began to use NLP tools, models and algorithms to analyze business Chinese on the basis of "corpus + statistics".

Yu (2013) integrates 25 business Chinese textbooks, financial news, business official document and a semantic clustering online retrieval system as corpus. In this paper, an additional vocabulary is proposed for BCT vocabulary. Liu (2018) use clustering algorithm and expert inspection to build a new BCT vocabulary.

## Topic Database

Language textbooks of special purpose usually focus on the topics of daily communication. Recent years, some business Chinese researchers have also begun to pay attention to the topic database research. Liu (2006) designs an automatic clustering system of business Chinese topics based on the methods of data mining and text clustering. Yu et al. (2012) establishes a business topic database by issuing questionnaires to collect learners' interest in Chinese topics. Hu et al. (2015) constructs a topic corpus of 120,000 sentences by manually tagging 197 classic Chinese textbooks. In this paper a topic database is built refer to the syntax and new HSK word level. However, a new topic database to improve the timeliness for business Chinese still needs to be proposed.

## MAIN FOCUS OF THE ARTICLE

## The BCT Supplementary Vocabulary

Since entering the era of artificial intelligence and e-commerce, the development of finance and economics has changed rapidly. The related Business

Chinese vocabulary and topics have also been updated simultaneously. Ensuring the timeliness of Business Chinese vocabulary is an issue that International Chinese Language Education researchers must consider. In this paper, a corpus with 40,000 financial news and reports from 2018 to 2019 is used for extracting BCT Supplementary Vocabulary to improve the timeliness of BCT Vocabulary. The process is shown in Figure 1:

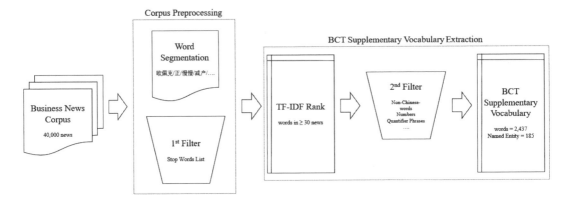

**Figure 1. Process of BCT Supplementary Vocabulary Extraction**

## Corpus Preprocessing

The corpus used in this paper comes from Financial Datasets published by SmoothNLP[①], including 40,000 financial news and reports from authoritative Chinese financial media. The total number of Chinese characters in the corpus is 67,735,096. After using the Jieba word segmentation tool to segment the corpus and filtering with the Stop Words List developed by HIT (Harbin Institute of Technology), the statistics of the total number of Chinese words, tokens and types are shown in Table 1:

**Table 1. Statistics of the Corpus**

| SmoothNLP Financial Datasets (Corpus) | | | |
|---|---|---|---|
| Time Duration | 2018-2019 | Total Chinese Words | 38,893,047 |
| Number of News | 40,000 | Tokens after 1st Fliter | 24,191,549 |
| Total Chinese Characters | 67,735,096 | Types after 1st Fliter | 271,645 |

① https://github.com/smoothnlp/SmoothNLP

## Vocabulary Extraction

In this paper, TF-IDF (Salton & Buckley, 1988) is used as a benchmark for vocabulary extraction, which is shown in formula (1):

$$TF - IDF = \frac{n_{i,j}}{\sum_k n_{k,j}} \times lg \frac{|D|}{|\{j: t_i \in d_j\}| + 1} \quad (1)$$

In formula (1), $n_{i,j}$ is the sum of word frequency of the current word$_i$ in any news$_j$. $\sum_k n_{k,j}$ is the total word frequency of all k words in any news$_j$, that is, the sum of word frequency of all Chinese Words in the corpus shown in Table 1. $|D|$ is the number of news items in the corpus. $|\{j: t_i \in d_j\}|$ is the number of news items that include word$_i$.

Since the language of news style has some patterned commonness in words, by using the TF-IDF algorithm in word ranking, the common words can be effectively filtered out. Moreover, it is convenient to extract business Chinese vocabulary with strong classification characteristics as a supplementary vocabulary for BCT. The authors arrange the word list in reverse order according to the TF-IDF value and extract the words with high TF-IDF values that appear in ≥30 news items in the corpus. For this word list, the authors conduct a 2nd filter. Word segmentation errors, foreign words, special symbols, quantifier phrases, etc., are deleted to meet the requirements of Business Chinese vocabulary. After the above process, the Hanlp (He & Choi, 2021) tool is used for named entity recognition to label named entities in vocabulary. Finally, the BCT Supplementary Vocabulary is extracted, including 2437 business Chinese words and 185 named entities. The top 30 Chinese business words (with translation) according to TF-IDF are shown in Table 2:

**Table 2. Business Chinese Word List (Top 30 ranked by TF-IDF)**

| Word | Translation (EN) | TF-IDF×10⁴ | Word | Translation (EN) | TF-IDF×10⁴ | Word | Translation (EN) | TF-IDF×10⁴ |
|------|------------------|-----------|------|------------------|-----------|------|------------------|-----------|
| 公司 | company | 12.7304 | 数据 | data | 9.1960 | 创业 | entrepreneurship | 7.1056 |
| 企业 | enterprise | 12.6697 | 发展 | development | 8.7267 | 云 | cloud | 7.0806 |
| 产品 | product | 11.6336 | 融资 | financing | 7.9748 | 领域 | domain | 7.0622 |
| 手机 | mobile phone | 11.3856 | 经济 | economics | 7.9173 | 同比 | year-on-year | 6.9573 |
| 品牌 | brand | 10.9743 | 营销 | marketing | 7.9010 | 合作 | cooperation | 6.7952 |

| Word | Translation (EN) | TF-IDF×10⁴ | Word | Translation (EN) | TF-IDF×10⁴ | Word | Translation (EN) | TF-IDF×10⁴ |
|---|---|---|---|---|---|---|---|---|
| 游戏 | game | 10.9371 | 科技 | science & technology | 7.6799 | 媒体 | media | 6.7800 |
| 电商 | online retailers | 10.8779 | 消费 | consumption | 7.6282 | 信息 | information | 6.7786 |
| 智能 | intelligence | 9.9038 | 基金 | fund | 7.5352 | 资本 | capital | 6.6801 |
| 投资 | investment | 9.8369 | 零售 | retail | 7.2904 | 创新 | innovate | 6.5577 |
| 业务 | business | 9.3154. | 应用 | application | 7.1623 | 工作 | work | 6.4705 |

In Business Chinese Language Education, named entities cannot be taught as new words. However, the named entity can be used as a "subject" of business topics, which could enable learners to get to know more about Chinese society through language learning. Therefore, the named entities with high TF-IDF values can also be used as a reference for Business Chinese Language Education.

In this paper, the named entities are preserved, and some of them are shown in the word cloud as examples in Figure 2:

**Figure 2. Named Entity Word Cloud**

Comparing the BCT Supplementary Vocabulary extracted in this paper with the BCT vocabulary of 2007, the intersection includes 714 words. The addition to BCT Vocabulary is 1,723 words. Most of the additional words closely follow the development of finance and society in recent years. Some examples are shown in Figure 3:

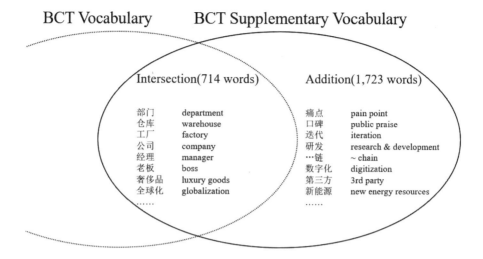

**Figure 3. Intersection and Addition for BCT Vocabulary**

By using the recent financial news corpus and combining it with the relevant algorithms of NLP, the BCT vocabulary could be automatically updated in time to ensure the timeliness of Business Chinese Language Education. TF-IDF values can be used to quantify and rank the BCT Supplementary words, which is convenient for Chinese language teachers and textbook editors to take appropriate use according to various demands. By constantly updating the corpus and adding Business Chinese vocabulary, Business Chinese Language Education can be more objective, accurate and keep pace with the times. It is conducive to making Business Chinese Language Education reflect the current situation of China's finances and businesses and to avoid the disconnection between language teaching and social development.

## The Business Chinese Topic Database

Education of Language for Special Purpose (LSP) often focuses on topics and words. Business Chinese Language Education, as a branch of Chinese for Special Purpose (CSP), is no exception. It goes without saying that the Business Chinese Topic Database is important. Building a Business Chinese Topic Database based on the "Topic-lexicon" structure provides convenience for Chinese teachers to expand their teaching content and vocabulary. It also improves the efficiency of compiling teaching materials and facilitates the investigation of learners' needs to achieve targeted country-specific Business Chinese Language Education and promote nationalization, localization, and personalization.

In recent years, some researchers have mentioned the construction of the Business Chinese Topic Database; however, few results have yet been achieved. In this paper, the authors will refer to the previous Business Chinese Textbooks of various countries to determine the topics and core words of the Business Chinese Topic Database. By using NLP-related algorithms, BCT Supplementary words are sorted and ranked in correlation by topics. The process to construct the Business Chinese Topic Database based on the "Topic-lexicon" structure is shown in Figure 4:

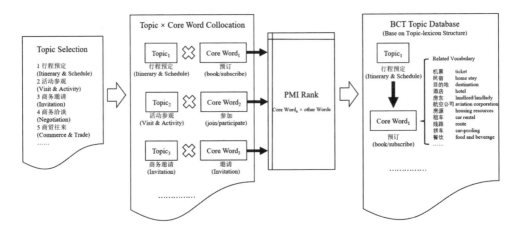

**Figure 4. The process of constructing the Business Chinese Topic Database**

## Topic Selection

This paper refers to a large scale of business Chinese textbooks both at home and abroad. Considering the hot topics of Chinese finance and economics, 26 topics are defined. A core word is selected for each topic from the BCT Supplementary Vocabulary the authors generated above. The condition for core word selection is that it should be most related to the topic, the TF-IDF value is as high as possible and should appear in $\geq 500$ news items. Here, all 26 topics and related core words are listed in Table 3.

**Table 3. Topics and Core Words for Business Chinese Topic Database**

| Topic | Topic (EN) | Core Word | Core Word (EN) | CW-freq | CW in-news | TF-IDF $\times 10^4$ |
|---|---|---|---|---|---|---|
| 行程预定 | Itinerary & Schedule | 预订 | book/subscribe | 1,557 | 719 | 1.1229 |

| Topic | Topic (EN) | Core Word | Core Word (EN) | CW-freq | CW in-news | TF-IDF $\times 10^4$ |
|---|---|---|---|---|---|---|
| 活动参观 | Visit & Activity | 参加 | join/participate | 3,416 | 2,481 | 1.7047 |
| 商务邀请 | Invitation | 邀请 | invite | 2,377 | 1,751 | 1.3349 |
| 商务洽谈 | Negotiation | 谈判 | negotiate | 1,248 | 723 | 0.8988 |
| 商贸往来 | Commerce & Trade | 交易 | trade | 17,309 | 6,160 | 5.8128 |
| 市场营销 | Marketing Management | 营销 | management | 22,873 | 5,839 | 7.9010 |
| 商品介绍 | Commodity & Introduction | 产品 | production | **80,419** | **17,868** | **11.6336** |
| 电子商务 | Electronic Commerce | 电子商务 | electronic commerce | 3,513 | 1,366 | 2.1293 |
| 商务合作 | Cooperation | 合作 | cooperate | 29,990 | 11,321 | 6.7952 |
| 广告宣传 | Advertising | 宣传 | advertisement | 4,169 | 2,475 | 2.0823 |
| 物流配送 | Logistics | 物流 | logistics | 11,667 | 3,030 | 5.4038 |
| 售后服务 | After-sale Service | 质量 | quality | 7,189 | 4,093 | 2.9417 |
| 意见评价 | Opinion & Evaluation | 评价 | evaluation | 3,307 | 2,145 | 1.7367 |
| 品牌商标 | Brand & Trademark | 品牌 | brand | 41,955 | 9,316 | 10.9743 |
| 技术研发 | Technology & Research | 科技 | science & technology | 31,987 | 10,500 | 7.6799 |
| 账目税务 | Tax | 税收 | tax | 1,456 | 644 | 1.0788 |
| 求职面试 | Job Interview | 招聘 | recruit | 4,260 | 1,221 | 2.6678 |
| 合同文件 | Contract | 合同 | contract | 2,657 | 1,243 | 1.6554 |
| 市场调研 | market & Investigation | 市场份额 | market share | 4,356 | 2,469 | 2.1776 |
| 方案讨论 | Scheme & Discussion | 方案 | plan/program | 6,571 | 3,636 | 2.8285 |
| 团队协作 | Teamwork | 团队 | team/work team | 21,639 | 8,326 | 6.0966 |
| 利益分配 | Benefit Distribution | 利润 | benefit | 7,320 | 3,889 | 3.0625 |
| 争议纠纷 | Disputes | 纠纷 | dispute | **904** | **582** | **0.6862** |
| 信誉承诺 | Reputation & Commitment | 信用 | credit | 4,373 | 1,658 | 2.4986 |
| 规章政策 | Regulations & Policies | 政策 | policy | 14,920 | 5,961 | 5.0984 |
| 中外贸易 | Sino Foreign Trade | 对外 | Sino-foreign | 3,603 | 2,633 | 1.7596 |

Table 3 shows 26 business Chinese topics and their respective core words. CW-freq stands for the frequency of core words. CW-in-news shows the number of news items including each core word. The high value of CW-freq, CW-in-news and TF-IDF ensure that closely related words of business can be extracted by calculating the pointwise mutual information (PMI) (Kenneth & Patrick, 1990) with core words, making it possible to construct the Business Chinese Topic Database based on the

"Topic-lexicon" structure.

## Construction of "Topic-lexicon" Structure

Assuming that a word is often co-occurring with a core word in the same news, it shows that they tend to be relative, as does the topic. The correlation between words and topics can be calculated by the PMI between words and core words. Therefore, in a large-scale corpus, as long as the PMI value between each topic core word and all 2,437 words in BCT Supplementary Vocabulary is calculated and ranked according to the PMI value, the correlation between each word and each topic in the BCT Supplementary Vocabulary can be determined and sorted. PMI is as shown in formula (2):

$$PMI(w_{core}, w_i) = lg\frac{p(w_{core}, w_i)}{p(w_{core})p(w_i)} \quad (2)$$

In formula (2), $P(w_{core})$ is the probability of the core word $w_{core}$ appearing in the news, $P(w_i)$ is the probability of any word $w_i$ appearing in the news, and $p(w_{core}, w_i)$ indicates the probability that the core word $w_{core}$ and $w_i$ appear in the same news at the same time. The higher the PMI value is, the higher the correlation between $w_i$ and $w_{core}$.

Through the calculation of PMI, the business Chinese words related to each topic can be obtained. The vocabulary for each topic is ranked in descending order of the PMI value to reflect the degree of relevance between words and topics. Table 4 shows the 5 most related words to each Business Chinese topic. Table 5 shows the top 50 words with the highest relevance of topic 1 "Itinerary & Schedule":

## Table 4. Top 5 Related Words to Each Business Chinese Topic

| Topic | Core Word | Related Vocabulary（Top 5 Examples with PMI, with English Translation below) | | | | |
|---|---|---|---|---|---|---|
| 行程预定<br>Itinerary & Schedule | 预订<br>book/subscribe | 机票 -2.1515<br>plane ticket | 民宿 -2.2572<br>home accommodation | 预定 -2.3579<br>schedule | 目的地 -2.4045<br>destination | 酒店 -2.4258<br>hotel |
| 活动参观<br>Visit & Activity | 参加<br>join/participate | 报名 -1.6306<br>sign up | 嘉宾 -1.8238<br>guest | 大赛 -1.8395<br>competition | 学员 -1.8624<br>trainee | 面试 -1.8890<br>interview |
| 商务邀请<br>Invitation | 邀请<br>invite | 嘉宾 -1.9323<br>guest | 主持人 -2.0079<br>host | 报名 -2.0511<br>sign up | 导师 -2.0611<br>tutor | 代言 -2.0624<br>endorsements |
| 商务洽谈<br>Negotiation | 谈判<br>negotiate | 磋商 -2.2049<br>consultations | 美方 -2.2161<br>the US side | 脱欧 -2.2578<br>Brexit | 经贸 -2.2896<br>economy & trade | 关税 -2.3214<br>tariff |
| 商贸往来<br>Commerce & Trade | 交易<br>trade | 交易量 -0.9608<br>trading volume | 存托 -1.0160<br>depository | 停牌 -1.0173<br>suspension | 大宗 -1.0282<br>a large amount of | 竞价 -1.0312<br>bidding |
| 市场营销<br>Marketing Management | 营销<br>management | 借势 -0.9834<br>take advantage of | 文案 -1.0130<br>paperwork | 社会化 -1.0184<br>socialization | 战役 -1.0209<br>(business) battles | 代言 -1.0638<br>endorsements |
| 商品介绍<br>Commodity & Introduction | 产品<br>production | 产品设计 -0.3822<br>product design | 净化器 -0.3838<br>purifier | 产品线 -0.3929<br>product line | 音箱 -0.3931<br>loudspeaker | 单品 -0.3962<br>collection |
| 电子商务<br>Electronic Commerce | 电子商务<br>electronic commerce | 假货 -2.1060<br>fake commodity | 经营者 -2.1082<br>manager | 网购 -2.1177<br>online shopping | 卖家 -2.1466<br>seller | 跨境 -2.1684<br>cross-border |
| 商务合作<br>Cooperation | 合作<br>cooperate | 共建 -0.6674<br>cooperate | 联手 -0.7090<br>jointly | 达成 -0.7156<br>arrive at | 签署 -0.7223<br>sign | 携手 -0.7317<br>hand in hand |
| 广告宣传<br>Advertising | 宣传<br>advertisement | 传销 -1.6926<br>pyramid selling | 虚假 -1.7444<br>false (goods) | 文案 -1.8038<br>paperwork | 代言 -1.8199<br>endorsements | 投诉 -1.8579<br>complaint |
| 物流配送<br>Logistics | 物流<br>logistics | 冷链 -1.1568<br>cold chain | 仓储 -1.1919<br>storage | 仓库 -1.3192<br>storehouse | 配送 -1.3194<br>distribution | 仓 -1.3199<br>warehouse |
| 售后服务<br>After-sale Service | 质量<br>quality | 食品安全 -1.4444<br>food Safety | 售后 -1.4769<br>after sales | 假货 -1.4860<br>fake goods | 服务质量 -1.4886<br>service quality | 效益 -1.4945<br>benefit |
| 意见评价<br>Opinion & Evaluation | 评价<br>evaluation | 考核 -1.9899<br>assessment | 民宿 -2.0072<br>home accommodation | 面试 -2.0132<br>interview | 服务质量 -2.0291<br>service quality | 医美 -2.0488<br>medical beauty |
| 品牌商标<br>Brand & Trademark | 品牌<br>brand | 品牌形象 -0.7123<br>brand image | 国产手机 -0.7190<br>domestic mobile phone | 单品 -0.7307<br>collection | 旗舰店 -0.7322<br>flagship store | 代言 -0.7403<br>endorsements |
| 技术研发<br>Technology & Research | 科技<br>science & technology | 音箱 -0.7329<br>loudspeaker | 转载 -0.7626<br>reprint | 人工智能 -0.7690<br>artificial intelligence | 科创 -0.7741<br>scientific innovation | 量子 -0.7810<br>quantum |
| 账目税务<br>Tax | 税收<br>tax | 纳税人 -2.0546<br>taxpayer | 个人所得税 -2.0870<br>individual income tax | 增值税 -2.1454<br>value added tax | 税率 -2.1464<br>tax rate | 纳税 -2.1602<br>pay taxes |
| 求职面试<br>Job Interview | 招聘<br>recruit | 面试 -1.7947<br>interview | 简历 -1.9103<br>resume | 职位 -1.9867<br>position | 兼职 -2.0609<br>part-time job | 职场 -2.0642<br>world of work |
| 合同文件<br>Contract | 合同<br>contract | 签订 -2.0103<br>conclude and sign | 约定 -2.0307<br>appointment | 长租 -2.1096<br>long term rent | 楼盘 -2.2045<br>real estate | 房企 -2.2052<br>real estate enterprises |
| 市场调研<br>market & Investigation | 市场份额<br>market share | 国产手机 -1.6057<br>domestic mobile phone | 出货量 -1.6378<br>shipments | 份额 -1.6439<br>share | 占据 -1.7306<br>occupy | 第二季度 -1.7378<br>second quarter (in a year) |
| 方案讨论<br>Scheme & Discussion | 方案<br>plan/programme | 审议 -1.5648<br>consideration | 印发 -1.5879<br>printed and distributed | 停牌 -1.5911<br>suspension | 股东大会 -1.6016<br>general meeting | 养老保险 -1.6039<br>endowment insurance |
| 团队协作<br>Teamwork | 团队<br>team/workteam | 创始 -0.7860<br>origination | 简历 -0.9105<br>resume | 兼职 -0.9210<br>part-time job | 创业项目 -0.9249<br>entrepreneurial projects | 面试 -0.9390<br>interview |
| 利益分配<br>Benefit Distribution | 利润<br>benefit | 利润率 -1.2670<br>profit margin | 毛利率 -1.3751<br>gross profit margin | 净利 -1.3896<br>net profit | 减值 -1.3903<br>Impairment | 财年 -1.4498<br>fiscal year |
| 争议纠纷<br>Disputes | 纠纷<br>dispute | 赔偿 -2.5888<br>compensate for | 财产 -2.6957<br>property | 合法权益 -2.7077<br>legitimate rights & interests | 商标 -2.7244<br>trademark | 约定 -2.7318<br>appointment |
| 信誉承诺<br>Reputation & Commitment | 信用<br>credit | 征信 -1.6592<br>credit investigation | 借款人 -1.7263<br>borrower | 降准 -1.7511<br>lower reserve | 债 -1.7991<br>debt | 违约 -1.8091<br>break a contract |
| 规章政策<br>Regulations & Policies | 政策<br>policy | 降准 -0.9251<br>lower reserve | 楼市 -0.9439<br>Real Estate Market | 降费 -0.9439<br>reduce fees | 调控 -0.9486<br>regulation | 新政 -0.9586<br>new policy |
| 中外贸易<br>Sino Foreign Trade | 对外<br>Sino-foreign | 更名 -1.8858<br>rename | 互金 -1.9099<br>online finance | 输出 -1.9246<br>output | 全资 -1.9252<br>wholly owned | 医美 -1.9298<br>medical beauty |

## Table 5. Top 50 Related Words to Topic "Itinerary & Schedule"

| Word | Translation (EN) | PMI | Word | Translation (EN) | PMI | Word | Translation (EN) | PMI |
|---|---|---|---|---|---|---|---|---|
| 机票 | plane ticket | -2.1515 | 高铁 | high-speed train | -2.7877 | 积分 | accumulate points | -2.8716 |
| 民宿 | home accommodation | -2.2572 | 出行 | go on a (long) journey | -2.7941 | 订单 | order | -2.8736 |
| 预定 | schedule | -2.3579 | 下单 | place an order | -2.8060 | 场地 | field | -2.8810 |
| 目的地 | destination | -2.4045 | 佣金 | commission | -2.8101 | 交易额 | turnover | -2.8818 |
| 酒店 | hotel | -2.4258 | 直销 | direct selling | -2.8101 | 打车 | take a taxi | -2.8843 |
| 房东 | landlord/landlady | -2.4944 | 外卖 | take-out (food) | -2.8142 | 出租车 | taxi | -2.8854 |
| 航空公司 | aviation corporation | -2.4993 | 付款 | payment | -2.8172 | 医美 | medical beauty | -2.8915 |
| 景区 | scenic spot | -2.5639 | 电动 | electric | -2.8207 | 发售 | on sale | -2.8964 |
| 游客 | tourist | -2.5945 | 分销 | distribution | -2.8330 | 机场 | airport | -2.9101 |
| 房源 | housing resources | -2.6093 | 休闲 | leisure time | -2.8413 | 优惠 | discount | -2.9159 |
| 旅游 | travel | -2.6475 | 航空 | aviation | -2.8419 | 造车 | make cars | -2.9245 |
| 租车 | car rental | -2.6644 | 预约 | make an appointment | -2.8436 | 长租 | Long term lease | -2.9246 |
| 线路 | route | -2.6858 | 一站式 | one-stop | -2.8576 | 客服 | customer service | -2.9252 |
| 拼车 | car-pooling | -2.6947 | 预售 | advance booking | -2.8583 | 领投 | lead investment | -2.9323 |
| 餐饮 | food and beverage | -2.7097 | 商户 | merchant | -2.8606 | 本地 | local | -2.9328 |
| 里程 | mileage | -2.7231 | 折扣 | discount | -2.8622 | 到家 | home (service) | -2.9337 |
| 套餐 | (subscription) packages | -2.7847 | 经营者 | operator | -2.8698 | | | |

Due to the limited space of the table, only a few words can be displayed. According to table 4, combined with the content of business Chinese textbooks and business Chinese teaching experience, most words have a high correlation with topics, and the word list is generally reasonable. Some words are highly related to multiple topics at the same time; however, this situation can also be explained. Words are not isolated in a language system, so there is no fixed boundary among the topics of Business Chinese., e.g., "文案 (paperwork)" is not only related to the topic "市场营销 (Marketing Management)" but also to "广告宣传 (Advertising)". The word "服务质量 (service quality)" is closely related to both "售后服务 (After-sale Service)" and "意见评价 (Opinion & Evaluation)". It is also reasonable for the word "简历 (resume)" to appear in the Business Chinese application scenario such as "求职面试 (Job Interview)" or "团队协作 (Teamwork)". In Business Chinese Language Education, these repeated words can be arranged freely according to learners' acquisition order, or they can be clearly classified with reference to the PMI value., e.g., "代言 (endorsement)" is highly related to 4 topics "商务邀请 (Invitation)", "市场营销 (Marketing Management)", "广告宣传 (Advertising)", "产品商标 (Brand & Trademark)", the PMI values are: -2.0624、-1.0638、-1.1899、-0.7403. According to the PMI value, it is suggested to classify the word "代言 (endorsement)" into the topic of "产品商标(Brand & Trademark)" for language teaching or research.

For the topic "行程预定 (Itinerary & Schedule)", Table 5 shows the top 50 most related words, which are arranged in descending order of PMI value. It can be clearly seen that most words can be effectively used in business Chinese teaching, practice and expansion on this topic. There are only some words such as "造车 (make cars)", "场地 (field)", "领投 (lead investment)", "医美 (medical beauty)" are not so related to the topic. This proves that the corpus size of 40,000 financial news items is still insufficient. In the case of using NLP algorithms, the vocabulary can yet be affected by small probability events. To further improve the research on the Business Chinese Topic Database, a larger scale corpus is always needed.

## CONCLUSION

Based on a corpus with 40,000 Chinese financial news and reports from 2018 to 2019, this paper extracted a supplementary vocabulary including 2,437 business Chinese words with high timeliness and 185 named entities about Chinese finance and economy by using NLP algorithms. By comparison with the BCT vocabulary formulated in 2007, 1,723 supplementary words were proposed as the BCT Supplementary Vocabulary. The supplementary words were ranked by TF-IDF value to show their importance to Business Chinese Language Education. Moreover, the paper attempted to construct a Business Chinese Topic Database Based on the "Topic-lexicon" structure. By selecting core words for 26 common business Chinese topics and calculating the PMI value between words and core words, the relevance of words and topics was quantified. From the perspective of data, the paper has found another way to solve a cutting-edge issue in the field of International Chinese Language Education.

The deficiency of this study is that there are merely some supplementary words that are not so related to the topics. The scale of the corpus still needs to be expanded to avoid the impact of small probability events. On the other hand, over time, the corpus used now will gradually lose its timeliness. While expanding the scale of the corpus, it is also necessary to update the corpus itself to ensure that the BCT Supplementary Vocabulary and Business Chinese Topic Database would not lag behind the rapid development of Chinese society.

The BCT Supplementary Vocabulary and Business Chinese Topic Database proposed in this paper can greatly shorten the update cycle of Business Chinese Vocabulary and provide a better reference based on the "Topic-lexicon" structure for Chinese language teachers and textbook editors. This provides great convenience for developing countries such as in the drainage areas of the Lancang-Mekong River to establish and improve the system of "Chinese + Vocational Education" and serve the "Belt and Road Initiative". In future work, the authors will try to use web crawlers to constantly renew the Chinese Business News Corpus and make the BCT Supplementary Vocabulary and Business Chinese Topic Database update automatically.

## AUTHOR INFORMATION

Chenlin Zhang (1st & corresponding author), post-doctor, joined Ministry of Education Institute of Applied Linguistics in August 2023. He has served the College of International Education, Dali University in 2022. He completed his PhD in Modern Language Technology and Application (Computational Linguistics) at Jiangxi Normal University. In 2021, he served as the project director of Yunnan Language Intelligence Research Center. His research field is Computational Linguistics and has published several papers in Journal of Chinese Information Processing. The latest project of him is funded by Dali University (KY2296129540).

Yanjing Ren (2nd author), master's degree in reading, is studying for master's degree in Chinese International Education at Dali University. Miss Ren obtained her bachelor's degree in Chinese International Education at Yangzhou University. She has been devoted to research "Chinese + Vocational Education" and multimodal teaching.

Xinyi Zhang (3<sup>rd</sup> author), master's degree in reading, is studying for master's degree in Chinese International Education at Yunnan Normal University. Miss Zhang obtained her bachelor's degree in Korean at Xi'an International Studies University. She has been devoted to research Business Chinese textbook for Korea.

## FUNDING AGENCY

This paper is supported by Startup Project of Doctor Scientific Research of Dali University (KY 2296129540).

## REFERENCES

An, N., & Shi, Z. (2007). Word Selection Ratio and Core Wordlist for Business Chinese Textbooks. *Applied Linguistics,* (03), 70-77. (Chinese)

He, H., & Choi, J. (2021). The Stem Cell Hypothesis: Dilemma behind Multi-Task Learning with Transformer Encoders. In *Proceedings of the 2021 Conference on Empirical Methods in Natural Language Processing.* Association for Computational Linguistics, Online and Punta Cana, Dominican Republic, edition.

Hu, R., & Zhu, Q., & Yang, L. (2015). Research and Construction of a Topic Corpus for Teaching Chinese as a Second Language. *Journal of Chinese Information Processing, 29*(06), 62-68. (Chinese)

Ji, J. (2007). A Tentative Idea of Compiling a Corpus Based Business Chinese Learning Dictionary. *Language Teaching and Linguistics Studies,* (05), 15-21. (Chinese)

Jia, P., & Zhou, X., & Guo, S. (2019). A Corpus Based Study of Vocabulary in Business Chinese Textbooks. *Research on Chinese as a Second Language,* (01), 107-118. (Chinese)

Kenneth, W. C., & Patrick H. (1990). Word Association Norms, Mutual Information, and Lexicography. *Computational Linguistics, 16*(1), 22-29.

Li, Q. (2011). Teaching Chinese for Specific Purposes and Its Textbook Compilation. *Applied Linguistics,* (03), 110-117. (Chinese)

Liu, H. (2008). Research on Topic Clustering for Teaching Chinese as a Foreign Language. *Foreign Languages Research,* (05), 55-60. (Chinese)

Liu, H. (2018). Reconstruction and Grading of Common Words in Business Chinese. *TCSOL Studies,* (01), 35-48. (Chinese)

Mo, J. (2022). Compilation Strategies of Regional Textbooks for Chinese as a Foreign Language under the Background of "the Belt and Road". *Journal of Shanxi Datong University (Social Science Edition), 36*(02), 130-133. (Chinese)

Salton, G., & Buckley, C. (1988). Term-weighting Approaches in Automatic Text retrieval. *Information Processing & Management, 24*(5):513-523.

Wu, Y. (2022). New Trends, Fields, and Methods of International Chinese Language Education. *Journal of Henan University (Social Science), 62*(02), 103-110, 155. (Chinese)

Xin, P. (2007) Scalar Parameters of Domain-specific Vocabulary in Chinese Textbooks for Business Purposes. *Applied Linguistics,* (03), 70-77. (Chinese)

Yu, K., & Xu, L. (2019). Construction of Special-purpose Chinese Textbooks under the New Situation of "the Belt and Road". *Research in Teaching, 42*(06), 61-66. (Chinese)

Yu, Q., & Fan, W., & Chen, Q. (2012). An investigation on the topic interest of Chinese learners and its matching with the topic of TCFL textbooks. *Language Teaching and Linguistic Studies,* (01), 23-29. (Chinese)

Yu, X. (2013). *Construction of Business Chinese Topic Database and Topic Vocabulary based on Corpus* [Unpublished master's thesis]. Jinan University, Guangzhou, Guangdong, China.

Zhang, L. (2006). A Need Analysis in Teaching Business Chinese. *Language Teaching and Linguistics Studies,* (03), 55-60. (Chinese)

Zhou, X., & Gan, H. (2008). Investigation on Word Selection in Business Chinese Textbooks and Compilation of Business Vocabulary Outline. *Chinese Teaching in the World,* (01), 77-84. (Chinese)

Zhou, Y. (2021). Special Purpose Chinese Teaching in the Context of the "the Belt and Road". *Sinogram Culture,* (13), 148-151. (Chinese)

文化与传播研究

# 中国书法文化澜湄五国传播的困境与路径

郑开文　余江英（云南大学汉语国际教育学院）<sup>①</sup>

【摘　要】本文首先分析澜湄五国在中国书法文化传播中的重要战略地位，并以澜湄五国所有孔子学院的公众号中关于书法的推文数据为研究样本，对其举办的书法活动种类及次数进行数据可视化分析，尝试解析澜湄五国书法文化传播的困境及原因，并提出面向澜湄五国的书法文化传播策略及可行路径。

【关键词】澜湄五国；书法文化；孔子学院；汉字文化圈

## The Difficulty and Path of Chinese Calligraphy Culture Spreading in five Lancang-Mekong countries

ZHENG Kaiwen-wen, YU Jiang-ying

**Abstract:** This paper first analyzes the important strategic position of Lancang-Mekong countries in cultural communication, and takes the data of tweets about calligraphy in the public accounts of all Confucius Institutes in the five countries as research samples to carry out a visual analysis of the data on the types and times of calligraphy activities held by the five countries, trying to analyze the difficulties and causes of calligraphy culture communication in the five countries. And put forward the calligraphy culture communication strategy and feasible path facing Lancang-Mekong five countries.

**Keywords:** Five Lancang-Mekong countries; Calligraphy culture; Confucius Institute; Cultural circle of Chinese characters

---

① 作者简介：郑开文，女，云南大学汉语国际教育学院硕士研究生，研究方向为国际中文传播。余江英，女，博士，云南大学汉语国际教育学院副教授，主要研究方向为国际中文传播，教育部语言文字应用研究优秀中青年学者、中国语文现代化学会汉语国际传播研究分会理事、中文教学现代化学会理事，主持科研项目 9 项，其中，省部级项目 6 项，在《语言文字应用》等国内外期刊发表论文 20 余篇，为本文通讯作者。

## 一、引言

二十大报告中指出，我们应推进文化自信自强，铸就社会主义文化新辉煌，增强中华文明传播力影响力，坚守中华文化立场，讲好中国故事、传播好中国声音，展现可信、可爱、可敬的中国形象，推动中华文化更好地走向世界，进一步呼应我国在十九届五中全会提出的在 2035 年建成文化强国的远景目标。《文化中国国家形象要素排序》的调查数据显示，中国书法已超越京剧成为外国人最喜欢的中国文化艺术。中国书法不仅是中国文化国际传播的有效载体，也是中国极具代表性的文化符号之一，在海外中国文化传播中具有举足轻重的地位。

中国书法文化的国际传播可以分为三大区域：一是中国书法文化向"一带一路"沿线国家的传播；二是"汉字文化圈"内部的中国书法文化国际传播，主要是中国书法文化向日本和韩国的传播；三是中国书法文化向欧美地区的传播。东南亚是"一带一路"建设的重点及优先区域，自"一带一路"倡议提出以来，中国已成为东盟最大的贸易伙伴和重要的投资合作伙伴，2022 年双边贸易额达到 9400 亿美元，双向投资额超过 3400 亿美元。在经济合作热度不断攀升的背景下，中国与东盟各国的文化交流程度也在持续加深。"一带一路"沿线有 53 国设立孔子学院和孔子课堂共计 276 所，截至 2022 年，东南亚 11 国中除文莱外都已建立孔子学院或孔子课堂，共计 59 所（含孔子课堂），在"一带一路"孔院及课堂总数中占比约五分之一，澜湄五国共计 36 所孔子学院及孔子课堂，占东南亚地区孔院及课堂的约二分之一。从以上数据可见，澜湄五国是目前中国文化传播范围较广、程度较深的区域，具有较高研究价值，笔者以澜湄五国孔子学院公众号数据为研究样本，并使用八爪鱼数据采集器对网页相关报道数据进行抓取筛选作为补充数据，梳理总结其开展的各类书法文化活动，分析目前书法文化在澜湄五国传播面临的困境，并以澜湄五国书法文化传播现状为发散点，以点带面地探寻提高书法文化传播效率的有效路径，提升书法文化的传播力和影响力。

## 二、澜湄五国的地理和文化特殊性

东南亚是"一带一路"中"海上丝绸之路"沿线的重要地区，共有 11 个国家，分别是缅甸、泰国、柬埔寨、老挝、越南、菲律宾、马来西亚、新加坡、文莱、印度尼西亚以及东帝汶，该地区有着特殊的地理文化地位。而东南亚地区包含澜湄五国，分别是缅甸、老挝、泰国、柬埔寨、越南五个国家，中国与澜湄五国"共饮一江水"，有着较相似的文化背景，其不仅是中国书法文化的重要传播区域，也是中国书法文化向世界传播的理想窗口，具有以下特殊性质：

## （一）共饮一江水，文化相似且多元

澜沧江起源于中国青海省的唐古拉山东北部，在中国境内流经西藏与云南两省区，在西双版纳州流出中国国境后就被称为湄公河，并于越南胡志明市注入南海，其是东南亚最大的国际河流，干流全长 4880 千米，流域面积为 81 万平方千米。澜湄五国都属于东南亚地区，东南亚是位于亚洲与大洋洲、太平洋与印度洋之间的"十字路口"，且有"咽喉"要道马六甲海峡，自古海路发达，文化有着较强的包容性，形成多元文化共存的局面，对他国文化排斥较小，为中国文化的传播奠定了理想基础。

且近年来以古风主题为首的中国网络文学作品及电视剧在包括澜湄五国的东南亚地区热度非常高，据中国作协《中国网络文学国际传播报告》显示，中国网络文学已向海外传播作品 10000 余部。其中，实体书授权超 4000 部，上线翻译作品 3000 余部，覆盖范围遍布全球，仅"一带一路"沿线国家的覆盖数量就达到 40 个之多。网络文学作品以《锦衣夜行》《鬼吹灯》《将夜》《武动乾坤》等古文小说为代表，电视剧作品以《甄嬛传》《步步惊心》《花千骨》等古装剧为代表，都包含较多的书法文化元素，在其自身传播的过程中也进一步加深了书法在当地受众当中的印象，让该地区人民对中国传统文化及书法的熟悉和了解程度进一步加深。

## （二）政府合作机制良好，区域内往来密切

2014 年 11 月，"澜沧江-湄公河合作机制"在缅甸内比都举行的第 17 次中国-东盟领导人会议上被首次提出。2016 年，澜湄合作首次举行领导人会议，并宣布澜湄合作机制正式启动，其启动仪式在海南三亚举行，"澜湄六国"的格局正式形成。澜沧江-湄公河同饮一江水的六个国家致力于形成更加紧密的区域间"命运共同体、发展共同体、合作共同体"，交流程度进一步加深，也致力于通过区域间合作，发挥出"6 个 1 相加大于 6"的良好效应。2015 年，中国同湄公河五国贸易总额达 1939 亿美元，双边人员往来超过 1500 万人次。中国和湄公河五国互派留学生总数超过 6 万人。

综上，澜湄五国有着中文教学良好合作基础、特殊地理位置、深厚历史背

景以及光明合作前景。

## 三、澜湄五国的书法文化传播现状

### (一) 澜湄五国孔子学院数量及数据分析

澜湄五国都有一定数量的孔子学院或孔子课堂。根据"中国国际中文教育基金会"公布的统计数据，截至 2022 年，澜湄五国孔子学院（含孔子课堂）共计 36 所，分布如下：泰国 27 所、缅甸 3 所、柬埔寨 3 所、老挝 2 所、越南 1 所。

本文以澜湄五国共计 22 所孔子学院（不含孔子课堂）的官方公众号已发布推文为数据研究样本，通过输入校名关键字检索孔子学院官方公众号，并设定统计数据的覆盖年份为 2018 年至 2022 年共计五年，在官方账号中以"书法"为关键字检索后进行活动数据分类。根据以上条件，22 所孔子学院中，可搜集到有效数据的孔院共计 15 所，通过对此 15 所孔子学院书法类活动的调研，其举办的书法活动可被总结为六类，第一类是书法课程专项类，此类活动以纯粹的书法课程作为活动的主线，教学的主要内容是教授书法书写及相关知识，例如书法兴趣班及书法讲座；第二类是综合文化体验类，此类活动主线为体验各种中国优秀传统文化，包含剪纸、国画、中国结、茶艺、中国特色美食、中国歌曲等，而书法只作为其中的一个组成板块出现；第三类是中文课程项目附属类，此类活动主线为教授中文，书法用于辅助汉字教学或在中文课程的课余调节环节出现，例如寒暑期班、汉语营、汉语专修班或各类政府人员赴中考察团；第四类是节日活动体验类，此类活动多与中国传统节日结合，在春节、中秋节、端午节等节日体验活动中融合书法元素，最常见的为春节写对联、赠福字活动；第五类是现场表演类，此类活动常与民乐或民舞结合，在舞台上现场书写展示，完成一场视听结合的表演；第六类是比赛展览类，此类活动多以书法比赛的形式开展，以此鼓励中文学习者学习中国书法，练习中国字，赛程结束后常设展览展示比赛优胜者的书法作品。

### (二) 澜湄五国孔子学院书法活动概况

#### 1. 泰国

泰国共 16 所孔子学院，其中 5 所孔子学院未通过关键字搜索到官方独立公众号（宋卡王子大学孔子学院、勿洞市孔子学院、东方大学孔子学院、易三仓大学孔子学院以及华侨崇圣大学中医孔子学院），其推送数据较难分析，因此未计入统计范围。列入统计范围的单独注册成立官方公众号的孔子学院共计11 所，分别为朱拉隆功大学孔子学院（北京大学合办）、农业大学孔子学院（华侨大学合办）、孔敬大学孔子学院（西南大学合办）、皇太后大学孔子学院（厦门大学合办）、清迈大学孔子学院（云南师范大学合办）、玛哈沙拉坎大学孔子学院（广西民族大学合办）、曼松德昭帕亚皇家师范大学孔子学院（天津师范大学合办）、川登喜大学素攀孔子学院（广西大学合办）、宋卡王子大学普吉孔子学院（上海大学合办）、海上丝路孔子学院（天津师范大学合办）、海上丝路·帕那空皇家大学孔子学院（大理大学合办）。以上 11 所孔子学院在2018—2022 年间举办书法课程专项类活动共计 26 次；举办综合文化体验类活动共计 100 次；举办中文课程项目附属类活动共计 64 次；举办节日体验类活动共计 44 次；举办现场表演类活动共计 15 次；举办比赛展览类活动共计 32 次，总计举办活动 281 次。

### 2. 柬埔寨

柬埔寨共 3 所孔子学院，柬华理工大学孔子学院公众号在数据搜集时间范围内未发布书法文化活动相关内容，不列入统计范围，另外 2 所孔子学院为柬埔寨皇家科学院孔子学院及国立马德望大学孔子学院，以上 2 所孔子学院在2018—2022 年间举办书法课程专项类活动共计 6 次；举办综合文化体验类活动共计 10 次；举办中文课程项目附属类活动共计 1 次；举办节日体验类活动共计 11 次；举办现场表演类活动共计 0 次；举办比赛展览类活动共计 8 次，总计举办活动 36 次。

### 3. 老挝

老挝共 2 所孔子学院，分别为老挝国立大学孔子学院（广西民族大学合办）、苏发努冯大学孔子学院（昆明理工大学合办），五年中举办书法课程专项类活动共计 0 次；举办综合文化体验类活动共计 11 次；举办中文课程项目附属类活动共计 0 次；举办节日体验类活动共计 1 次；举办现场表演类活动共计 1 次；举办比赛展览类活动共计 1 次，总计举办活动 14 次。

### 4. 缅甸

因缅甸未成立单独的孔子学院，故缅甸的数据研究样本以福庆语言电脑学校孔子课堂（云南大学合办）官方公众号数据为样本进行分析，五年中举办节日体验类活动 1 次以及比赛展览类活动 4 次，共计举办活动 5 次。

### 5. 越南

越南仅一所孔子学院，为河内大学孔子学院，但因未通过关键字搜索到其官方独立公众号，无法通过公众号统计有效数据，故通过八爪鱼数据处理器在百度搜索引擎上进行相关数据的抓取分析。笔者以"中国书法活动在越南的开展"为关键字检索百度平台中的相关报道，得到相关网页页面共计 100 页，报道共计 2000 条，在将报道时间设定为 2018 年至 2022 年进行筛选后，共得到报道 700 条，但该 700 条包含不同平台对同一活动的相关报道，故在合并重复报道数据后，可整理出越南五年中举办书法课程专项类活动共计 3 次；举办综合文化体验类活动共计 0 次；举办中文课程项目附属类活动共计 0 次；举办节日体验类活动共计 2 次；举办现场表演类活动共计 0 次；举办比赛展览类活动共计 2 次，总计举办活动 7 次。

### （三）澜湄五国孔子学院书法活动数据分析

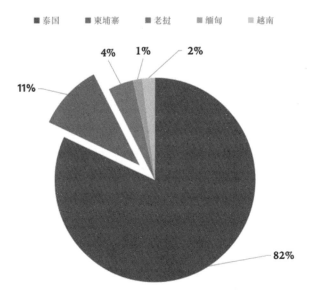

图 1　2018—2022 年澜湄五国总计举办书法活动占比概览

从以上公众号推文数据分析可见，在 2018 年至 2022 年总计 5 年的时间内，举办书法活动最多的国家为泰国，共计 281 次，活动次数在澜湄五国中总占比为 84%，而举办活动最少的国家为缅甸，次数为 5 次。

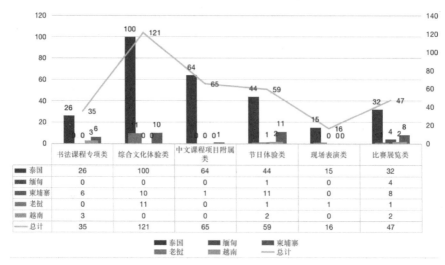

图 2　2018—2022 年澜湄五国举办各类书法活动概览

在六大类书法活动中，举办次数最多的活动是综合文化体验类活动，达到
121 次，而举办次数最少的活动为现场表演类活动，仅 16 次，其次为书法课
程专项类活动，仅 35 次。

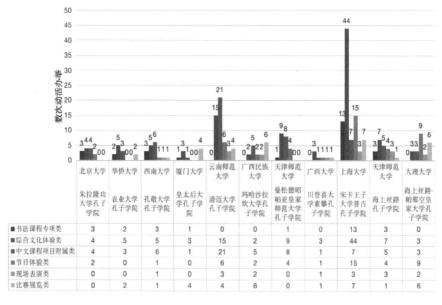

图 3　2018—2022 年泰国各孔子学院举办活动数据概览

泰国为五年间举办书法活动次数最多的国家，在泰国的 11 所孔子学院
中，以宋卡王子大学普吉孔子学院举办次数最多，共计 89 次，且在其他各孔

子学院举办书法课程专项类活动几乎都不超过 3 次的情况下，宋卡王子大学普吉孔子学院达到 13 次之多，并且其综合文化体验类活动的举办次数也远超其他孔子学院。

## 四、澜湄五国的书法文化的传播困境及原因

从微观层面看，政府态度、民间交流、教学配套等各方面原因都会对孔院的开办及书法文化的传播造成不同程度的影响，此层面较为容易改善应对。

### （一）除泰国外其他各国举办书法活动的频率较低

从以上数据中可见，在书法活动开展次数方面，泰国一骑绝尘，遥遥领先于澜湄其他四国，五年内，泰国平均每年举办书法活动的次数约 56 次，平均每月约举办 4 次，较为频繁。而其他各国平均每年举办书法活动的次数不到 10 次，甚至有的国家无法达到一个月举办一次的频率，此种频率较低，并不利于书法文化的广泛传播，此种极不平衡的现象的出现可能与各方面原因有关，笔者分析如下：

#### 1. 中文教育普及程度、汉语纳入国民教育体系程度不对等

从政府官方态度来看，中文教育普及程度及是否将中文纳入国民教育体系直接影响汉语在当地的地位，以及当地群众学习汉语的需求，在泰国汉语已进入国民教育体系，可以作为正式课程开设。而缅甸至今未承认汉语教学的合法地位，也未将汉语纳入国民教育体系，柬埔寨虽已在 2022 年与我国教育部签署《中华人民共和国教育部与柬埔寨中学中文教育合作项目的谅解备忘录》，将中文纳入国民教育体系，但在此前过去较长的时间内，柬埔寨政府都不承认华文学校学历。故各国政府对中文的态度都会自上而下直接影响孔子学院在当地的生存发展，以泰国诗琳通公主为例，其带头学习汉语，先后师从九位中文教师，被中国教育部授予首枚"中国语言文化友谊奖"奖章，被北京大学授予名誉博士学位。在诗琳通公主的影响与积极带动下，泰国皇室成员学习汉语的热情高涨，带动泰国政府层面的汉语学习热，从而也对普通群众学习汉语起到了非常积极正面的示范作用，政府推崇，民间火热，为泰国的孔子学院营造了理想的发展环境，使其发展成效优于其他东南亚国家。

## 2. 各国民间汉语学习需求量不一导致孔子学院数量不一

从民间实际需求来看，民间的汉语需求会在一定程度影响官方政策的制定，在官方政策下，民间会再次转化此种政策。汉语学习的需求是多领域的，尤其是在服务业领域，语言的使用程度高，能够直接刺激对语言学习的需求。以服务业中的旅游业为例，据中华人民共和国文化和旅游部公布的 2019 年上半年全国旅行社统计调查报告数据显示，2019 年上半年全国旅行社出境旅游组织 3067.50 万人次、15469.19 万人天。2019 年上半年旅行社东南亚出境旅游组织人次排名第一位的目的地国家为泰国。可见随着中国游客赴泰旅游的热度不断增加，泰国民间对学习汉语的需求也在不断提高，其间接刺激孔子学院在泰国的蓬勃发展，孔子学院的数量也会间接影响包括书法活动在内的文化活动举行频率。

## （二）孔院书法活动浮于表面无法深入开展

从活动内容来看，书法仅占小部分板块的综合文化体验类活动占比最大，而真正以书法课程为主角，认真讲授书法文化的书法课程专项类活动却屈指可数。文化体验类活动虽然场面盛大，规模较高，人数众多，但是活动本身时间短并且层次浅，导致受众对于书法的认知单一有限，而书法文化也无法形成完整的传播链条，受众对书法的了解浅尝辄止。孔子学院的书法教学活动属于真正可持续发力的书法国际传播活动，这种活动持续时间长、教与学层次深，此类过程系统的书法教学才有走到国际大众的视野中去的实力。此外，能提高艺术审美，从专业角度拉升孔子学院学生书法认知水平及书写水平的书法比赛展览类活动数量也较少。孔子学院举办的大部分书法类活动都疏于对书法的精研，而重形式的花哨与场面的宏大，这样的趋势虽然短期看能让较多的人知晓书法文化，但长远看并不利于书法文化的深层次传播，也不利于培养真正了解并热爱书法的人才。而出现此现象的原因大致如下：

### 1. 教学人才不匹配师资力量匮乏

澜湄五国孔子学院书法文化体验类活动占比大，而书法课程专项类活动占比小的直接原因之一就是缺乏专业的书法师资人才，而溯源根本原因，即是因国内书法传播效果并不理想，导致书法人才数量不足，无法满足对海外的输出。故国际中文教育的海内外师资队伍中缺少专业的书法人才，海外书法课程大多由教学课程教师或汉语教学志愿者兼任，在该类教师队伍中，较好的情况是教师喜爱书法并具有一定的书法水平，基本能够保证书法教学的课程质量，达到有效输出；较差的情况是教师从未接触过书法，但因校方排课需要而临时学习书法，难以保证课程教学质量，甚至将应重实践的书法课变成主讲理论的文化课，或是教学内容混乱，讲授者底气不足，示范效果差，导致学习者感到枯燥无味，对书法及书法课的印象大打折扣。而孔子学院为保障书法活动的顺利进行，故只能采取对书法文化点到为止的传播介绍，将书法融进综合文化体验项目，难以单独成项。

### 2. 教学体系缺乏系统性科学性

对外书法教学缺乏科学性，根源在于缺乏具有稳定水平的书法教师，而大多院校机构却又将书法教学体系的规划主导权交给水平参差不齐的教师，或是仅将书法课程作为国际中文汉字课的课后辅助教学，定位不明确，导致整体教学体系不完善，缺乏科学性。有的教师可能从笔画教起，有的教师可能从某个字教起，而在一门书法课程的开展中，也不一定是同一位老师负责教完整门课程，那么学生在同一门课程中，可能学到的字体、笔画、内容都因老师而异，缺乏系统性。

### 3. 教学资源较匮乏

在对外书法教学课中，较缺乏专门针对外国学习者的书法教材或教学视频资源，大部分院校机构使用的是蒋彝先生的《中国书法》一书，该教材针对外国学习者编撰，应用效果较好，但此教材未提供充足的供临摹的字帖，故还具有一定的改善空间。而许多院校机构采用的书法教材甚至并非专门针对外国学习者，教材五花八门，例如以欧阳询《九成宫醴泉铭》为代表的古代书法家的碑刻作品拓本、国内书法考级教材甚至是普通临摹字帖，这些教材并非质量不过关，而是在一定程度上来讲其并不适合缺乏中国文化背景的学习者。

### 4. 书法课堂书写环境及工具匹配水平低

从许多推文中可以看出，部分孔院机构没有配套的书法教室，仅在普通教室内开设书法课，即会遇到墨汁点染教室影响其他课程有序教学、纸张难以完整铺开、缺乏文化氛围感等一系列问题。除此之外，因受制于许多客观条件，院方为学习者提供的笔墨纸砚不仅质量参差不齐，甚至数量并不齐全，从而影响整体书写效果，降低学习者的书法课程体验感。以在泰国举办活动数量非常突出的宋卡王子大学普吉孔子学院为例，其书法活动开展非常顺畅成功的原因之一即是其已成立"一体式""多功能"的新文化中心，其配套"中国风""数字化"装修，既有专用的书法教室用于书法和国画的特色中华文化教学，并且还有专门的活动场地用于举行古筝、茶艺、泰拳等中华文化体验活动。

从宏观层面看，澜湄各国历史文化背景以及跨文化交际中的实际差异会从更深层次影响包括书法在内的中国文化的传播，此层面较难改善应对。

### （三）传统"汉字文化圈"和"美国文化圈"的博弈仍在继续

"汉字文化圈"主要是曾用汉字书写历史并在历史和文字上受中国及汉文化影响的国家，主要包括朝鲜、韩国、日本、越南、新加坡以及东南亚部分地区。在澜湄五国中，以越南受传统"汉字文化圈"影响最大，越南语的书写字有六成源于汉字，书法也曾作为汉字瑰宝而得到"圈内国家"的热切追捧。如今，包括澜湄五国在内的东南亚地区虽经历"美国文化圈"长达半世纪的"去中国化"影响，但因其有大量的华人华侨及历史文化基础，故目前书法在澜湄五国的传播阻力并不算太大，但两"圈"文化博弈依然在继续，中国文化在古时国力鼎盛时期曾经历传播的高峰，也在近代国力孱弱之时经历传播的低谷，新时代的中国文化传播是再度的复兴征程，我国仍需努力在这场博弈中赢得优势。

### （四）中国书法向澜湄五国的传播是高语境向低语境的传播

"高语境文化"和"低语境文化"是美国学者、人类学家爱德华·霍尔提出的关于跨文化传播的概念和表述。高语境文化具有内隐含蓄、包含较多暗码信息和非言语编码、反应很少外露、圈内圈外有别、人际关系紧密等特征。中国文化属于高语境文化，西方文化属于低语境文化，东南亚地区在过往千百年的历史中受到中国文化的影响，华侨华人数量众多，虽然整体语境高于西方，但仍低于中国。故书法在东南亚国家甚至西方的传播，都属于一种高语境文化向低语境文化的逆向输出，仍存在一定阻力。

## 五、面向东南亚地区的书法文化传播策略及路径

### （一）巩固本国经济实力提高国际汉文化学习需求

我国与澜湄五国各国的经贸合作深度都影响着汉语在其国家的地位，经济往来频繁，民间交往密切，才能让各国国民对汉语的学习需求真正大幅度跃

升，从而使孔子学院的开设数量不断走高，并拥有良好的运营环境和稳定的学习生源。各国国民真正对中国感兴趣，产生中国文化的学习动力。扩大中国在澜湄五国的经济影响力，提高澜湄五国孔子学院的开设数量，扩大孔子学院的办学规模，才能进一步改善书法的传播环境，让书法拥有一定的学习人群基础。

## （二）积极传承优秀文化充盈教学后备力量

### 1. 从根源出发扩大国内书法学习者队伍

要提高书法文化的国际传播力，就必须向国外输送具有同等匹配程度的书法教师，而要真正从根源改善海外书法专业师资匮乏的现象，就应提高国内书法者的学习数量与质量。政府出台相关政策后，各中小学及高校应将政策落实到位，中小学应根据教育部《中小学书法教育指导纲要》开设各阶段应有且符合条件的书法课程，而各高校也应在符合条件的基础上积极申报开设书法类专业，培养高素质的书法人才。除加深教育强度，各就业相关部门也可推出针对书法专业毕业人群的利好政策，扩大社会各领域、教育系统内或体制内对书法类人才的吸纳，改善书法专业人群的就业创业环境，提高书法行业平均薪资待遇水平，使书法专业良性循环向上发展，才能响应教育部政策号召，培养优秀的书法人才、建设科学的教学体系、丰富书法教学资源、改善书法教学的配套工具与书写环境，从而能扩大国内书法学习者队伍，有力地向国外输送高水平书法教学师资。

### 2. 深化教学体系建设提高系统性、科学性

各院校机构应重视体系搭建，书法教学的体系建设不能流于形式，完善书法教学大纲，建设完整的书法教学体系，从顶层设计出发，发动专家学者梳理中国书法文化的国际传播道路并能让各级部门有条理地落实，规范对外书法教学课程阶段性目标，统一教材及学习内容，书法课程方能有序开展。我们可以看到，部分学者已意识到该问题并开始采取行动。

中国书法国际传播研究院于 2018 年 10 月 16 日在北京语言大学举行成立仪式，其是全国首个研究中国书法国际传播的实体学术机构，北京语言大学原校长崔希亮教授任首任院长。研究院以"研究中国书法，阔通文化视野，推动国际传播"为宗旨，开展各类书法创作和研究的国际交流与传播活动。2023年 3 月 30 日，北京大学人文社会科学研究院邀访专家代表团到访中国书法国

际传播研究院进行了相关考察交流。专家团各代表来自香港中文大学、日本东洋大学、加拿大魁北克大学蒙特利尔分校、中山大学、华中师范大学、北京师范大学以及北京大学等国际知名院校，研究领域覆盖历史学、哲学、文学、艺术学、社会学等不同专业领域。北京语言大学书法学科在经历十余年的精心搭建后，已形成本硕博及博士后的完整教学体系，在国际中文教育与中国书法国际传播相结合方面发挥着领域内的表率作用，其开展了"中国书法国际传播论坛""名家讲座""研究生创作系列展"等一系列书法创作和学术交流活动，并在罗马尼亚、德国、奥地利等多所大学举办展览和学术交流，出版了一系列专业著作、法帖和相关教材。在中国书法文化的国际传播领域，北京语言大学提供了经典案例以及丰富的平台建设搭建经验，值得各相关院校机构研究学习。

### 3. 推出鼓励政策丰富专业书法传播资源

如今智慧化平台不断升级，全球化进程有序推进，高品质教学资源通过互联网平台展示在世界的汉语学习者眼前，进而扩大中华文化影响力，目前国际中文教学资源平台的建设虽已初见成效，但各类教学资源仍存在缺口，书法汉字类教学资源较为短缺，相关部门可继续推出资源建设类的鼓励政策，加大业内对于资源建设的重视程度。除此之外，平台应发挥宣传号召作用，响应政府政策，可举办各类教学资源竞赛，丰富资源库，挖掘相关人才，深化国际中文教育行业人员在资源建设领域的参与度。

### 4. 改善国际中文机构院校书法教学环境

政府部门或院校管理层应加大关于书法文化类专用教室的财政拨款力度，如目前许多高校和孔子学院已建立的中华文化体验室，在国际中文教师及汉语学习者群体中的受欢迎程度极高，其以极具中国特色的装潢和环境，在使教师的书法教学整体推进更加顺畅的同时，也能增添课程氛围感，提高学习者体验感，积极正面地塑造书法文化形象。

## （三）加强对书法课程的重视并进行深入教学

杜绝浮于表面、重在拍照摄像收集宣传素材的"体验类"活动，机构院校教学相关的领导层应加强对书法课程的重视，紧抓书法课程教学质量，制定书法课程教学标准并定期开展教学质量考核，及时总结教学工作中的优点，积极改进不足，避免汉语学习者因课程开展失误而对中国书法艺术产生错误的认知，应多开展能从更深层次传播书法文化的书法课程专项类活动。

## （四）加强文化身份认同重构新时代"汉字文化圈"

"文化身份"是跨文化交际中的重要概念之一，它指一个文化群体内，成员对自身文化归属的认同感，可以理解为某种文化中特有的以及某个民族与生俱来的一系列特征，而其特征则由这种文化群体成员的所言、所行、所思、所感表现出来。曾经影响力极强的"汉字文化圈"已被"美国文化圈"消解是不争的事实，但澜湄五国拥有大批华人华侨基础，并且其大部分都仍在有意识地传播中国文化，我国驻澜湄五国的各使领馆应加强与当地华人华侨的沟通，积极举办各类文化活动，鼓励此类人群对书法文化及中国文化进行传播，扩大中国文化在澜湄五国的影响力，进一步从澜湄五国出发，进而影响东南亚地区，重新构建超越传统"汉字文化圈"的新时代的"汉字文化圈"。

文化层次理论结构包括精神文化、物质文化、制度文化和行为文化，精神文化是物质文化的内在动力，应在精神上加强澜湄五国对于中国及中国文化的认可，从而层层影响至该五国在行为上对于书法文化的追寻。从泰国诗琳通公主带动的汉语学习热潮可见，应加强中文及书法文化在当地精英阶层的传播，以在社会中产生强烈的示范效应，从顶层设计落实至基层推广，双向获得正向反馈，不断扩大书法文化传播的影响力。

## （五）探寻高语境文化逆向传播至低语境文化的合适路径

若想减小高语境文化向低语境文化逆向输出的阻力，就应营造出中国书法的亲和形象，书法意韵高深，但不应受限于"阳春白雪"的设定，打造面向大众的书法文化，向低语境文化国家主动揭开书法的神秘面纱，拉近与其他国家普通民众的距离，才能真正做到成功逆向输入。在作品创作上，内容可酌情减少含义过于生涩的古诗文句，而改用当地通俗易懂的传统俚语或祝福语，使中国书法去"水土不服"症状，真正与传播对象国的本土文化相结合。

除此之外，要在市场导向的基础上，探寻属于书法艺术传播的良性循环模式，成功的市场模式能够拉动一个群体的需求，在文化传播的过程中，应考虑到我们愿"输出"，受众是否愿"输入"的现实条件，应建立"输出"的受众思维，强行输出的模式不具备可持续发展潜力。我们可以将孔子学院作为调查窗口，以学员作为突破口，在书法活动举办的过程中，调研学员感兴趣的模式，也可以采用问卷调研当地民众对书法的了解程度、是否愿意学习书法、学习书法的动机以及期望的书法活动开展形式，以此不断改善我们的书法活动模式。

总之，澜湄五国是书法文化的重点传播地区之一，也是扩大书法文化国际传播力的重要窗口之一，我们自身不仅要做到良性传承发展中华优秀传统文化，稳固国民文化身份建构，培养大批高素质书法人才，还应找到举办书法文化活动的有效形式以及正确的高语境逆向输出方式，才能做到优秀书法文化的有效输出与正向回馈，构建新时代"汉字文化圈"，锻造文化"软实力"，找到正确传播路径，解决书法在澜湄五国传播面临的现实困境。

## 参考文献

［1］郭姗姗. 跨文化交际中的语用迁移和身份构建［J］. 西南科技大学学报（哲学社会科学版），2016（5）.

［2］郭晓旭. 习近平建设社会主义文化强国重要论述研究［J］. 马克思主义哲学论丛，2020.

［3］柯卓英，邵珊珊. 国际中文教育视阈下中国书法文化传播研究：基于汉语教材中书法文化元素的调研［J］. 新闻前哨，2022（2）：67—68.

［4］刘丰玮，张新月. 论书法对汉语国际教育的作用［J］. 文学教育（上），2019（6）.

［5］刘育华. 突出"汉字文化"与"书法教育"的结合［J］. 汉字文化，2022（22）.

［6］彭娜. 书法艺术在汉语国际教育中的应用探析［J］. 汉字文化，2021（9）.

［7］沈瑾瑾. 从"福"字看书法在对外汉语汉字教学中的运用［J］. 教育观察，2022（13）.

［8］史洪存. 汉语国际教育背景下来华留学生书法课程定位与中华文化融入研究［J］. 汉字文化，2020（13）.

［9］史鹏飞. 对外汉语教学中的书法艺术教学研究［J］. 现代交际，2018（5）.

［10］王庭发. 书法教师队伍现状及培养对策浅谈［J］. 汉字文化，2020（6）.

［11］王岳川. 书法文化输出与书法国际传播［J］. 中国书法，2013（3）.

［12］杨文琪，池程远．中华优秀传统文化视域下对外书法教学研究［J］．时代报告（奔流），2021（34）．

［13］于晗，周晶晶．中国书法国际传播的路径与策略［J］．人民论坛，2022（7）．

［14］袁源．中医药文化跨文化传播中的文化身份构建［J］．跨文化研究论丛，2019．

［15］张树锋．移动媒介环境下中国书法的文化构建与传播［J］．中国书法，2022（3）．

［16］郑艳群．汉语教学资源研究的新进展与新认识［J］．语言文字应用，2018（3）．

［17］中国书法国际传播研究院．中国书法国际传播研究院在北京语言大学成立［J］．世界汉语教学，2019（1）：103．

［18］周斌，李守石．"还原"：中国书法国际传播路径的实践与反思［J］．现代传播（中国传媒大学学报），2021（4）．

# "澜湄国家命运共同体"背景下的国际中文教育与文化传播

朱玉洁（云南民族大学国际学院）[①]

【摘　要】中国和与其毗邻的澜湄流域诸国从来都是命运共同体，这一地区的中文教育、文化传播与"澜湄国家命运共同体"的构建相辅相成、相互促进。通过发展"澜湄国家命运共同体"背景下的中文国际教育，可以带来强烈的跨文化传播效应，可以充分促进我国教育资源的优化整合与国际化，加强与东南亚诸国之间的思想文化交流，推进东南亚国家的和平发展。而加强中华文化传播的使命意识与责任意识，注重对来华留学生的文化熏陶，加强地方特色文化，尤其是少数民族文化的传播等则是在"澜湄国家命运共同体"背景下发展中文国际教育应当重点考量的发展路径。

【关键词】澜湄国家命运共同体；中文国际教育；文化传播

习近平总书记深刻指出："当今世界正经历百年未有之大变局。"这意味着中国的发展仍处于并将长期处于重要战略机遇期。这一"变局"的丰富内涵同时也意味着中华民族伟大复兴带来的重大机遇。随着中国与国际交流的日益密切，汉语在世界上的影响力日益提升。国际上的学习汉语者与日俱增，越来越多的外国人开始学习并喜欢上汉语，这客观上为中华文化的伟大复兴提供了有利的契机。而汉语与中华文化之间的关系是载体和根基的关系。面对多元经济文化共同发展的国际社会大环境，国家之间、不同民族间以及人和人之间的文化传播已然成为人们的人际交往、信息交流、经济活动、政治交往过程中的重要组成部分和不可或缺的重要途径。通过"澜湄国家命运共同体"背景下的中文国际教育，可以带来强烈的跨文化传播效应，可以充分促进我国教育资源的优化整合，加强与东南亚诸国之间的思想文化交流，推进东南亚国家的和平发展，这对该区域国家人民的观念塑造，促进国际间的融合与交流也有着极为重

---

① 作者简介：朱玉洁，女，云南民族大学国际学院教师。

要影响。

## 一、"澜湄国家命运共同体"作为一种新的国际背景

"澜湄国家命运共同体"这一概念提出的背景是"人类命运共同体"的提出和被国际社会的广泛认同。后者强调一个国家在追求本国利益时要兼顾他国利益,在谋求本国发展的同时要促进各国共同发展,其核心理念是和平、发展、合作、共赢,具体内涵包含政治、经济、文化、安全和生态五个方面。"人类命运共同体"作为一种全球治理方案的提出,将有着不同文化、宗教的国家和民族的未来凝聚成为命运紧密相连、利益相关和相互依存的命运共同体,得到了海内外不同国家的广泛认同并逐渐成为全人类的共识,有助于人类共同应对挑战和危机,维护世界安全与稳定,携手创建人类共同的美好家园。

澜沧江-湄公河次区域总面积 233.19 万平方千米,总人口约 2.46 亿。[1] 作为连接中国、东南亚和南亚的重要交汇点,澜沧江-湄公河次区域已成为"一带一路"背景下中国对外合作的样板和窗口。在"人类命运共同体"观念的影响下,2015 年 11 月 12 日,第一届澜沧江-湄公河合作外长会议在云南景洪召开,这标志着澜沧江湄公河合作机制(简称澜湄合作)的正式成立。2016 年 3 月 23 日,在《澜沧江-湄公河合作首次领导人会议三亚宣言——打造面向和平与繁荣的澜湄国家命运共同体》[2]中提出了"澜湄国家命运共同体"这一概念,宣言中提出,"我们一致认为澜湄合作将在'领导人引领、全方位覆盖、各部门参与'的架构下,按照政府引导、多方参与、项目为本的模式运作,旨在建设面向和平与繁荣的澜湄国家命运共同体,树立为以合作共赢为特征的新型国际关系典范。"[3]王毅在《做好"六个提升",构建澜湄命运共同体》中也说到,澜湄六国可以"发挥天时、地利、人和优势,勠力同心、携手并进,打造澜湄流域经济发展带,构建澜湄命运共同体,造福地区各国民众[4]。"澜湄命运共同体"主要包含中国和澜沧江湄公河流域的缅甸、老挝、泰国、柬埔寨、越南共六个主要国家。这一理念描绘了该区域的未来发展意向,致力于建设区域命运共同体、发展共同体、合作共同体,建立起紧密的合作发展关系。可以说,"澜湄国家命运共同体"是"人类命运共同体"的组成部分,带有使

---

① 参见:http://www.Caexpo.org/gb/news/special/GMS/report/t20050123_30903.html

② 参见:http://news.xinhuanet.com/world/2016-03/23/c_1118422397.htm

③ 参见:https://www.yidaiyilu.gov.cn/zchj/sbwj/8120.htm

④ 参见:http://www.china.com.cn/news/2017-12/16/content_41993178.htm

澜沧江-湄公河六国合作达到一种新高度的使命，得到了澜沧江湄公河流域其他五国的广泛认可。"澜湄国家命运共同体"作为共商共建"一带一路"的重要平台和构建人类命运共同体道路上的最佳试验区，在政治、经济、文化、社会、安全、卫生、海关、数字经济、青年发展、环保等领域的全方位合作，有力推进了六国之间的睦邻友好关系，有助于打造区域一体化的格局，符合本地区国家和人民的现实需要，大大加强了流域国之间的政治文化交往和贸易往来，极大地促进了各成员国之间的双向发展。

在此背景下，云南民族大学于 2014 年在外交部和教育部的授权下成立了"中国-东盟教育培训中心"，成为全国 30 家中心之一。学校同时建立了"云南民族大学国际职业教育基地"，为与我国边境接壤的东盟国家培养经济社会发展所需人才。2016 年，云南民族大学启动建设"澜沧江-湄公河职业教育联盟"，创新性地提出并采用"1+6+6+6+N"的办学体制，即共建 1 个澜湄职业教育基地和职业教育联盟，由 6 个国家政府主导共商，6 个国家的一流院校牵头，6 个国家共同组建理事会，N 个行业、企业、院校、研究院所等多方机构共同参与办学，旨在打造一个具有国际视野、高端引领、多元办学的综合应用型学院。并于 2017 年成立澜湄职业教育基地，并在此基础上成立了澜湄职业教育联盟。[①] 目前已形成了中国-东盟教育培训中心、澜湄国际职业学院、澜湄职业教育联盟、澜湄职业教育与产业发展研究院、澜湄产教融合园、澜湄国际干部学院"六位一体"的澜湄职业教育基地。[②] 为新时代国际中文教育开拓了崭新的平台和方向。

## 二、国际中文教育与文化传播

在经济全球化的当下，文化传播借助互联网的发展，表现出了文化的跨地域、跨语言传播的特征。爱德华·霍尔的《无声的语言》把文化看作传播，认为文化即传播、传播即文化，文化本身就是一种传播，二者相互影响。因此，中文教育和中华文化传播是一体两面、相辅相成的关系。汉语国际教育在促进文化交流与传播、构建人类命运共同体中发挥着重要作用。

"澜湄国家命运共同体"理念的推广有助于提升汉语文化的传播力和传播

---

① 参见高兴林. 国际职业教育助力"一带一路"教育行动：以云南民族大学中国-东盟教育培训中心为例 [J]. 世界教育信息，2019（4）.

② 参见于欣力，段淑丹. 开创澜湄教育合作新模式助力构建澜湄国家命运共同体：以云南民族大学为例 [J]. 世界教育信息，2019（9）.

效果。这一理念的普及和推广需要政府、社会、学校、新闻媒介等多方的共同参与和充分协作。因此，中文国际教育与"澜湄国家命运共同体"理念的有机结合，有利于促进彼此间的"合作、包容、共享"，使汉语国际教育与时俱进，展现出更强的力量，发挥更大的社会影响力，从而促进澜湄六国人民的交流与合作，以及彼此之间的理解与互通。云南具有面向东南亚、南亚开放的前沿优势，国际汉语教育应当开创教育对外开放的新格局。新时代的汉语国际教育应当进一步推动"澜湄国家命运共同体"国家教育共建的行动，按照国家新的教育治理新格局要求，用心培养拥有全球视野的世界公民。这也需要有能力招收外国留学生的学校高度重视"澜湄国家命运共同体"这一核心理念的宣传、讲解和推广，并将"澜湄国家命运共同体"的理念充分融入到学校的各项教学活动、文化活动和社会实践活动中，引导学生广泛了解澜湄六国之间在历史文化上的共性和承续性，促进这一理念的价值输出，创建多元文化融合的氛围。例如可以举办一些具有政治导向和产业导向的活动和论坛以及相关的地理讲座等，引导学生从经济、社会、历史、地理等不同的角度去理解"澜湄国家命运共同体"，也可以组织留学生到云南澜沧江流域进行考察，从源头上了解澜沧江、湄公河的历史渊源及地理环境，体会"同饮一江水"的地缘性情感纽带。例如云南民族大学立足"澜湄国家命运共同体"视角，打出了教育对外开放的"三张牌"。成立了不少境外办学机构，举办了境外办学项目，加深社会层面的深度交融。有助于引导学生认识中国经济、中国文化在"澜湄国家命运共同体"发展过程当中的作用和价值。让学生整体性地、全方位地感知中国对于其他澜湄五国所产生的促进作用，从内心深处对这种价值理念产生认同。

在经济全球化语境下，中华文化面临着来自欧美发达国家文化的巨大冲击，中国文化"走出去"的通道受到制约，中华文化必须寻求更为广阔的对外传播路径。因此，在汉语国际教育中融入中华文化的传播是非常有必要的。汉语国际教育以其独特的优势为中国文化对外传播提供了广阔舞台。在汉语国际教育中，可以通过多种途径与策略展示优美瑰丽而朴实深邃的中华智慧，为东南亚国家提供一个了解中国、理解中国、赞赏中国的互动平台。

从文化传播的角度看，中华文化对外传播的途径和方式是多种多样的。吴友富根据文化传播主体的不同，将对外文化传播分为"政府主导型、传媒驱动型、民间交流型、企业推动型"四种主要形式。认为政府主导的官方文化外交，以影视、报刊等为主体的大众传播，由学术团体、文艺团体等非官方组织所开展的对外文化交流，涉外企业在对外经营活动中所进行的文化传播等都在中华文化对外传播的过程中发挥了重要作用。<sup>①</sup>其中，作为政府主导的汉语国际教育已经成为中国中华文化对外传播的重要一环。

因此，汉语国际教育中的文化传播有着极为重要的意义。可以弘扬中华传统文化，实现我国传统文化的对外有效传播，全面提高学生的跨文化交际能力。中华文化在很长的历史时期中，曾经深刻地影响了世界，并播撒到亚洲以及欧洲的广大区域。中国在发展经济、提升物质财富的同时，必须以优秀的中华传统文化为中心，大力传播中华文化，提升中华文化的国际影响力和生长空间。

## 三、"澜湄国家命运共同体"背景下文化传播的困境与出路

在经济文化日益全球化的当代，中华文化的对外传播面临着新的困境与挑战。西方拥有强大世界影响力的传媒工具，这使得他们具有强大的话语表达权和文化传播能力。而我国媒体的国际化程度不高，在国际舞台上，缺乏强大的传播渠道，中华文化也存在着被边缘化的问题。这将严重影响到中国文化软实力的建设。

### （一）文化传播的困境

从全球范围内来看，如果两国文化地位不对等，容易出现一国文化向他国传播时受到他国人民排斥并产生抵触情绪的现象。目前国际汉语教育中的文化传播存在不了解受众需求，文化传播缺乏梯度，传播内容固守传统，接受者流于表面，传播方式单一、传播渠道狭窄，传播力量分散等问题。汉语教材中的文化知识也存在缺乏系统性、过于散乱等问题。学生的学习往往浮于表面，难以深入文化肌理，了解其内涵和意义。在实际的文化传播中，更由于双方在思维方式、价值观念、自身经历等方面的文化差异，很难达成良好的传播效果。

### （二）文化传播的出路

在文化传播现存的各种问题中，传播内容的空乏是影响传播效果的主要因素。因此传播者要实现有价值的信息传播，需要对传播内容进行精心的梳理、选择和甄别。总体来看，以下几点是可供参考的有效路径。

---

① 吴友富. 对外文化传播与中国国家形象塑造田［J］. 国际观察，2009（1）.

## 1. 加强中华文化传播的使命意识与责任意识

汉语国际教育不仅是汉语在语言层面上的传播，更是作为一种文化的国际传播。这就需要汉语国际教育中围绕汉语的教学充分挖掘中华文化的精华与精髓，在汉语的教学过程中让世界上更多的人认识、了解、接纳中国文化，传播充满美誉度的中国形象和中华文化。

## 2. 注重对来华留学生的文化熏陶

对来华留学生的教学，既要重视汉语教学，更要注重中华文化的有意传播。既注重文化知识的传授与感知，又关注课堂外的活态中华文化等对留学生的熏陶和感染，从多维度、多形式为来华留学生创造丰富的体验与感知中华文化的场景和机会，让留学生充分理解与认知中华文化。汉语教学同时也是中华文化的教学，外国学习者学习汉语实际上就是在学习和掌握中华文化。中国古典诗词更是用艺术化的方式全面、深刻、生动地反映了中国历史各个时代的社会状况与人民的精神面貌，具有强大的精神感召力和艺术生命力。在今天，依然与中国人的现实生活息息相关，激发着中国人的审美实践、生活热情与精神追求。中国古典诗词所呈现出来的家国情怀、伦理情常、睿智深思和情感深度，更是代表着中华民族最优秀的传统文化精神，其中饱含着人类共同的情感深沉体验与领悟，是人类高尚精神的真实写照，能够为来华留学生提供独特而深邃的生命体验和精神感悟。

## 3. 加强地方特色文化尤其是少数民族文化的传播

云南少数民族人口众多，分布地域广，是澜沧江-湄公河的发源地，地方特色文化和少数民族文化资源极为丰富。以茶文化为例，汉语国际教育可以使大众在掌握汉语语言的基础上，了解优秀传统茶文化精神，有助于培养语言学习者的跨文化意识，达到文化输出的有效目的。茶文化中包含茶的文化历史、精神理念等诸多内容，品饮、鉴赏中渗透着优秀的中华文化精神和民族审美意识。云南作为中国茶文化的重镇，更是包含丰富悠久的茶文化发展历史以及成熟的茶文化体系。选择具有代表性的茶文化注入到汉语国际教育中，可以使汉语国际教育的内容更为丰富。

云南更是少数民族语言文化的宝库。少数民族文化可作为专门性知识，成为文化教学中必不可少的一部分。各个民族的衣食住行由于地域环境、生产方式、生活习惯的差异，形成了多样化的具有区域特征并表现出地域关联性的物质文化。蒙古包、吊脚楼、风雨桥、蘑菇房、竹楼、石板房等建筑形式都打上了少数民族文化烙印；载有各民族不同文化内涵的民族服饰绚丽多姿，花样繁多；各少数民族的制度文化更是数不胜数，形态各异。至于少数民族的价值理念、思维模式、审美情趣、文艺作品等，更是反映出了各民族的社会心理和审美意识，绮丽多姿。仅在中国少数民族史诗文学领域，就有蒙古族的《江格尔》、藏族的《格萨尔》、柯尔克孜族的《玛纳斯》、彝族的《梅葛》等，大气磅礴、汪洋恣肆，具有重大影响力和研究价值。至于大多数少数民族都有的民间歌谣、舞蹈、绘画等艺术作品更是多姿多彩，成为了中华文艺宝库中不可或缺的一部分。

在国际汉语教育中融入少数民族文化，通过对少数民族文化资源的学习，可以让广大留学生充分了解中华文化的多样性。正如崔希亮所说："我们要培养知华友华人士，培养精通中国文化的博雅君子，更要培养在国际文化上有发言权的中国通。"[1]在课堂中展现少数民族丰富的文化，还可以使留学生在潜移默化中感受到中国对少数民族文化的尊重与保护，进一步丰富文化知识，增进对中国各民族文化的了解和体验，拓宽文化视野，提升跨文化适应能力以及提高学习汉语的热情，促进少数民族文化在世界范围内的传播，进而提升中华文化在国际上的影响力，提升中国的文化软实力。

## 结语

当前，中国在全球经济、政治舞台上扮演的角色越来越重要，中国对周边国家的支持，为澜湄国家命运共同体做出了努力和贡献，得到周边国家与地区的广泛认可。"澜湄国家命运共同体"的提出，是我国对于发展周边国家关系的深谋远虑和高瞻远瞩之举。在国际汉语教育中加强文化传播的内涵，促进汉语学习者的区域共同体认知能力，可以更好发挥留学生优势，培育澜湄共同体意识，传播中国智慧，推广中国方案，进一步讲好澜湄故事，使中文学习者成为中国智慧的重要传播者。真正做到"传播交流建设面向和平与繁荣的澜湄国家命运共同体"这一伟大构想，促使中国在澜沧江-湄公河流域构建和发挥出深远的影响力。

---

① 崔希亮. 对外汉语教学与汉语国际教育的发展与展望［J］. 语言文字应用, 2010（2）.